Wirtschaftsmathematik leicht gemacht

Susan Pulham

Wirtschaftsmathematik leicht gemacht

Mit 50 Aufgaben und Lösungen

2., überarbeitete und erweiterte Auflage

 Springer Gabler

Prof. Dr. Susan Pulham
Hochschule für Technik und Wirtschaft
des Saarlandes
Deutschland

ISBN 978-3-8349-1899-4   ISBN 978-3-8349-6977-4 (eBook)
DOI 10.1007/978-3-8349-6977-4

Die Deutsche Nationalbibliothek verzeichnet diese Publikation in der Deutschen National-bibliografie; detaillierte bibliografische Daten sind im Internet über http://dnb.d-nb.de abrufbar.

Springer Gabler
© Gabler Verlag | Springer Fachmedien Wiesbaden GmbH 2012

Lektorat: Irene Buttkus
Einbandentwurf: KünkelLopka GmbH, Heidelberg

Gedruckt auf säurefreiem und chlorfrei gebleichtem Papier

Springer Gabler ist eine Marke von Springer DE.
Springer DE ist Teil der Fachverlagsgruppe Springer Science+Business Media
www.springer-gabler.de

Vorwort

Ursprünglich sollte dieses Buch „Wirtschaftsmathematik für Menschen, die keine Mathematiker sind und auch keine werden wollen" heißen. Nun heißt es „Wirtschaftsmathematik leicht gemacht", aber die Idee ist geblieben: Es ist das Ergebnis von insgesamt über 35 Jahren Mathematiklehre im Schul- und Hochschulbereich[1] und der ernüchternden Erkenntnis, dass sich Mathematiker und Nicht-Mathematiker sowohl in ihrer Kenntnis als auch in der Art ihres Lernens sehr voneinander unterscheiden.

Wenn man nämlich nicht von Natur aus mit Interesse und Fähigkeit „gesegnet" ist, sich mit Definitionen, Beweisen und Axiomen auseinander zu setzen, sondern vielmehr mit einer seit der Pubertät gestörten Beziehung zur Mathematik durchs Leben zieht, erwischt einen die Art der wirtschaftsmathematischen Wissensvermittlung an deutschen Hochschulen oft eiskalt.

Der meiner Meinung nach Erfolg versprechendste Weg, trotzdem ein Verständnis für die Aufgaben der Wirtschaftsmathematik zu entwickeln, liegt in drei Ansätzen:

1. Formeln, griechische Buchstaben und Symbole vermeiden und deutsche Umgangssprache verwenden, wo immer es möglich ist, damit auch ein „Normalsterblicher" verstehen kann, worum es geht.

2. Vorstellungen in den Köpfen erzeugen, damit man sich die Dinge einfacher merken kann.

3. Den Spaß an der Mathematik betonen, damit aus Spaß Interesse und aus Interesse Leistungsbereitschaft wird.

Das habe ich in diesem Lehrbuch versucht umzusetzen. Ob es mir gelungen ist, müssen nun die Leserinnen und Leser entscheiden. Für Verbesserungsvorschläge bin ich jederzeit zu haben und freue mich darauf, mit den Leidtragenden in Kontakt zu treten.

Stellvertretend für die leidgeplagten Studierenden, die sich mit meiner Vorstellung eines guten Mathematik-Unterrichts auseinander setzen mussten und müssen, seien an dieser Stelle Katharina Puhl und Jonas Manderscheid genannt. Ihnen gebührt mein großer Dank, weil sie nicht nur den gesamten Stoff (zumindest zeitweise) verstanden haben, sondern weil sie in mühseliger Kleinarbeit eine Reihe von Fehlern aus dem Buch eliminiert haben. Alle Fehler, die jetzt noch vorhanden sind, gehen alleine auf mein Konto. Dankeschön!

---

[1] Natürlich nicht nur von der Autorin, sondern zu einem Großteil von StD' Ruth Drechsler, deren Schuld es ist, dass es dieses Buch überhaupt gibt!

Ein genau so großes Dankeschön gebührt Dr. Felix Gatzemeier, der sich in seiner Freizeit immer wieder hingesetzt hat, und meine laienhaften LATEX-Manuskripte in ein professionelles Layout umgewandelt hat und dabei auch noch wertvolle und konstruktive inhaltliche Kritik und Verbesserungsvorschläge beigesteuert hat. Vielen Dank dafür!

Die hier vorliegende 2. Auflage wurde dann doch in Word erstellt. Man kann sich leicht vorstellen, dass mit der Übertragung ein riesiger Aufwand verbunden war. Diese Arbeit haben in erster Linie Manon Stitz, Frederik Strauß und Julian Zewe übernommen. Unermüdlich haben sie kopiert, ersetzt, und auch noch inhaltlich kritisiert und verbessert. Ich wüsste nicht, was ich ohne sie gemacht hätte, und sage herzlichen Dank!

Aber, wie schon oben angedeutet, verdanke ich meine Überzeugung bezüglich der Wirtschaftsmathematik-Lehre StD' Ruth Drechsler. Für unsere gemeinsame Hochschulzeit, in der tatsächlich Tausende von BWL-Studenten von uns „gequält" wurden, danke ich Dir herzlich!

Saarbrücken, im Juni 2011   Susan Pulham

Inhaltsverzeichnis

Mathematische Geheimsprache

#	Anzahl von
$\in$	ist Element von
$\ni$	es gibt / es existiert
$\forall$	für alle
$\mid$	für die gilt
$\lvert A \rvert$	Anzahl der Elemente der Menge A
$\lfloor x \rfloor$	untere Gaußklammer von x, größte ganze Zahl $\leq$ x
$\mathbb{N}$	natürliche Zahlen (1, 2, 3, …)
$\mathbb{N}_0$	natürliche Zahlen und 0 (0, 1, 2, 3, …)
$\mathbb{Q}$	rationale Zahlen (Brüche)
$\mathbb{R}$	reelle Zahlen (Brüche und irrationale Zahlen, z.B. e, π etc.)
$\subseteq$	ist Teilmenge von
$\mathbb{Z}$	ganze Zahlen (…, –2, –1, 0, 1, 2, …)

1   Grundlagen

Dieses Kapitel präsentiert eine Zusammenstellung der wichtigsten Grundlagen, die man als Student(in) in der Wirtschaftsmathematik immer wieder braucht.[2] Teilweise werden Sie diese Dinge noch aus der Schule kennen, teilweise werden Sie auch auf für Sie neue Inhalte treffen. Keine Angst, so schwierig wird es nicht. Das hebe ich mir für die nachfolgenden Kapitel auf!

1.1   Quadratische Gleichungen

Oh ja. Da war mal was, richtig? Eine *quadratische Gleichung* hat üblicherweise die Form

$$ax^2+bx+c=0$$

Im Prinzip verfolgt man immer dasselbe Ziel: Da auf der rechten Seite Null rauskommen soll, bemüht man sich, auf der linken Seite der Gleichung ein Produkt zu „fabrizieren". Das macht man, weil es den berühmten Satz vom Nullprodukt gibt. Dieser besagt das Folgende:

Wichtig 1

Satz vom Nullprodukt

Ein Produkt ist genau dann gleich Null, wenn mindestens einer der Faktoren gleich Null ist.

Dieser Satz ist wirklich sehr praktisch, weil er uns das Recht einräumt, unser komplexes Problem in mehrere kleinere und weniger komplexe Probleme aufzuspalten:

Anstatt das gesamte Produkt zu überprüfen, schauen wir uns lediglich die einzelnen Faktoren an und prüfen, ob einer von denen Null ist. Um ein Produkt zu erzeugen, gibt es unterschiedliche Methoden.

---

[2] Ein Aspekt der Grundlagen wird in diesem Buch allerdings nicht behandelt, obwohl gerade dieser Aspekt immer wieder zu kognitiven Überforderungen führt. Aber ehrlich gesagt, muss auch in diesem Buch mal eine Grenze gezogen werden. Gemeint ist die Bruchrechnung. Ich kann Ihnen nur sehr ans Herz legen, Ihre Kenntnisse in der Bruchrechnung ganz schnell auf Vordermann zu bringen. Dazu gibt es am Markt genügend Aufgabensammlungen, an denen Sie sich noch einmal richtig die Zähne ausbeißen können!

1.1.1   Ausklammern

Falls die quadratische Gleichung ein wenig „verkrüppelt" ist, in dem Sinne, dass es kein c gibt, können wir auf der linken Seite ein x (und evtl. Vorfaktoren) ausklammern und wissen direkt, dass $x = 0$ schon mal eine Lösung der Gleichung ist. Somit müssen wir nur noch den anderen Faktor analysieren.

Beispiel 1

$$5x^2 + 15x = 0 \Leftrightarrow 5x(x + 3) = 0 \Leftrightarrow x = 0 \lor x = -3$$

1.1.2   Binomische Formeln

Ein trauriges Kapitel der mathematischen Schulausbildung. Man gewinnt den Eindruck, dass das menschliche Gehirn einen Abwehrmechanismus gegen diese Formeln entwickelt hat, der bewirkt, dass man diese Formeln als Allererstes vergisst. Trotzdem sollte man bei jeder quadratischen Gleichung kurz überprüfen, ob sich nicht einfach nur eine binomische Formel dahinter verbirgt.

Die binomischen Formeln lauten wie folgt:

Wichtig 2
Binomische Formeln

    1. Binomische Formel: $(a + b)^2 = a^2 + 2ab + b^2$

    2. Binomische Formel: $(a - b)^2 = a^2 - 2ab + b^2$

    3. Binomische Formel: $(a + b)(a - b) = a^2 - b^2$

Bei diesen Formeln ist übrigens zu beachten, dass man sie auch von rechts nach links lesen kann. Erst dann helfen sie nämlich bei der Faktorisierung.[3]

Beispiel 2

$$5x^2 + 50x + 125 = 0 \Leftrightarrow 5(x^2 + 10x + 25) = 0 \Leftrightarrow 5(x + 5)^2 = 0 \Leftrightarrow x_{1/2} = -5$$

---

[3] Eigentlich gibt es also sechs Binomische Formeln ☺.

1.1.3   pq-Formel

Falls die quadratische Gleichung die Form $x^2 + px + q = 0$ hat, also vor dem x^2 nichts steht, aber ein konstanter Term vorhanden ist, kann man die pq-Formel anwenden.

Diese besagt das Folgende:

Wichtig 3
pq-Formel
Die Gleichung $x^2 + px + q = 0$ besitzt die folgenden Lösungen:

$$x_{\frac{1}{2}} = -\frac{p}{2} \pm \sqrt{\frac{p^2}{4} - q}$$

Beispiel 3

$x^2 - x - 15{,}75 = 0$

$$x_{1/2} \quad = \frac{1}{2} \pm \sqrt{\frac{1}{4} + 15{,}75}$$

$$= \frac{1}{2} \pm \sqrt{16} = \frac{1}{2} \pm 4$$

$x_1 = 4{,}5 \ V \ x_2 = -3{,}5$

Achtung! Wenn man die pq-Formel benutzen möchte, um einen quadratischen Term zu faktorisieren (und nicht, um die Lösungen einer quadratischen Gleichung zu ermitteln), darf man die pq-Formel nur in einer Nebenrechnung verwenden und muss das Ergebnis in die Formel $(x\text{-}x_1)(x\text{-}x_2)$ einsetzen.

Das folgende Beispiel erläutert, was gemeint ist.

Beispiel 4

Es soll $x^2 - x - 15{,}75$ faktorisiert werden. Gemäß Beispiel 3 ist bekannt, dass die Gleichung

$x^2 - x - 15{,}75 = 0$ die Lösungen $x_1 = 4{,}5$ und $x_2 = -3{,}5$ besitzt. Daher lässt sich

$x^2 - x - 15{,}75$ wie folgt faktorisieren:

$x^2 - x - 15{,}75 = (x - 4{,}5)\big(x - (-3{,}5)\big) = (x - 4{,}5)(x + 3{,}5)$

1.1.4   abc-Formel

Falls die quadratische Gleichung die Form $ax^2 + bx + c = 0$ hat, kann man entweder durch **a** dividieren und die pq-Formel anwenden oder direkt die abc-Formel anwenden. Diese besagt das Folgende:

Wichtig 4

abc-Formel

Die Gleichung $ax^2 + bx + c$ besitzt die folgenden Lösungen:

$$x_{1/2} = -\frac{b}{2a} \pm \sqrt{\frac{b^2}{4a^2} - \frac{c}{a}}$$

Beispiel 5

Lösen Sie die folgende Gleichung: $4x^2 - 4x - 63 = 0$

$$x_{1/2} = \frac{4}{8} \pm \sqrt{\frac{16}{64} + \frac{63}{4}} = \frac{1}{2} \pm \sqrt{\frac{16}{64} + \frac{1008}{64}} = \frac{1}{2} \pm \sqrt{\frac{1024}{64}} = \frac{1}{2} \pm 4$$

$x_1 = 4,5$ oder $x_2 = -3,5$

Auch die abc-Formel darf beim Faktorisieren nur als Nebenrechnung verwendet werden.

1.1.5   Satz von Viëta

Für diejenigen, die auch schon mal ihr Gehirn einschalten, bevor sie rechnen, und die nicht unbedingt darauf stehen, eine Formel auswendig zu lernen, kann der Satz von Viëta hilfreich sein.

Die Idee hinter diesem Satz liegt darin, die Faktorisierung „von hinten zu betrachten":

Wenn es eine Faktorisierung der quadratischen Gleichung $x^2 + px + q = 0$ gibt, so lautet sie: $(x-x_1)(x-x_2)$. Das lässt sich ausmultiplizieren zu $x^2 - x_1 \cdot x - x_2 \cdot x + x_1 \cdot x_2 = x^2 - (x_1 + x_2) \cdot x + x_1 \cdot x_2$. Das bedeutet doch aber, dass die Faktoren vor dem x und die konstanten Faktoren identisch sein müssen!

Es gilt also:

Wichtig 5

Satz von Viëta

Für die Lösungen x_1 und x_2 einer quadratischen Gleichung der Form $x^2 + px + q = 0$ muss gelten:

$$x_1 + x_2 = -p \text{ und } x_1 \cdot x_2 = q$$

Diesen Satz sollte man als denkender Mensch im Hinterkopf haben und bei ganzzahligen Koeffizienten p und q 5 Sekunden investieren, ob man durch kluges Hinsehen die Lösungen x_1 und x_2 erkennt.

1.2   Potenz-, Wurzel- und Logarithmusgesetze

Erfahrungsgemäß zucken Studenten bei diesen Worten voll schlechtem Gewissen zusammen, weil sie wissen, dass sie diese Gesetze beherrschen sollten, es jedoch nur in Ausnahmefällen wirklich tun.

Es stimmt aber (leider) wirklich, dass man den Umgang mit Potenzen, Wurzeln und Logarithmen beherrschen muss, sonst verbraucht man zu viele kognitive[4] Ressourcen bei den folgenden Aufgaben, ohne die eigentliche Aufgabe zu lösen. Aus diesem Grund werden die betreffenden Rechengesetze zu Beginn dieses Buchs wiederholt. In den folgenden Abschnitten werden die wichtigsten Regeln beschrieben. Da der Bedarf an Geschriebenem von Student(in) zu Student(in) variiert, sollte die Auflistung individuell ergänzt werden. Zusätzlich werden in jedem Abschnitt die wichtigsten Fehler dargestellt, also die „Nicht-Regeln", die Studenten immer wieder versuchen, den Dozenten unterzujubeln.

1.2.1   Potenzgesetze

Die wichtigsten Potenzgesetze, gefolgt von einigen Beispielen, lauten:

Wichtig 6
Potenzgesetze
- $a^n \cdot b^n = (a \cdot b)^n$
- $a^n : b^n = \left(\frac{a}{b}\right)^n$
- $a^n \cdot a^m = a^{n+m}$
- $\frac{a^n}{a^m} = a^{n-m}$
- $(a^n)^m = (a^m)^n = a^{m \cdot n}$
- $a^0 = 1$ *(ganz egal, welchen Wert a besitzt)*
- $a^1 = a$
- $1^n = 1$
- $a^{-n} = \frac{1}{a^n}$

Aber es gilt leider auch:
  1. $(a + b)^n \neq a^n + b^n$
  2. $(a - b)^n \neq a^n - b^n$

---

[4] Kognitiv bedeutet verstandesmäßig und stellt eines der Lieblingsworte der Autorin dar. Sie werden es also noch häufiger lesen!

Beispiel 6

- $3^2 \cdot 4^2 = (3 \cdot 4)^2 = 144$

- $6^2 : 4^2 = \left(\frac{6}{4}\right)^2 = \frac{36}{16} = \frac{9}{4}$

- $3^2 \cdot 3^4 = 3^{2+4} = 3^6 = 729$

- $\frac{4^5}{4^3} = 4^{5-3} = 4^2 = 16$

- $(5^2)^3 = (5^3)^2 = 5^{2 \cdot 3} = 5^6 = 15625$

- $1256390^0 = 1$

- $5^1 = 5$

- $1^{12000} = 1$

- $2^{-5} = \frac{1}{2^5} = \frac{1}{32}$

Aber:

1) $(2 + 1)^2 = 3^2 = 9 \neq 2^2 + 1^2 = 4 + 1 = 5$

2) $(2 - 1)^2 = 1 \neq 2^2 - 1^2 = 4 - 1 = 3$

An manchen Punkten in der Mathematik möchte man als Dozent am liebsten wieder zur klassischen Konditionierung greifen und Studenten anschreien, dass man mache Dinge einfach nicht tun darf, weil es den Zahlen und Variablen weh tut. Dies ist eine dieser Stellen: Man darf Potenzen aus Summen einfach nicht einzeln bilden. Merken Sie es sich! So.

1.2.2   Wurzelgesetze

Natürlich ist allen mathematisch gebildeten Menschen klar, dass dieser Abschnitt keine mathematische Daseinsberechtigung besitzt, denn Wurzeln sind eigentlich Potenzen, also gelten die Potenzgesetze weiterhin.

Gehen wir aber davon aus, dass dieses Buch überwiegend von mathematisch nicht ganz so gebildeten Menschen gelesen wird, und beschäftigen uns gesondert mit Wurzeln. Den meisten Menschen tut es gut, auch Regeln, die sich auf die besondere Schreibweise beziehen, nochmal explizit lesen zu können. Wer meint, das nicht zu brauchen, kann den Abschnitt ja einfach überspringen.

Die wichtigsten Wurzelgesetze lauten:

Wichtig 7
Wurzelgesetze

- $\sqrt[n]{a} = a^{\frac{1}{n}}$

- $\sqrt[n]{a^m} = (\sqrt[n]{a})^m = a^{\frac{m}{n}}$

- $\sqrt[n]{a \cdot b} = \sqrt[n]{a} \cdot \sqrt[n]{b}$

- $\sqrt[n]{\frac{a}{b}} = \frac{\sqrt[n]{a}}{\sqrt[n]{b}}$

Aber es gilt leider auch:

1. $\sqrt[n]{a + b} \neq \sqrt[n]{a} + \sqrt[n]{b}$
2. $\sqrt[n]{a - b} \neq \sqrt[n]{a} - \sqrt[n]{b}$

Schauen wir uns zu den Gesetzen jeweils Beispiele an:

Beispiel 7

- $\sqrt[3]{27} = 27^{\frac{1}{3}} = 3$

- $\sqrt[3]{2^6} = (\sqrt[3]{2})^6 = 2^{\frac{6}{3}} = 2^2 = 4$

- $\sqrt[3]{8 \cdot 27} = \sqrt[3]{8} \cdot \sqrt[3]{27} = 2 \cdot 3 = 6$

- $\sqrt[3]{\frac{64}{27}} = \frac{\sqrt[3]{64}}{\sqrt[3]{27}} = \frac{4}{3}$

Aber:

1) $\sqrt[2]{16 + 9} = \sqrt[2]{25} = 5 \neq \sqrt[2]{16} + \sqrt[2]{9} = 4 + 3 = 7$

2) $\sqrt[2]{25 - 9} = \sqrt[2]{16} = 4 \neq \sqrt[2]{25} - \sqrt[2]{9} = 5 - 3 = 2$

1.2.3   Logarithmusgesetze

OK, sicherlich ist der Logarithmus die ungewohnteste und somit unangenehmste Rechenart (vielleicht nach Integralen), die die höhere Mathematik zu bieten hat. Eigentlich ist es aber gar nicht schwer: Wenn man eine Gleichung der Form $a^x = b$ nach x auflösen möchte, helfen einem keine Wurzelziehung und keine Division. Man muss, um an das x zu kommen, den Logarithmus zur Basis a bilden. Es gilt: $x = \log_a b$

Vielleicht fragen Sie sich an dieser Stelle, wofür man den Logarithmus eigentlich braucht. Es gibt ein sehr anschauliches Beispiel aus dem täglichen Leben, das die Notwendigkeit eines Logarithmus zeigt[5]. Dazu stellen Sie sich einen dunklen Raum vor, der von einer Kerze erhellt wird. OK, in diesem Raum wird es etwas heller. Was passiert nun, wenn man eine zweite Kerze anzündet? Es wird heller, aber wird es auch doppelt so hell? Wohl kaum. Die zweite Kerze liefert tatsächlich nur zusätzliche Helligkeit von *ln2* mal der Helligkeit der ersten Kerze.

Einige Logarithmen sind so wichtig, dass sie eine eigene Bezeichnung bekommen haben:

Bezeichnung 1

Spezielle Logarithmen

- $x = \log_{10} x = \log x$ bzw. $\lg x$
- $x = \log_e x = \ln x$ ("natürlicher Logarithmus" oder auch Logarithmus naturalis genannt)

Dabei ist *e* kein Rechtschreibfehler, sondern eine irrationale Zahl (so wie π). Angenähert ist *e* ungefähr 2,718281. Diese Zahl spielt in der Natur eine wichtige Rolle bei Wachstumsprozessen und Zerfallsraten[6].

Die Logarithmusgesetze lauten wie folgt:

Wichtig 8

Logarithmusgesetze

- $\log_a b + \log_a c = \log_a (b \cdot c)$
- $\log_a b - \log_a c = \log_a \left(\frac{b}{c}\right)$
- $\log_a (b^c) = c \cdot \log_a b$
- $\log_a 1 = 0$
- $\log_a a = 1$ **insbesondere ln e = 1**
- $\log_a 0$ **gibt es nicht (und man darf aus negativen Zahlen auch keinen Logarithmus bilden)**
- $\log_a b = \frac{\log_c b}{\log_c a}$ **(Das braucht man, wenn man den Logarithmus zu einer Basis berechnen soll, die der Taschenrechner nicht kennt.)**

---

[5] Herzlichen Dank für das Beispiel an den Ingenieurskollegen.

[6] Und sie besitzt die mathematisch überaus interessante Eigenschaft, dass die Funktion $f(x) = e^x$ an der Stelle x=0 die Steigung 1 hat. Mann, Mann, Mann. Ansonsten gibt es keinen Grund, sich vor dieser Zahl zu fürchten.

Auch zu den Logarithmusgesetzen schauen wir uns ein paar Beispiele an:

Beispiel 8

- $log_3 9 + log_3 27 = log_3(9 \cdot 27) = log_3 243 = 5$

- $log_2 16 - log_2 4 = log_2(16 : 4) = log_2 4 = 2$

- $log_4(16^2) = 2 \cdot log_4 16 = 2 \cdot 2 = 4$

- $log_{25.625.214} 1 = 0$

- $log_2 2 = 1$

- *Versuchen Sie mal,* $ln(-24)$ *mit dem Taschenrechner zu berechnen.*

$$log_3 27 = \frac{ln\,27}{ln\,3} = \frac{3,2958369}{1,0986123} = 3$$

1.2.4   Gemischte Regeln

Zusätzlich gibt es Regeln, die sowohl Potenzen als auch Wurzeln und Logarithmen betreffen.

Die wichtigsten sind die folgenden:

Wichtig 9
- e und ln bzw. a und $\log_a$ heben sich auf.
  Aber: Zwischen e und ln bzw. zwischen a und $\log_a$ darf nichts mehr stehen!
- In Gleichungen, bei denen alle Terme a^{hoch} bzw. $\log_a$ besitzen, darf man das a^{hoch} bzw. $\log_a$ weglassen.
  Aber: Auf jeder Seite der Gleichung darf nur ein Term stehen und sonst nichts!

Die folgenden Beispiele helfen vielleicht beim Verständnis der Regeln.

Beispiel 9

$2^{3x} = 2 \cdot e^{x \cdot ln2} \Leftrightarrow 2^{3x-1} = e^{x \cdot ln2} \Leftrightarrow 2 = (e^{ln2})^x \Leftrightarrow 2^{3x-1} = 2^x \Leftrightarrow 3x - 1 = x \Leftrightarrow$
$2x = 1 \Leftrightarrow x = 0,5$

Beispiel 10

$\sqrt{e^{ln\,y}} + \sqrt{xy} - ln(2^x) = 0 \Leftrightarrow \sqrt{y} + \sqrt{x} \cdot \sqrt{y} = ln(2^x) \Leftrightarrow \sqrt{y} \cdot (1 + \sqrt{x}) = ln(2^x) \Leftrightarrow$
$\sqrt{y} = \frac{ln(2^x)}{1+\sqrt{x}} \Leftrightarrow y = \left(\frac{ln(2^x)}{1+\sqrt{x}}\right)^2$

1.3   Das Summenzeichen

1.3.1   Was ist ein Summenzeichen?

Betrachten wir ein Beispiel, wie die Welt ohne Summenzeichen aussehen würde:

Beispiel 11

*Ein Unternehmen führt in seinen **n** Filialen eine Umsatzerhebung durch. Die Filiale **i** meldet ihren Umsatz x_i (in einem festgelegten Monat), so dass insgesamt n Werte $x_1, x_2, ..., x_n$ in der Zentrale vorliegen. Der mittlere Umsatz wird dann berechnet als*

$$\bar{x} = \frac{1}{n}(x_1 + x_2 + \cdots x_n)$$

Diese Darstellung ist aufwändig und unübersichtlich! Daher hat man eine abkürzende Schreibweise für die Darstellung von (abstrakten) Summen eingeführt.

Bezeichnung 2

Das Summenzeichen Σ

Seien a_1, a_2, ..., a_n reelle Zahlen Für $k, n \in \mathbb{N}, k < n$ wird das Summenzeichen definiert durch $a_k + a_{k+1} + \cdots + a_n = \sum_{j=k}^{n} a_j$

Dieser Ausdruck wird gelesen als „Summe der a_j von j gleich k bis n".

Die einzelnen Bestandteile einer Summe werden wie folgt bezeichnet:

Bezeichnung 3
- a_j heißt allgemeines Glied der Summe
- j heißt Laufindex bzw. Summationsindex[7]
- k heißt untere (Summations-)Grenze
- n heißt obere (Summations-)Grenze

Ein Spezialfall besteht darin, dass bei der Summe Unter- und Obergrenze identisch sind, dass also die Summe nur aus einem Summanden besteht.

---

[7] Erfahrungsgemäß gewöhnt man sich als Student zu sehr an Buchstaben, die als Laufindex verwendet werden. Sie sollten sich klar machen, dass es für einen Laufindex sch...egal ist, ob er i, j, Fritz oder Theo heißt. Seine Aufgabe ist lediglich die eines Platzhalters. Daher werden im Folgenden unterschiedliche Buchstaben für die Laufindizes verwendet.

Wichtig 10

Es gilt dann: $\sum_{j=k}^{k} a_j = a_k$

Für den Fall, dass die untere Grenze der Summe größer als die obere Grenze der Summe ist (also $k > n$), hat man sich darauf geeinigt (und wir halten uns daran), dass die entsprechende Summe den Wert 0 hat. Mathematisch liest sich das dann so:

Wichtig 11

Für $n < k$ gilt: $\sum_{j=k}^{n} a_j = 0$

Bezeichnung 4

(Un-)Endliche Summe

Die bislang angesprochenen Summen besitzen alle endlich viele Summenglieder und heißen daher *endliche Summen*.

Genau so kann man auch *unendliche Summen* bilden:

$$\sum_{j=k}^{\infty} a_j = a_k + a_{k+1} + a_{k+2} + \ldots$$

Unendliche Summen nennt man auch Reihen. Die werden in Kapitel 5 noch näher betrachtet.

Beispiel 12

$$1 + 2 + 3 + \cdots + 12 = \sum_{i=1}^{12} i$$

$$5 + 7 + \cdots + 15 = \sum_{i=2}^{7} (2i + 1) = \sum_{i=3}^{8} (2i - 1)$$

$$2 + 4 + 8 + 16 + 32 = 2^1 + 2^2 + 2^3 + 2^4 + 2^5 = \sum_{i=1}^{5} 2^i$$

$$\frac{1}{2} + \left(\frac{1}{2}\right)^2 + \left(\frac{1}{2}\right)^3 + \left(\frac{1}{2}\right)^4 + \cdots = \sum_{i=1}^{\infty} \left(\frac{1}{2}\right)^i$$

1.3.2   Rechenregeln für das Summenzeichen

Nun gut, Sie wissen jetzt, wie man ein Summenzeichen malt und wie man eine Summe mit Hilfe eines Summenzeichens kürzer und verständlicher darstellt. Es wird Zeit, dass Sie lernen, mit dem Summenzeichen zu rechnen. Wie immer erhebt die nachfolgende Auflistung der Rechenregeln keinen Anspruch auf Vollständigkeit und sollte von jedem Studierenden individuell angepasst werden.

Wichtig 12

Seien $k, n \in \mathbb{N}, k \leq n, c \in \mathbb{R}, i \in \{1, \dots, n\}$. Dann gilt:

1. $\sum_{j=1}^{n} 1 = n$
2. $\sum_{j=1}^{n} c = n \cdot c$
3. $\sum_{j=k}^{n} c \cdot a_j = c \cdot \sum_{j=k}^{n} a_j$ (Ausklammern)
4. $\sum_{j=k}^{n} (a_j + b_j) = \sum_{j=k}^{n} a_j + \sum_{j=k}^{n} b_j$ (Auseinanderziehen)
5. Sei $k \leq m < n$. Dann gilt: $\sum_{i=k}^{n} a_i = \sum_{i=k}^{m} a_i + \sum_{i=m+1}^{n} a_i$ (Aufsplitten)

Beispiel 13

1) $\sum_{i=1}^{4} i^2 + \sum_{i=1}^{4} \frac{1}{i} = \sum_{i=1}^{4} i^2 + \frac{1}{i} = \sum_{i=1}^{4} \frac{i^3 + 1}{i} = 2 + \frac{9}{2} + \frac{28}{3} + \frac{65}{4} = \frac{385}{12}$

2) $3 \sum_{i=1}^{4} (i-1) = 3 \sum_{i=1}^{4} i - 3 \sum_{i=1}^{4} 1 = 3 \sum_{i=1}^{4} i - 3 \cdot 4 = 3(1+2+3+4) - 12$

$$= 18$$

Manchmal ist es hilfreich, die Summationsgrenzen zu verschieben, z.B. wenn man zwei Summen zusammenfassen möchte (die müssen dann nämlich gleiche Grenzen haben). Bei diesem Verschieben der Summationsgrenzen (Indextransformation) muss man aufpassen, dass man auch „das Innere" der Summe anpasst, nämlich in genau die entgegengesetzte Richtung.

Wichtig 13

$$\sum_{i=k}^{n} a_i = \sum_{i=k+1}^{n+1} a_{i-1} = \sum_{i=k-1}^{n-1} a_{i+1}$$

Meistens wechselt man die Bezeichnung des Laufindex, um bei der Indextransformation nicht durcheinander zu kommen. Die folgenden Beispiele sollen den Sachverhalt verdeutlichen:

Beispiel 14

1) $3 + 4 + 5 + 6 = \sum_{i=3}^{6} i = \sum_{j=4}^{7} (j-1) = \sum_{k=2}^{5} (k+1)$

2) $\sum_{i=2}^{7} 2(i+1) \overrightarrow{(i+1) = j} \sum_{j=3}^{8} 2j = 6 + 8 + 10 + 12 + 14 + 16 = 66$

1.3.3   Doppelsummen

Manchmal ist es notwendig, mehr als einen Laufindex zu benutzen, um eine Summe adäquat zu beschreiben.

Beispiel 15

Bei einer Untersuchung wurden Haarfarbe (HF) und Augenfarbe (AF) der untersuchten Personen festgehalten. Es soll berechnet werden, wieviele Personen an der Untersuchung teilgenommen haben. In der folgenden Tabelle sind alle notwendigen Zahlen und ihre Berechnung dargestellt

AF j HF i	Braun 1	Blau 2	Grün 3	#Personen mit HF i
Blond 1	$a_{11}=1$	$a_{12}=5$	$a_{13}=3$	$\sum_{j=1}^{3} a_{1j} = 9$
Braun 2	$a_{21}=8$	$a_{22}=2$	$a_{23}=2$	$\sum_{j=1}^{3} a_{2j} = 12$
Rot 3	$a_{31}=0$	$a_{32}=1$	$a_{33}=1$	$\sum_{j=1}^{3} a_{3j} = 2$
Schwarz 4	$a_{41}=5$	$a_{42}=0$	$a_{43}=2$	$\sum_{j=1}^{3} a_{4j} = 7$
# Personen mit AF j	$\sum_{i=1}^{4} a_{i1} = 14$	$\sum_{i=1}^{4} a_{i2} = 8$	$\sum_{i=1}^{4} a_{i3} = 8$	$\sum_{i=1}^{4}\sum_{j=1}^{3} a_{ij} = 30$

Man sieht an dem Beispiel, dass man zur Ermittlung der Gesamtzahl der Personen „über alle Zeilen und über alle Spalten" addieren muss, und das lässt sich nun einmal nur mit einer Doppelsumme ausdrücken. Das erste Summenzeichen steht z.B. für die Zeilen und das zweite dann für die Spalten. Prinzipiell ist es egal, welches Summenzeichen nach außen und welches nach innen kommt. Da bei „+" die Reihenfolge egal ist, kommt immer das Selbe raus. Es sei denn, man verrechnet sich.

1.4 Das Produktzeichen

1.4.1 Was ist ein Produktzeichen?

Analog zum Summenzeichen wird für das Produkt von reellen Zahlen eine abkürzende Schreibweise verwendet.

Bezeichnung 5

Das Produktzeichen Π

Seien a_1, a_2, ..., a_n reelle Zahlen. Für $k, n \in \mathbb{N}, k < n$, wird das Produktzeichen definiert durch:

$$a_k \cdot a_{k+1} \cdot \ldots \cdot a_{n-1} \cdot a_n = \prod_{j=k}^{n} a_j$$

Dieser Ausdruck wird gelesen als „Produkt der a_j von j gleich k bis n"[8].

Wichtig 14

Es gilt:

$$\prod_{j=k}^{k} a_j = a_k$$

Ist die obere Produktgrenze kleiner als die untere, so wurde vereinbart:

$$\prod_{j=k}^{n} a_j = 1, \text{ für } k > n$$

Beispiel 16

1) $1 \cdot 3 \cdot 5 \cdot 7 \cdot 9 = \prod_{i=0}^{4}(2i+1)$

2) $1 \cdot 2 \cdot 3 \cdot 4 \cdot \ldots \cdot n = \prod_{i=1}^{n} i = n!$ [9]

1.4.2   Rechenregeln für das Produktzeichen

Genau wie beim Summenzeichen gibt es einige Regeln, die den Umgang mit dem Produktzeichen bei Beachtung deutlich erleichtern!

Wichtig 15

1. $\prod_{i=k}^{n} c = c^{n-k+1}$
2. $\prod_{i=k}^{n} c a_i = c^{n-k+1} \cdot \prod_{i=k}^{n} a_i$
3. $\prod_{i=k}^{n} a_i \cdot b_i = \prod_{i=k}^{n} a_i \cdot \prod_{i=k}^{n} b_i$

---

[8] Übrigens handelt es sich bei dem Buchstaben $\prod$ um den großen griechischen Buchstaben Pi. Dieser steht für Produkt.

[9] Die Fakultät lernen wir im Abschnitt 1.5 noch intensiver kennen

1.5   Fakultäten und Binomialkoeffizienten

1.5.1   Was sind Fakultäten und Binomialkoeffizienten?

Bezeichnung 6

Fakultät

Ist n eine natürliche Zahl, so bezeichnet man das Produkt $1 \cdot 2 \cdot 3 \cdot 4 \cdot ... \cdot (n-1) \cdot n$ als n!
(gelesen n Fakultät)

Man setzt hierbei 0!=1

Bezeichnung 7

Binomialkoeffizienten

Für nicht negative ganze Zahlen k, n mit $k \leq n$ ist der Binomialkoeffizient $\binom{n}{k}$ gelesen „n über k" definiert durch

$$\binom{n}{k} = \frac{n!}{k! \, (n-k)!}$$

Oh Mann, schon wieder neue Schreibweisen. Diese hier machen aber auch wirklich Sinn. Gut, die Fakultät ist wieder mal nur aus Schreibfaulheit entstanden, die Binomialkoeffizienten braucht man in der Statistik aber andauernd, weil durch $\binom{n}{k}$ die Anzahl der Möglichkeiten beschrieben wird, aus n Dingen k auszuwählen (ohne Beachtung der Reihenfolge und ohne Zurücklegen). Damit beschäftigen wir uns hier aber nicht weiter. Für Sie ist gerade wichtiger, wie Sie das Ergebnis des Binomialkoeffizienten Ihrem Taschenrechner entlocken können. Dazu haben Sie alle auf dem Taschenrechner die „nCr"-Taste.

1.5.2   Rechenregeln für Fakultäten und Binomialkoeffizienten

Wenn man sich an die obskuren Schreibweisen gewöhnt hat, ist man gezwungen, mit Fakultäten und Binomialkoeffizienten zu rechnen. Dabei unterstützen einen die folgenden Regeln.

Wichtig 16

Rechenregeln für Fakultäten

- $(n+1)! = n!(n+1)$
- $\frac{(n+1)!}{n!} = \frac{(n+1)\cdot n!}{n!} = n+1$
- $\frac{(n+2)!}{n!} = \frac{n!(n+1)(n+2)}{n!} = (n+2)(n+1)$
- 0!=1 und   1!=1
- Aber: $(a \cdot n)! \neq a! \, n!$

Wichtig 17
Rechenregeln für Binomialkoeffizienten

- $\binom{n}{0} = \binom{n}{n} = 1$
- $\binom{n}{1} = \binom{n}{n-1} = n$
- $\binom{n}{k} = \binom{n}{n-k}$

1.6   Vollständige Induktion

Die Aufgabe der vollständigen Induktion besteht darin, eine Behauptung für (zumindest fast) alle natürlichen Zahlen ($n \in \mathbb{N}$) zu zeigen.

Die Idee der vollständigen Induktion liegt genauer gesagt darin, diese Behauptung für die kleinste natürliche Zahl, üblicherweise 1, manchmal aber auch andere Zahlen (Aufgabenstellung genau lesen!!) zu zeigen (**Induktionsanfang bzw. I.A.**).

Im nächsten Schritt wird folgende logische Meisterleistung vollbracht: Es wird vorausgesetzt, dass die Behauptung für eine natürliche Zahl (also ein beliebiges $n \in \mathbb{N}$) gilt (**Induktionsvoraussetzung bzw. I.V.**). Das stimmt ja auch, weil die Behauptung im Induktionsanfang für eine (wenn auch kleine) natürliche Zahl gezeigt wurde.

Dann wird gezeigt, dass sie auch für die nachfolgende Zahl (also (n+1)) gilt (**Induktionsschritt bzw. I.S.**).

Dahinter steckt folgendes Prinzip:

Die Behauptung gilt gemäß Induktionsanfang für das kleinste *n*, nehmen wir an für *n=1*. Das ist ein beliebiges *n*. Damit muss die Behauptung aber nach dem Induktionsschritt auch für *n=2* gelten. Wenn sie aber für *n=2* gilt, dann eben auch für *n=3* usw. Insgesamt hat man dann die Behauptung für alle ($n \in \mathbb{N}$) gezeigt. Sie müssen zugeben, dass das eine einfache aber geniale Idee ist!

Es hat sich eingebürgert, zur Durchführung der vollständigen Induktion ein vorgeschriebenes Schema zu benutzen. Gerade wenn man noch nicht sehr vertraut mit der vollständigen Induktion ist, sollte man das immer beherzigen. Und ohne drohen zu wollen, sei angemerkt, dass die einzelnen Schritte in den meisten Klausuren auch bepunktet werden.

Vorgehensweise 1

Vollständige Induktion

1) **Induktionsanfang:** *Überall für n die kleinste Zahl (prüfen, was die kleinste Zahl ist, oft ist es 1) einsetzen und zeigen, dass die Gleichung wahr ist, am besten linke und rechte Seite getrennt voneinander untersuchen und dann feststellen, dass man zwei Mal das Gleiche rausgekriegt hat.*

2) **Induktionsvoraussetzung:** *Die Behauptung abschreiben, dahinter „gelte für ein $n \in \mathbb{N}$ schreiben (gibt oft einen Punkt in Klausuren!).*

3) **Induktionsschritt:**

(a) $n \rightarrow n + 1$ *schreiben*

(b) *In die Behauptung für n überall (n+1) einsetzen und als „Ziel" aufschreiben. Eventuelle Klammern ausmultiplizieren, falls sie nicht zu kompliziert sind.*

(c) *Die Seite abschreiben, die man leichter bearbeiten kann. Bei Summen gilt: Nur die Seite mit der Summe abschreiben.*

(d) *Diese Seite so aufspalten, dass man die eine Seite der Induktionsvoraussetzung isoliert darstellen kann. Bei Summen bedeutet das immer: Summe $\sum^{n+1}$ aufspalten in $\sum^{n}$ und den (n+1)-ten Summanden.*

(e) *Die andere Seite der Induktionsvoraussetzung einsetzen, über das Gleichheitszeichen „I.V." für Induktionsvoraussetzung schreiben, um deutlich zu machen, dass man die Induktionsvoraussetzung verwendet hat.*

(f) *Vereinfachen, bis die rechte Seite identisch mit dem vorgegebenen Ziel ist.*

(g) *Satz hinschreiben: „**Nach dem Induktionsprinzip folgt die Behauptung**".*

Das sehen wir uns sofort an einem Beispiel an, weil das ja niemand verstehen kann![10]

Beispiel 17

Zeigen Sie, dass $\sum_{i=1}^{n} i = \frac{n(n+1)}{2}$ für alle $n \in \mathbb{N}$ gilt.

1) *I.A.: n=1*

Linke Seite: $\sum_{i=1}^{1} i = 1$

Rechte Seite: $\frac{1(1+1)}{2} = 1$

Beide Seiten haben das Ergebnis 1, sind also gleich!

2) *I.V.:* $\sum_{i=1}^{n} i = \frac{n(n+1)}{2}$ *gelte für ein $n \in \mathbb{N}$*

3) *I.S.:* $n \rightarrow n + 1$

---

[10] Bei Vorgehensweisen ist es besonders wichtig, dass man sich individuelle Bemerkungen dazuschreibt. Wenn man alle Informationen strukturiert aufschreiben möchte, muss man Formeln verwenden. Da ich genau das in diesem Buch vermeiden will, müssen Sie Ihre eigene Sprache verwenden.

Ziel:

$$\sum_{i=1}^{n+1} i = \frac{(n+1)(n+2)}{2}$$

Dazu:

$$\sum_{i=1}^{n+1} i = \sum_{i=1}^{n} i + (n+1) \stackrel{I.V.}{=} \frac{n(n+1)}{2} + (n+1) = \frac{n(n+1)}{2} + \frac{2(n+1)}{2} = \frac{n(n+1)+2(n+1)}{2} = \frac{(n+2)(n+1)}{2}$$

Nach dem Induktionsprinzip folgt die Behauptung.

1.7 Übungsaufgaben

Aufgabe 1

Bestimmen Sie die Lösungsmengen der folgenden Gleichungen:

a) $\sqrt{(x+4)^2 + 2x^2 + 10x + 8 + (x+1)^2} - e^{2\ln(x-2)} = x+1$

b) $\ln(2x) - \ln\left(\frac{2}{3}\right) = 2\ln(x)$

c) $2^{5x+2} = 4^{15-x}$

Aufgabe 2

Vereinfachen Sie folgende Ausdrücke:

a) $\frac{a^p (2a)^{-3p}}{(a^2)^{2p}}, p > 0$

b) $\sqrt[4]{b^2} \cdot \left(\frac{1}{\sqrt[3]{\sqrt[4]{b^6}}}\right)^5 + \frac{2b^{-2}}{b^2 b^{-3}}, b > 0$

c) $\ln(a^2 b) + \ln\left(\frac{c}{b}\right) - 2\ln(a), a, b, c > 0$

Aufgabe 3

Schreiben Sie die folgenden Summen und Produkte unter Verwendung des Summen- bzw. Produktzeichens:

a) $\frac{5}{ca+1} + \frac{20}{c^2 a+2} + \frac{45}{c^3 a+3} + \frac{80}{c^4 a+4} + \frac{125}{c^5 a+5} + \frac{180}{c^6 a+6}$

b) $2b^2 + \frac{3b^2}{2} + \frac{4b^2}{3}$

c) $-a_{22} + a_{42} - a_{62} + a_{82} \pm \cdots, a_{i2} \in \mathbb{R}$

d) $\frac{4}{3} \cdot \frac{8}{8} \cdot \frac{12}{15} \cdot \frac{16}{24} \cdot \frac{20}{35}$

Aufgabe 4

Berechnen Sie:

a) $\sum_{i=1}^{4} 7 \cdot (i^2 - 2)$

b) $\sum_{i=4}^{8} i \cdot \ln(e^2) + 2^{i-3}$

Aufgabe 5

Berechnen Sie:

a) $4!+0!$ c) $\binom{0}{0}$ e) $\binom{200}{1}$

b) $\binom{5}{3}$ d) $\binom{2005}{2005}$ f) $\binom{200}{199}$

Aufgabe 6

Es sei $n \in \mathbb{N}$. Zeigen Sie:

a) $\binom{n}{0} = 1 = \binom{n}{n}$ c) $\binom{n}{k} = \binom{n}{n-k}$ für alle $k \in \{0, 1, \ldots, n\}$

b) $\binom{n}{1} = n = \binom{n}{n-1}$ d) $\binom{n}{k-1} + \binom{n}{k} = \binom{n+1}{k}$

Aufgabe 7

Zeigen Sie mit Hilfe der vollständigen Induktion:

a) $\forall n \in \mathbb{N}$ gilt: $\sum_{i=1}^{n} i^2 = \frac{n(n+1)(2n+1)}{6}$

b) $\forall n \in \mathbb{N}$ gilt: $\sum_{i=1}^{n} i^3 = \frac{n^2(n+1)^2}{4}$

c) $\forall n \in \mathbb{N}$ gilt: $\sum_{i=1}^{n} a^{i-1} = \frac{a^n - 1}{a-1}$ für ein beliebiges $a \in \mathbb{R}, a \neq 1$

2 Differentiation

2.1 Idee der Differentiation

Bei Geraden weiß man (bzw. sollte man wissen), dass sie die Gleichung $y = m \cdot x + b$ haben und dass m die Steigung und b der y- Achsenabschnitt ist.

Abbildung 1 Berechnung der Steigung einer Geraden

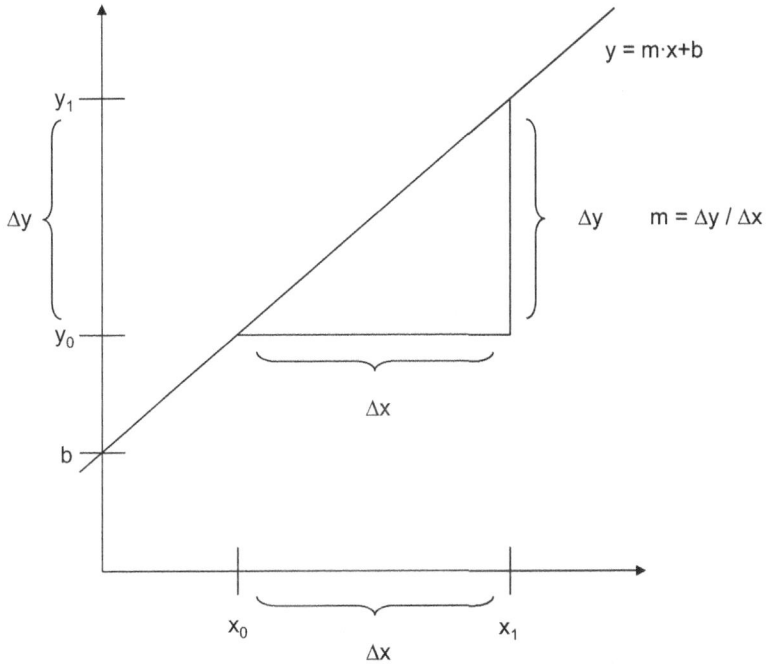

In **Abbildung 1** wird noch einmal gezeigt, wie sich die Steigung einer Geraden berechnet.

Fraglich ist, wie man die Steigung von Funktionen berechnet, die nicht gerade, sondern „krumm" sind. Hier ändert sich die Steigung natürlich permanent (sonst wäre es ja eine Gerade).

Die Idee, auf die man gekommen ist, ist die folgende: Wenn man zwei Punkte der Funktion (x_0, y_0) und (x_1, y_1) betrachtet, kann man wie in **Abbildung 2** gezeigt, eine Gerade durch die Punkte legen, eine so genannte Sekante.

Wenn nun der zweite Punkt (x_1, y_1) immer näher an den ersten Punkt (x_0, y_0) heranrückt, passt sich die Sekante an und ändert den Steigungswinkel. Im Grenzfall, dass beide Punkte aufeinander liegen, erhält man die Tangente an die Funktion im Punkt (x_0,y_0). Die Steigung dieser Tangente bezeichnet man als Steigung der Funktion im Punkt (x_0, y_0). Das schreibt sich dann $f'(x_0)$ und liest sich als „die erste Ableitung von f an der Stelle x_0".

Abbildung 2   Herleitung der Steigung einer Funktion

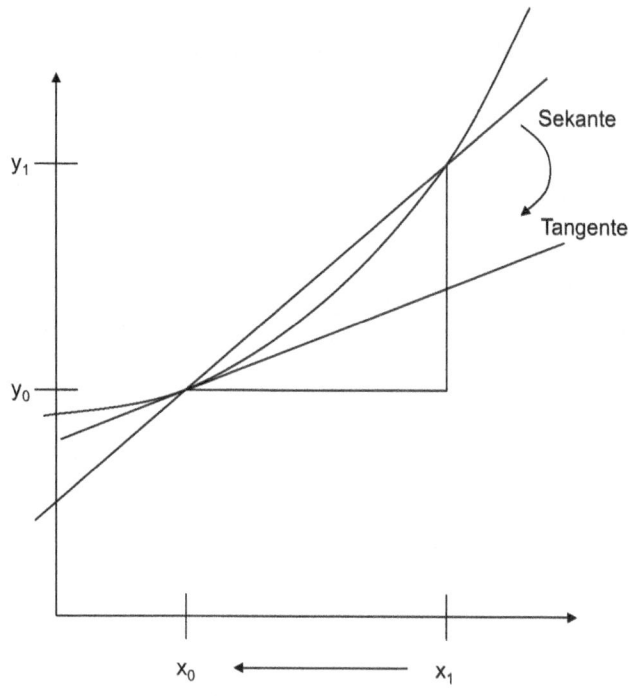

Dieselbe Situation betrachten wir nun noch einmal, allerdings verändern wir die Bezeichnungen der Punkte, wie es in **Abbildung 3** dargestellt ist. Der erste Punkt bleibt, wie er ist, allerdings heißt die zugehörige y-Komponente $f(x_0)$.

Der zweite Punkt heißt nun ($x0+h$, $f(x0+h)$), da er ja von $x0$ um h entfernt ist. Dann ergibt sich die Steigung der Sekante gemäß Steigungsdreieck zu $m = \frac{f(x_0+h)-f(x_0)}{x_0+h-x_0} = \frac{f(x_0+h)-f(x_0)}{h}$. Wenn nun h immer kleiner wird, erhält man wie oben erläutert die Steigung der Tangente bzw. „auf Mathe":

Wichtig 18

$$f'(x_0) = \lim_{h \to 0} \frac{f(x_0 + h) - f(x_0)}{h}$$

Es bleibt noch zu klären, wieso man die Steigung der Tangente nicht einfach „Ableitung der Funktion" nennt, sondern „erste Ableitung". Die Antwort ist ganz einfach. Da sich die Steigung der Tangente an jedem Punkt (x_0, y_0) ändern kann, stellt $f'(x)$ selbst wieder eine Funktion dar, die man - ganz klar - auch wieder ableiten kann. Aus Sicht der Ursprungsfunktion handelt es sich dann um die zweite Ableitung, *also $f''(x)$*. Das Spiel kann man im Prinzip beliebig oft wiederholen.

Abbildung 3   Herleitung der ersten Ableitung einer Funktion

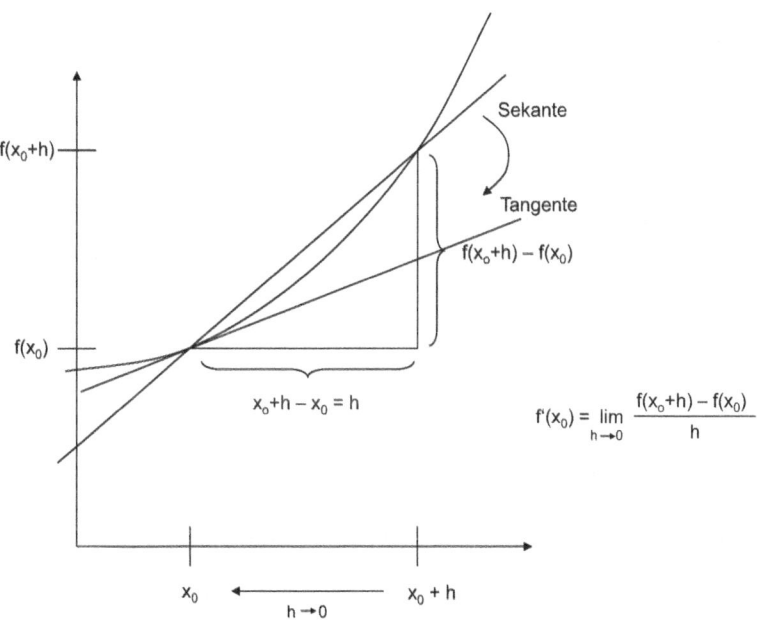

2.2   Berechnung der Ableitung

Die Idee der Ableitung scheint recht plausibel zu sein. Als Student(in) interessiert man sich aber natürlich viel mehr dafür, wie man eine Ableitung berechnet. Dazu muss man einige wichtige Funktionen und ihre Ableitungen kennen und einige Rechenregeln beherrschen. Wenden wir uns zuerst den Funktionen zu, von denen man die erste Ableitung einfach kennen muss. Das sind:

Wichtig 19
Wichtige Funktionen und ihre Ableitungen

Funktion	Ableitung
$f(x) = $ const.	$f'(x) = 0$
$f(x) = 1$	$f'(x) = 0$
$f(x) = x^n$	$f'(x) = n \cdot x^{n-1}$
$f(x) = e^x$	$f'(x) = e^x$
$f(x) = a^x$	$f'(x) = \ln(a) \cdot a^x$
$f(x) = \sqrt{x}$	$f'(x) = \dfrac{1}{2\sqrt{x}}$
$f(x) = \ln(x)$	$f'(x) = \dfrac{1}{x}$
$f(x) = \sin(x)$	$f'(x) = \cos(x)$
$f(x) = \cos(x)$	$f'(x) = -\sin(x)$

Das Leben könnte so einfach sein, wenn das alles wäre. Aber nein, weit gefehlt. Üblicherweise muss man Funktionen ableiten, die weitaus komplizierter sind als die oben angegebenen. In diesen Fällen benötigt man Rechenregeln, wie man mit diesen Funktionen umgeht. Diese kommen nun:

Wichtig 20
Faktorregel
Wenn die Funktion, die man ableiten soll, die folgende Gestalt hat
$f(x) = c \cdot g(x)$, so gilt: $f'(x) = c \cdot g'(x)$

Konstante Vorfaktoren werden also übernommen und müssen nicht weiter betrachtet werden.

Wichtig 21
Summenregel
Wenn die Funktion, die man ableiten soll, die folgende Gestalt hat

$f(x) = g(x) + h(x)$, so gilt: $f'(x) = g'(x) + h'(x)$

Summen von Funktionen können also einfach einzeln abgeleitet werden.

Jetzt wird es etwas komplizierter, und ohne es wirklich zu beweisen, kann man die folgenden Regeln auch nicht so einfach erklären. Aber beherzigen kann man sie schließlich auch ohne genau zu wissen, warum die Regeln so gelten.

Wichtig 22
Produktregel
Wenn die Funktion, die man ableiten soll, die folgende Gestalt hat

$f(x) = g(x) \cdot h(x)$, so gilt: $f'(x) = g'(x) \cdot h(x) + g(x) \cdot h'(x)$

Wagen Sie es also ja nicht, bei einem Produkt zweier Funktionen einfach die Ableitungen miteinander zu multiplizieren. Halten Sie sich an die Produktregel!

Wichtig 23
Quotientenregel
Wenn die Funktion, die man ableiten soll, die folgende Gestalt hat

$f(x) = \frac{g(x)}{h(x)}$, so gilt: $f'(x) = \frac{g'(x) \cdot h(x) - g(x) \cdot h'(x)}{[h(x)]^2}$

Auch hier gilt: Einfach die beiden Funktionen abzuleiten und dann zu dividieren ist schlichtweg Müll! Halten Sie sich an die Quotientenregel!

Last not least, kommt die meistgehasste Ableitungsregel, die deswegen so unbeliebt ist, weil viele Menschen Schwierigkeiten haben, die benötigte Struktur zu erkennen.

Die Kettenregel wird nämlich immer dann angewendet, wenn man (wie der Name schon sagt) zwei miteinander verkettete Funktionen ableiten soll. Auf Deutsch bedeutet verketten nichts anderes, als dass eine Funktion in eine andere Funktion „hineingestopft" wurde. Sehen wir uns einige Beispiele hierzu an:

Beispiel 18

$f(x) = \sqrt{x^2 + 3}$ *besteht eigentlich aus zwei verschachtelten Funktionen: in* $g(x) = \sqrt{x}$ *wurde die Funktion* $h(x) = x^2 + 3$ *gefriemelt, was bedeutet: Überall wo in* $g(x)$ *ein x steht wurde die komplette Funktion* $h(x)$ *eingesetzt.*

$f(x) = e^{x^2 - 4x}$ *besteht ebenfalls aus zwei verschachtelten Funktionen: Hier wurde in* $g(x) = e^x$ *die Funktion* $h(x) = x^2 - 4x$ *geschachtelt.*

In diesen Fällen muss die folgende Regel angewendet werden:

Wichtig 24
Kettenregel

Wenn die Funktion, die man ableiten soll, die folgende Gestalt hat
$f(x) = g(h(x))$, **so gilt:** $f'(x) = g'(h(x)) \cdot h'(x)$

Das bedeutet, man leitet zuerst die äußere Funktion ab, setzt die innere Funktion ein und multipliziert zum Schluss mit der Ableitung der inneren Funktion.

Keine Frage, das muss man üben. Zur Veranschaulichung „rechnen" wir ein paar Beispiele. Aber Sie müssen noch mehr Funktionen ableiten, bevor Sie richtig vertraut mit der Methode sind.

Beispiel 19

$$f(x) = x + \frac{1}{x} = x + x^{-1}$$

Dann ist $f'(x) = 1 + (-1) \cdot x^{-2}$

Das ist ein Beispiel für die Summenregel. Jede Teilfunktion wurde einzeln abgeleitet, die einzelnen Ableitungen werden anschließend addiert.

$$f(x) = \frac{x^2}{x^2 + 1}$$

Dann ist $f'(x) = \frac{2x(x^2+1) - x^2(2x)}{(x^2+1)^2} = \frac{2x}{(x^2+1)^2}$

Diese Funktion wurde nach der Quotientenregel abgeleitet und anschließend vereinfacht.

$$f(x) = \sqrt{x^2 - 1}$$

Dann ist $f'(x) = \frac{1}{2\sqrt{x^2-1}} \cdot 2x = \frac{x}{\sqrt{x^2-1}}$

ein Beispiel für die Kettenregel:

Die äußere Funktion heißt $g(x) = \sqrt{x}$. *Ihre Ableitung ist* $g'(x) = \frac{1}{2\sqrt{x}}$. *Die innere Funktion heißt* $h(x) = x^2 - 1$ *mit der Ableitung* $h'(x) = 2x$. *Zusammen eingesetzt in die Kettenregel ergibt sich der obige Ausdruck, den man noch kürzen kann.*

2.3   Anwendungen

Nun gut, gehen wir davon aus, dass Sie die Idee der Differentiation verstanden haben und die Technik des Ableitens nun einigermaßen anwenden können. Bleibt noch die Frage, wofür braucht man das überhaupt? Ist ja toll, dass man die Steigung einer Funktion an einem beliebigen Punkt angeben kann, aber satt wird man davon noch lange nicht. Stimmt, Brötchen kaufen kann man mit der Ableitung nicht, aber es gibt zumindest zwei große Anwendungsbereiche, die Sie interessieren sollten.

Der erste Bereich ist eher mathematischer und technischer Natur: Mit Hilfe der Differentialrechnung können wir auch kompliziertere Funktionen soweit analysieren, dass wir sie zumindest qualitativ richtig zeichnen können. Keine Frage, ich rede von der Kurvendiskussion. Dieses Verfahren werden wir im nächsten Abschnitt detailliert durchgehen.

Der zweite Bereich ist eher ökonomischer Natur. Ausgehend von der Idee, dass man mit Hilfe der Ableitung Extremwerte einer Funktion ermitteln kann, kann die Differentialrechnung dazu verwendet werden, gewinnmaximale Absatzmengen oder kostenminimale Produktionsprogramme zu ermitteln. Einen kurzen Einblick gebe ich Ihnen im übernächsten Abschnitt.

2.3.1   Kurvendiskussion

Wie gesagt geht es bei der Kurvendiskussion darum, eine gegebene Funktion einigermaßen exakt zu zeichnen. Dazu ist es notwendig, dass man einige charakteristische Punkte und Eigenschaften der Funktion ermittelt. Hierbei hilft die Differentialrechnung an mehreren Stellen. Andere Dinge kann man ohne Differentialrechnung ermitteln. Auch diese Punkte handeln wir in diesem Abschnitt ab, auch wenn sie thematisch gar nicht hierher gehören. Ich beginne mit einer Checklist der abzuarbeitenden Punkte. Anschließend gehen wir jeden Punkt einzeln durch.

Wichtig 25
Checkliste der Punkte einer Kurvendiskussion
- **Definitionsbereich und Verhalten der Funktion an den Rändern des Definitionsbereichs**
- **Nullstellen der Funktion**
- **y-Achsenabschnitt**
- **Berechnung der ersten zwei Ableitungen**
- **Monotonie und Extremwerte**
- **Krümmungsverhalten und Wendepunkte**
- **Skizze**

2.3.1.1   Definitionsbereich und Verhalten der Funktion an den Rändern des Definitionsbereichs

Wie immer fängt es ganz harmlos an. Für diesen Punkt brauchen Sie keine Ableitungen, lediglich Kapitel 1 müssen Sie drauf haben. Denn es ist notwendig, dass Sie für die wichtigsten Funktionen wissen, wo sie definiert bzw. nicht definiert sind. Zum Beispiel muss Ihnen klar sein, dass der Logarithmus nur für echt positive Werte existiert, und Sie müssen beachten, dass der Nenner eines Bruchs nie Null werden darf. Und hier steckt der Teufel wie immer im Detail.

Besonders wichtig ist hierbei, wie man gebrochen-rationale Funktionen untersucht, also Funktionen, die die Form Polynom/Polynom besitzen, sozusagen $f(x) = \frac{p(x)}{q(x)}$. Denn bei gebrochen-rationalen Funktionen gibt es unter Umständen Lücken im Definitionsbereich, so genannte Definitionslücken. Und die gibt es dann gleich in zwei Variationen.

Die erste Art von Definitionslücken sind hebbare Definitionslücken. Die erkennt man daran, dass sie zwar Nullstellen des Nenners, also von $q(x)$ sind, dass sie aber auch Nullstellen des Zählers, also von $p(x)$ sind, und dass man die zugehörigen Terme in der faktorisierten Form tatsächlich vollständig gegeneinander kürzen kann, so dass diese hebbaren Definitionslücken in der gekürzten Form der Funktion keine Nullstellen des Nenners mehr sind.

Polstellen hingegen bleiben auch in der gekürzten Form der Funktion Nullstellen des Nenners, so dass man diese nicht durch Kürzen eliminieren kann.

Grafisch bedeutet das, dass hebbare Definitionslücken winzig kleine Löcher in der Funktion darstellen, die man mit bloßem Auge gar nicht erkennen kann. Polstellen hingegen haben die Eigenschaft, dass die Funktion an ihnen gegen $\pm\infty$ verschwindet, also nach oben oder nach unten "abhaut". Und das jeweils von links und von rechts betrachtet, so dass sich vier verschiedene Kombinationsmöglichkeiten ergeben.[11]

Hinzu kommt, dass es bei diesen gebrochen-rationalen Funktionen noch weitere Ränder des Definitionsbereichs gibt, nämlich $\pm\infty$. Auch hier sind die gebrochen-rationalen Funktionen speziell. Man kann nämlich eine Asymptote berechnen, der sich die Funktion immer mehr annähert, je größer bzw. je kleiner die Werte für x werden. Diese Asymptote erhält man, wenn man die Polynomdivision $p(x):q(x)$ durchführt. Normalerweise bleibt hier ein Rest, die Division wird also nicht aufgehen, aber wenn man diesen Rest ignoriert[12], dann erhält man als Ergebnis der Division die Gleichung der Asymptote. Die Analyse des Rests wiederum erlaubt Aussagen darüber, wie sich die Funktion der Asymptote nähert. Hierzu setzt man in den Rest einmal sehr große Werte für x ein, um das Verhalten der Funktion zu beurteilen, wenn x gegen $+\infty$ strebt, und einmal sehr kleine Wert, die ein Urteil erlauben, wie sich die Funktion der Asymptote nähert, wenn x gegen $-\infty$ strebt. Ergibt sich nämlich ein positiver Rest, so nähert sich die Funktion von oben, ergibt sich ein negativer Rest, so nähert sie sich von unten.

Beispiel 20

Wir betrachten parallel zwei Funktionen, die sich durch unterschiedliche Eigenschaften auszeichnen. Mit diesen beiden Funktionen gehen wir alle Punkte der Reihe nach durch:
$$f(x) = e^x(x-5) \text{ und } g(x) = \frac{x^2-2x-15}{x^2-7x+10}.$$

---

[11] Wie diese im Einzelnen aussehen, müssen Sie sich schon selbst überlegen.

[12] Der gibt ja nur an, dass die Funktion nicht ganz exakt gleich der Asymptote ist.

Beginnen wir mit f(x). Sowohl die e-Funktion als auch x - 5 sind auf ganz $\mathbb{R}$ definiert. Also ist der Definitionsbereich von f(x) ganz $\mathbb{R}$.

Nun müssen wir betrachten, wie sich f(x) verhält, wenn x gegen $\pm\infty$ strebt. Auch wenn wir Grenzwerte eigentlich erst später kennen lernen, können wir diese Funktion schon jetzt näher analysieren: Beginnen wir mit der Situation, dass x immer größer wird. Dann wird die e-Funktion auch immer größer, strebt also gegen ∞. Auch x - 5 wird immer größer, so dass wir festhalten können, dass f(x) für große x gegen ∞ strebt bzw. mathematisch: $\lim_{x\to\infty} f(x) = \infty$. Wenn x hingegen immer kleiner wird, also gegen $-\infty$ strebt, sieht die Sache etwas anders aus: die e-Funktion nähert sich immer mehr der Null, x - 5 hingegen wird immer negativer. Auch wenn ich die exakte Begründung hier schuldig bleiben muss[13], kann man es sich so erklären, dass die e-Funktion einfach schneller Null wird, als x - 5 gegen $-\infty$ strebt. Daher strebt f(x) insgesamt gegen Null bzw. $\lim_{x\to-\infty} f(x) = 0$.

Bei g(x) ist der Definitionsbereich etwas komplizierter. Hier haben wir es mit einem Bruch zu tun, also müssen wir überprüfen, ob der Nenner evtl. Null werden kann. Dazu müssen wir tief in die Trickkiste aus Kapitel 1 greifen und entweder den Satz von Vieta oder die quadratische Ergänzung oder die pq-Formel als Nebenrechnung anwenden, um den Nenner zu faktorisieren.[14] Egal auf welchem Weg, Sie sollten erhalten, dass der Nenner als (x-5)(x-2) geschrieben werden kann. Das bedeutet unmittelbar, dass der Definitionsbereich von g(x) $\mathbb{R}\backslash\{2,5\}$ ist. Knallhart ausgedrückt, Sie dürfen für x weder 2 noch 5 einsetzen, die sind einfach tabu!

Um nun zu analysieren, um welche Art von Definitionslücken es sich handelt, müssen wir auch den Zähler faktorisieren. Hilft nichts! Ebenfalls mit Hilfe des Satzes von Vieta oder quadratischer Ergänzung oder pq-Formel sollten Sie es schaffen zu erkennen, dass sich der Zähler als (x-5)(x+3) schreiben lässt.

Insgesamt gilt also: $g(x) = \frac{(x-5)(x+3)}{(x-5)(x-2)}$. Mit Kennerblick kann man erkennen, dass man hier kürzen kann. In der gekürzten Version heißt die Funktion dann $\tilde{g}(x) = \frac{x+3}{x-2}$. Übrigens habe ich diese Funktion mit Absicht $\tilde{g}$ genannt, denn streng genommen ist das nicht mehr g, denn der Definitionsbereich ist ein anderer: Bei $\tilde{g}$ ist 5 plötzlich definiert. Aber wenn man x=5 ausschließt, sind g und $\tilde{g}$ identisch.

Gut, was bedeutet das nun? Wir sehen, dass x=5 eine hebbare Definitionslücke ist. Man kann g an dieser Stelle stetig ergänzen, indem man statt g(5), was es ja nicht gibt, $\tilde{g}(5) = \frac{8}{3}$ einsetzt. x=2 ist hingegen eine Polstelle, denn 2 ist auch für $\tilde{g}$ nicht definiert. Wenn man in Gedanken Zahlen einsetzt, die nah an 2 liegen (und zwar einmal Zahlen, die immer etwas kleiner als 2 sind, so wie 1,9, 1,99, etc., und einmal Zahlen, die immer etwas größer als 2 sind, wie z.B. 2,001, 2,01), erkennt man, dass g von links gegen $-\infty$ strebt, denn wenn man die o.g. kleineren Zahlen in $\tilde{g}$ einsetzt, erhält man negative Ergebnisse. Wenn man hingegen die größeren Zahlen einsetzt, erhält man

---

[13] Dazu braucht man die Regeln von l'Hospital.

[14] Wer schlau ist, faktorisiert den Zähler natürlich gleich mit. Kommt gleich.

positive Werte, also strebt g von rechts gegen $+\infty$. Man schreibt $\lim_{x \to 2^-} g(x) = -\infty$ bzw. $\lim_{x \to 2^+} g(x) = \infty$. Es gibt also einen Vorzeichenwechsel an dieser Polstelle.

Betrachten wir nun das Verhalten der Funktion an den Rändern des Definitionsbereichs, also wenn x gegen $\pm\infty$ strebt. Hierzu berechnen wir nun die Asymptote der Funktion:

$$(x^2 - 2x - 15):(x^2 - 7x + 10) = 1 + \frac{5x - 25}{x^2 - 7x + 10}$$

Also lautet die Asymptote $a(x) = 1$. Hierbei handelt es sich um eine waagerechte Gerade auf der Höhe 1. Nun interessiert uns, wie sich die Funktion dieser Asymptote nähert. Dazu betrachten wir den Rest, also $\frac{5x-25}{x^2-7x-10}$ und setzen einmal sehr große Werte für x ein und einmal sehr kleine Werte. Für sehr große Werte ergibt sich, dass der Rest positiv ist. Also liegt die Funktion immer etwas oberhalb der Asymptote, g nähert sich also von oben.

Wenn für x sehr kleine Werte eingesetzt werden, ergibt sich ein negativer Rest, die Funktion nähert sich also von unten der Asymptote.

2.3.1.2   Nullstellen der Funktion

Wie der Name schon sagt, handelt es sich bei Nullstellen um diejenigen Stellen, an denen der Funktionswert den Wert Null annimmt. Um diese Stellen zu berechnen, muss man die Funktion gleich Null setzen, und die entstandene Gleichung nach x auflösen. Die Lösungen dieser Gleichung sind die gesuchten Nullstellen der Funktion.

Bei Funktionen, die aus einem Bruch bestehen, also insbesondere bei gebrochen-rationalen Funktionen, betrachtet man lediglich den Zähler der Funktion, da der Nenner ja sowie so nicht Null werden darf. Selbstverständlich muss man bei der Berechnung der Nullstellen wie auch bei allen weiteren Berechnungen immer im Auge behalten, ob die berechneten Werte für x überhaupt definiert sind.

Beispiel 21

Beginnen wir wieder mit $f(x) = e^x(x - 5)$. Wir müssen also die Gleichung $e^x(x - 5) = 0$ lösen. Um diese Gleichung zu lösen, benutzen wir den Satz vom Nullprodukt[15]. Also müssen wir untersuchen, für welche x $e^x = 0$ ist und für welche x $x - 5 = 0$ ist. Nun, die e-Funktion wird niemals Null, die erste Gleichung besitzt also keine Lösung. Die zweite Gleichung besitzt die Lösung x=5, die auch definiert ist. f besitzt also eine Nullstelle bei x=5.

---

[15] Zur Erinnerung: dieser besagt: Ein Produkt ist genau dann gleich Null, wenn mindestens einer der Faktoren gleich Null ist.

Als nächstes untersuchen wir $g(x) = \frac{x^2-2x-15}{x^2-7x+10}$. Uns interessiert also, wann $x^2 - 2x - 15 = 0$ ist. Auch hier nutzen wir den Satz vom Nullprodukt, indem wir die faktorisierte Formulierung des Zählers betrachten. (x-5)(x+3)=0 besitzt zwei Lösungen, nämlich x=5 und x=-3. Allerdings ist x=5 nicht definiert, daher besitzt auch g nur eine Nullstelle, nämlich x=-3.

2.3.1.3   y-Achsenabschnitt

Der y-Achsenabschnitt ist der Funktionswert an der Stelle x=0.[16] Man muss also f(0) berechnen.

Beispiel 22

Wieder geht es los mit $f(x) = e^x(x - 5)$. $f(0) = e^0(0 - 5) = -5$ Also liegt der y-Achsenabschnitt bei f(0)=-5.

Als nächstes untersuchen wir $g(x) = \frac{x^2-2x-15}{x^2-7x+10}$. $g(0) = \frac{0^2-2\cdot0-15}{0^2-7\cdot0+10} = -1{,}5$. Hier liegt dementsprechend der y-Achsenabschnitt bei g(0)=-1,5.

2.3.1.4   Berechnung der ersten zwei Ableitungen

So langsam nähern wir uns dem Inhalt dieses Kapitels. Für die nachfolgenden Punkte der Kurvendiskussion ist die Differentialrechnung ein großartiges Hilfsmittel. Daher sollten an dieser Stelle die ersten zwei Ableitungen berechnet werden.

Beispiel 23

Mal wieder geht es los mit $f(x) = e^x(x - 5)$. Hier brauchen wir also die Produktregel, und es ergibt sich: $f'(x) = e^x(x - 5) + e^x \cdot 1 = e^x(x - 4)$.

Damit folgt: $f''(x) = e^x(x - 4) + e^x \cdot 1 = e^x(x - 3)$.

Als nächstes knöpfen wir uns $g(x) = \frac{x^2-2x-15}{x^2-7x+10}$ vor. Allerdings nehmen wir die gekürzte Version $\tilde{g}(x) = \frac{x+3}{x-2}$, damit die Ableitungen einigermaßen handhabbar sind. Hier brauchen wir unbedingt die Quotientenregel. Es ergibt sich: $g'(x) = \frac{1\cdot(x-2)-(x+3)\cdot1}{(x-2)^2} = \frac{x-2-x-3}{(x-2)^2} = \frac{-5}{(x-2)^2}$. Das lässt sich umschreiben zu $g'(x) = -5(x - 2)^{-2}$.

Wenn man dies wiederum ableitet, erhält man: $g''(x) = 10 \cdot (x - 2)^{-3} = \frac{10}{(x-2)^3}$.

---

[16] Also praktisch die umgekehrte Fragestellung zur Nullstellenberechnung. Bitte nicht verwechseln.

2.3.1.5   Monotonie und Extremwerte

Bei der Monotonieuntersuchung geht es darum, zu entscheiden, ob eine Funktion monoton wachsend oder monoton fallend ist. Mathematisch gesehen ist eine Funktion auf einem Intervall monoton wachsend[17], wenn für alle Werte x_1 und x_2 mit $x_1 < x_2$ gilt, dass $f(x_1) \le f(x_2)$ ist. Dementsprechend gilt, dass die Funktion monoton fallend ist[18], wenn für alle Werte x_1 und x_2 mit $x_1 < x_2$ gilt, dass $f(x_1) \ge f(x_2)$ ist. Geometrisch bedeutet das, dass die Funktionen steigen oder waagerecht verlaufen (monoton wachsend) bzw. fallen oder waagerecht verlaufen (monoton fallend). Selbstverständlich können Funktionen auf ihrem gesamten Funktionsbereich abwechselnd monoton wachsend und monoton fallend sein. Die folgende **Abbildung 4** zeigt eine Funktion, die sowohl fallend als auch wachsend ist. Die entsprechenden Bereiche sind markiert:

Abbildung 4   Eine monoton wachsende und fallende Funktion

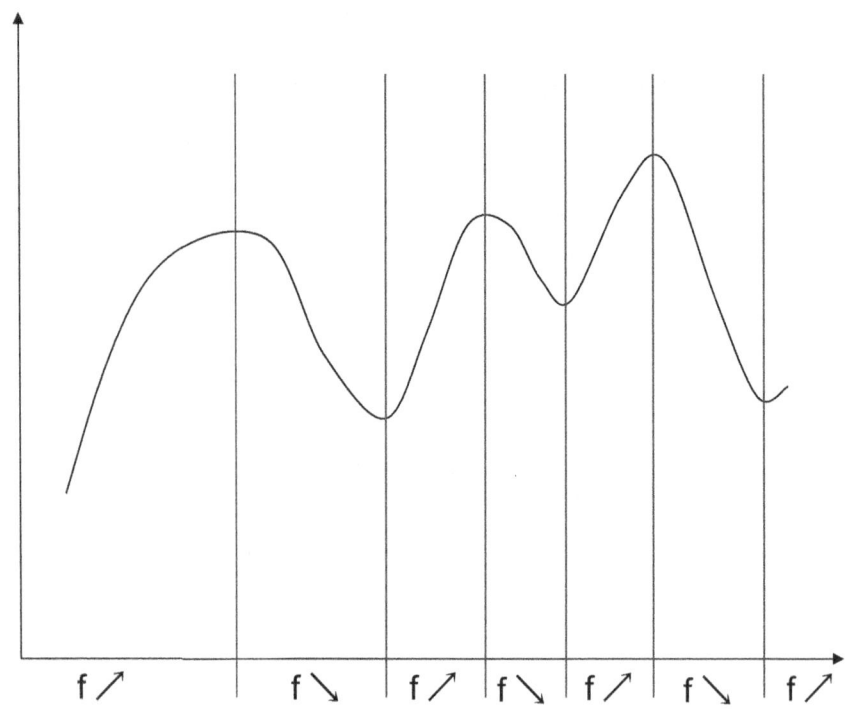

---

[17] Man schreibt auch: f ↗.

[18] Das schreibt man in Kurzform als f ↘.

Um die Monotonie zu untersuchen, brauchen wir endlich die (erste) Ableitung der Funktion. Wenn Sie sich nämlich ein wenig an die Definition der Ableitung zurück erinnern, könnte Ihnen einfallen, dass die erste Ableitung ja gerade die Steigung der Funktion bedeutet. Wenn eine Funktion also differenzierbar ist, also wenn es eine erste Ableitung gibt und die erste Ableitung der Funktion größer oder gleich Null ist, ist die Funktion monoton steigend. Und sie ist monoton fallend, wenn die erste Ableitung kleiner oder gleich Null ist.[19]

Nun zeigt die obige Abbildung noch einige besondere Punkte. Wenn wir nämlich die Stellen betrachten, an denen die Funktion ihr Verhalten von Wachsen auf Fallen ändert, so finden wir immer kleine Berggipfel an diesen Stellen.[20] Und umgekehrt entsteht an den Stellen, an denen die Funktion zuerst fällt und dann steigt, ein kleines Tal. Mathematisch gesprochen reden wir hier über lokale Extremwerte, genauer gesagt heißen die Berggipfel lokale Maxima, die Täler lokale Minima.[21] Diese Punkte zu kennen, bringt uns unserem Ziel, die Funktion zu zeichnen, deutlich näher. Denn an diesen Punkten können wir die Funktion schon ein kleines Stück zeichnen, nämlich kleine Berggipfel und kleine Täler.

Mathematisch erhält man die lokalen Extrema, indem man die erste Ableitung der Funktion gleich Null setzt. Denn in dem Augenblick, wo die Funktion von Steigen zu Fallen wechselt (und umgekehrt), verharrt sie einen winzigen Moment, im Extremum hat sie die Steigung Null.[22] Nun stellt sich natürlich die Frage, um was für ein lokales Extremum es sich handelt, ob ein Maximum oder ein Minimum vorliegt. Dazu muss man sich zwei Punkte in der Nähe des Extremums ansehen. Wenn die Funktion links vom Extremum steigt, also wenn für $x < x_E$ gilt: $f'(x) > 0$ und wenn die Funktion rechts vom Extremum fällt, also wenn für $x > x_E$ gilt: $f'(x) < 0$, dann handelt es sich bei dem Extremum um ein lokales Maximum. Wenn die Funktion hingegen links vom Extremum fällt, also wenn für $x < x_E$

---

[19] Es gibt auch die Eigenschaft einer Funktion; dass sie streng monoton wachsend bzw. streng monoton fallend ist. Dies beinhaltet die Forderung, dass die Funktion nicht gleich bleiben darf. Daher muss man für diese Untersuchung die ≤- und ≥-Zeichen durch <- bzw. >-Zeichen ersetzen.

[20] Ist ja logisch. Jedem, der schon einmal eine Bergwanderung gemacht hat oder bloß mit dem Fahrrad einen Hügel herauf gefahren ist, kann ein Lied davon singen.

[21] Und mit ganz geringen Lateinkenntnissen kann man erklären, was das bedeutet: In einer Umgebung (=lokal) handelt es sich um den größten (Maximum) bzw. kleinsten (Minimum) Funktionswert. Manchmal werden sie übrigens auch als relative Extremwerte bezeichnet.

[22] Genauer ausgedrückt muss man sagen, dass in einem lokalen Extremum die Tangente an die Funktion waagerecht verläuft, zumindest wenn es eine eindeutige Tangente an diesem Punkt gibt. Denn die Ausführungen hier gelten nur für differenzierbare Funktionen. Es gibt auch fiese Funktionen, die sich nicht differenzieren lassen, aber hierum kümmern wir uns in diesem Buch nicht. Sie wollten ja schließlich keine Mathematiker werden!

gilt: f'(x)<0 und wenn die Funktion rechts vom Extremum steigt, also wenn für x >x_E gilt: f'(x)>0, dann handelt es sich bei dem Extremum um ein lokales Minimum.[23]

Das Leben könnte so schön sein, wenn das alles wäre. Aber es gibt noch eine hinterhältige Spezies von Punkten, nämlich Sattelpunkte. Diese besitzen auch die Eigenschaft, dass die erste Ableitung an einem Sattelpunkt gleich Null ist, aber die Funktion ändert ihr Monotonieverhalten nicht. Wenn sie vorher gestiegen ist, dann tut sie dies nachher auch weiter bzw. wenn die bis zum Sattelpunkt gefallen ist, dann fällt sie ab dort weiter. Mathematisch gesprochen ändert sich also das Vorzeichen der ersten Ableitung nicht.

Sattelpunkte sind natürlich keine Extrema, helfen einem aber für die Zeichnung unter Umständen auch weiter. Die folgende Abbildung zeigt solche Sattelpunkte:

Abbildung 5   Sattelpunkte

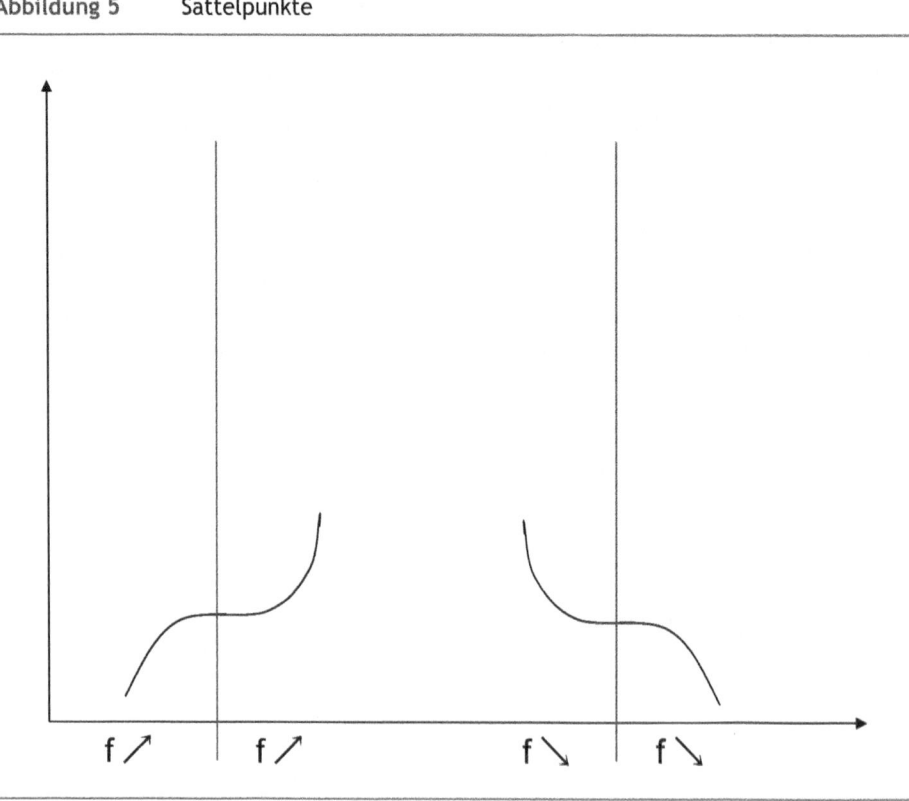

---

[23] Manche Leute überprüfen stattdessen die zweite Ableitung und behaupten, dass ein Minimum vorliegt, wenn die zweite Ableitung positiv ist bzw. ein Maximum, wenn die zweite Ableitung negativ ist. Schon die harmlos scheinende Funktion f(x) = x^4 widerlegt aber diese Überlegung, denn sie besitzt ein Minimum bei x = 0, aber die zweite Ableitung ist bei x = 0 ebenfalls Null!

Wichtig 26

Monotonie und lokale Extremwerte

Man erhält das Monotonieverhalten und die lokalen Extremwerte einer differenzierbaren Funktion f(x) folgendermaßen:

- Wenn f'(x)≥0, so ist die Funktion dort monoton steigend. Wenn f'(x)>0, so ist die Funktion dort streng monoton steigend.
- Wenn f'(x)≤0, so ist die Funktion dort monoton fallend. Wenn f'(x)<0, so ist die Funktion dort streng monoton fallend.
- Lokale Extremwerte x_E erkennt man daran, dass f'(x_E)=0.
- Es handelt sich um ein lokales Maximum, wenn links von x_E f steigt, also wenn für x <x_E gilt: f'(x)>0 und wenn rechts von x_E f fällt, also wenn für x >x_E gilt: f'(x)<0.
- Es handelt sich um ein lokales Minimum, wenn links von x_E f fällt, also wenn für x <x_E gilt: f'(x)<0 und wenn rechts von x_E f steigt, also wenn für x >x_E gilt: f'(x)>0.

- Es handelt sich um einen Sattelpunkt, wenn sich das Vorzeichen der ersten Ableitung nicht verändert.

Beispiel 24

Betrachten wir wieder unsere beiden Funktionen. Es gilt: $f'(x) = e^x(x - 4)$. Uns interessiert, wann diese Funktion steigt und wann sie fällt. Am einfachsten sehen wir das, wenn wir die faktorisierte Version der Funktion betrachten, so wie sie oben auch bereits steht. Da e^x immer positiv ist, müssen wir nur x-4 näher betrachten. Dieser Ausdruck ist negativ für x<4 und positiv für x>4. Er wird Null, wenn x=4 ist. Damit ist alles klar! Wenn x<4 ist, fällt die Funktion, wenn x>4 ist, steigt sie. Das lokale Extremum liegt bei x=4, und es muss ein lokales Minimum sein. Um es später einzeichnen zu können, brauchen wir noch den Funktionswert, also f(4). Dieser beträgt f(4)=-e^4≈-54,6.

Auch für die Analyse von g betrachten wir wieder die vereinfachte Version der ersten Ableitung. Es gilt (zur Erinnerung): $g'(x) = -\frac{5}{(x-2)^2}$. Auch dieser Ausdruck lässt sich verhältnismäßig einfach analysieren, denn der Zähler ist positiv (5) und der Nenner auch (Quadratzahlen sind immer größer gleich Null und gleich Null kann der Nenner ja nicht werden, 2 ist nicht im Definitionsbereich enthalten!) Wegen des fetten Minuszeichens vor dem Bruch fällt g also auf dem gesamten Definitionsbereich, da gibt es keinen Zweifel. Es fällt sogar streng monoton, denn die erste Ableitung ist echt kleiner als Null. Also kann es auch keine lokalen Extremwerte geben.

Von den lokalen Extremwerten muss man die globalen bzw. absoluten Extremwerte unterscheiden. Globale Extremwerte sind einfach die Punkte mit den absolut größten bzw. kleinsten Funktionswerten. Diese können zwar manchmal mit den lokalen Extremwerten zusammenfallen, sie müssen dies aber keinesfalls tun, wie die folgende Abbildung zeigt:

Abbildung 6   Lokale und globale Extremwerte

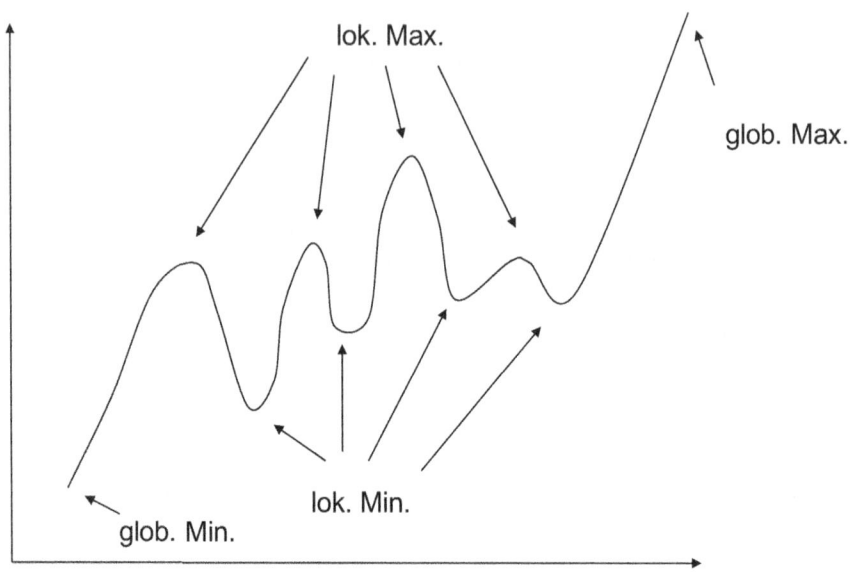

Übrigens liegen die globalen Extrema nur dann an den eingezeichneten Stellen, wenn die Funktion genau da endet. Bei den globalen Extremwerten muss man also unbedingt den Definitionsbereich mit betrachten!!

Beispiel 25

Mit Hilfe des Monotonieverhaltens einer Funktion, der Kenntnis des Definitionsbereichs und ein bisschen logischem Denken kann man sehr einfach die globalen Extremwerte bestimmen, falls es sie gibt. Ansonsten kann man sehr gut argumentieren, dass es keine lokalen Extremwerte gibt.

Bei f(x) z.B. haben wir schon herausgefunden, dass f bis x=4 fällt und ab da wieder steigt. Logischerweise muss dann unser lokales Minimum auch ein globales Minimum sein. f kann einfach nicht kleiner als $f(4)=-e^4 \approx -54{,}6$. Aus dem gleichen Grund kann f kein globales Maximum besitzen, denn f steigt immer weiter (bis unendlich), je größer x wird.

Bei g(x) ist die Sache auch sehr schnell klar. Wir wissen, dass bei x=2 eine Polstelle liegt, bei der g von links betrachtet gegen -∞ verschwindet, während g von ∞ wieder hervorkommt. Hier gibt es also keine Möglichkeit für ein globales Maximum oder Minimum.

2.3.1.6 Krümmungsverhalten und Wendepunkte

Eine Funktion ist oftmals nach links oder nach rechts gekrümmt. Zu wissen, wo die Funktion linksgekrümmt bzw. konvex oder rechtsgekrümmt bzw. konkav ist, erleichtert selbstverständlich das Zeichnen auch ungemein. Um eine Vorstellung zu entwickeln, was konvex bzw. konkav bedeutet, hilft es oft, sich vorzustellen, man fährt „von Minus Unendlich bis Plus Unendlich" auf dem Graphen der Funktion lang. Wenn man links lenken muss, ist die Funktion konvex, wenn man das Lenkrad rechts einschlagen muss, ist sie konkav. Die folgende Abbildung hilft vielleicht beim Verständnis:

Abbildung 7 Konvexität und Konkavität

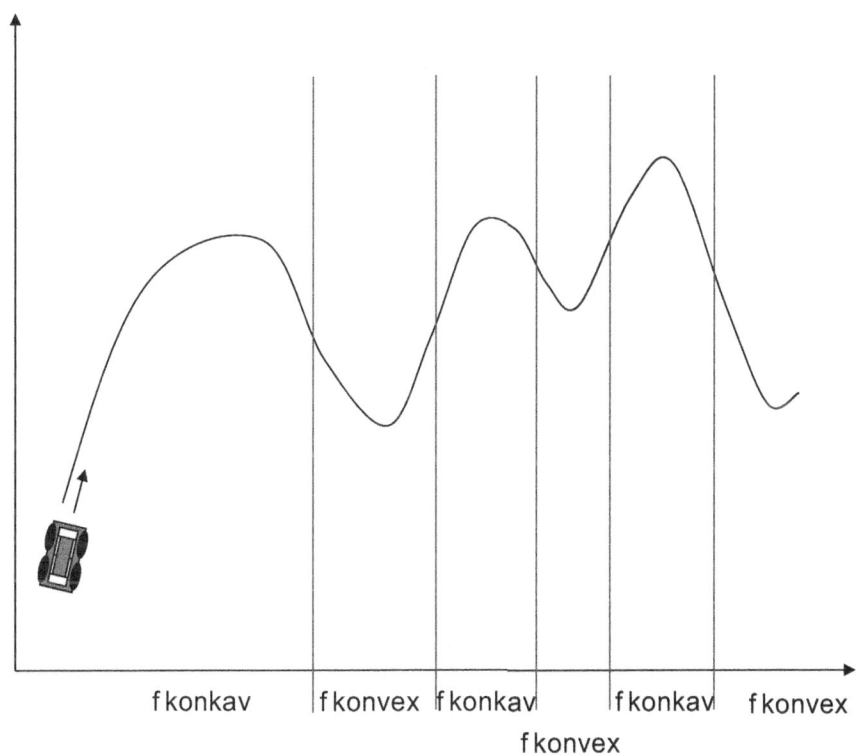

Leider können wir nicht auf der Funktion lang fahren, wenn wir gar nicht wissen, wie sie aussieht, also brauchen wir eine mathematische Erklärung, wann eine Funktion konvex bzw. konkav ist. Und Gott sei Dank hilft uns hier die zweite Ableitung. Denn eine Funktion ist konvex, wenn die zweite Ableitung der Funktion positiv ist und sie ist konkav, wenn die zweite Ableitung negativ ist.

Und wiederum interessieren uns die Punkte, an denen die Funktion ihr Krümmungsverhalten ändert, besonders. Diese Punkte heißen Wendestellen, und für sie muss logischerweise gelten, dass die zweite Ableitung gleich Null ist. Blöderweise ist nicht jeder Punkt, an dem die zweite Ableitung verschwindet[24], eine Wendestelle, daher müssen wir auch immer noch einmal überprüfen, ob wirklich ein Wechsel im Krümmungsverhalten vorliegt.[25] Das fassen wir noch einmal mathematisch zusammen.

Wichtig 27
- Eine Funktion f ist konvex, wenn $f''(x) \geq 0$ ist.
- Sie ist konkav, wenn $f''(x) \leq 0$ ist.
- x_w heißt Wendestelle von f, wenn sich das Krümmungsverhalten bei x_w ändert, also wenn $f''(x_w) = 0$ und $f''(x) > 0$ für $x < x_w$ und $f''(x) < 0$ für $x > x_w$ bzw. wenn $f''(x_w) = 0$ und $f''(x) < 0$ für $x < x_w$ und $f''(x) > 0$ für $x > x_w$.

Beispiel 26

Wie immer betrachten wir wieder die vereinfachte und faktorisierte Form der Funktion $f''(x) = e^x(x - 3)$. Und analog zu eben können wir argumentieren, dass die e-Funktion immer positiv ist und dass daher f für x<3 konkav sein muss (denn hier ist die zweite Ableitung negativ) und dass f für x>3 konvex ist (denn hier ist die zweite Ableitung positiv). Bei x=3 liegt eine Wendestelle vor, denn die zweite Ableitung ist hier gleich Null und es liegt eine Änderung im Krümmungsverhalten vor. Fehlt noch der Funktionswert $f(3) = -2 \cdot e^3 \approx -40,2$.

Bei der zweiten Funktion gilt $g''(x) = \frac{10}{(x-2)^3}$. Auch diesen Term untersuchen wir wieder Zähler für Nenner. Der Zähler ist immer echt positiv, keine Frage. Der Nenner ist etwas kniffliger. Wenn x < 2 ist, so ist der Nenner (und damit der gesamte Bruch) negativ, wenn hingegen x > 2 ist, ist der Nenner positiv, also auch der gesamte Bruch. Also ist g für x < 2 konkav und für x > 2 konvex. Aber es gibt keine Wendestelle, denn es gibt kein x, für das die zweite Ableitung verschwindet.[26]

2.3.1.7   Skizze

Jetzt ist es endlich soweit. Wir können die Früchte unserer Bemühungen ernten und die beiden Funktionen zeichnen. Als erstes sehen wir hier f(x). Bitte überprüfen Sie, dass alle Eigenschaften, die wir vorher herausgefunden haben, tatsächlich vorliegen:

---

[24] Das bedeutet den Term gleich Null setzen.

[25] Aber das Spiel kennen wir ja schon. Wir suchen einen Punkt links des Kandidaten für die Wendestelle und einen rechts davon und überprüfen, ob sich das Vorzeichen der zweiten Ableitung ändert. Manche Leute überprüfen die dritte Ableitung stattdessen, ich kann das nicht empfehlen, denn es gibt genügend fiese Funktionen, die eine Wendestelle haben, an der die dritte Ableitung ebenfalls Null ist, z.B. f(x) = x⁵.

[26] Wagen Sie es ja nicht, über x = 2 auch nur nachzudenken. Der ist nicht definiert!

Abbildung 8   Der Graph der Funktion f(x)

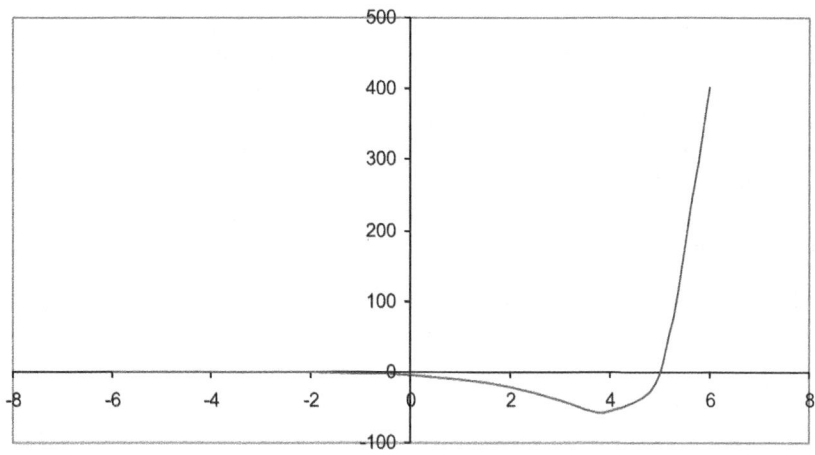

Und als Nächstes die Funktion g(x). In der folgenden Abbildung ist auch die Asymptote a(x) eingezeichnet:

Abbildung 9   Der Graph der Funktion g(x)

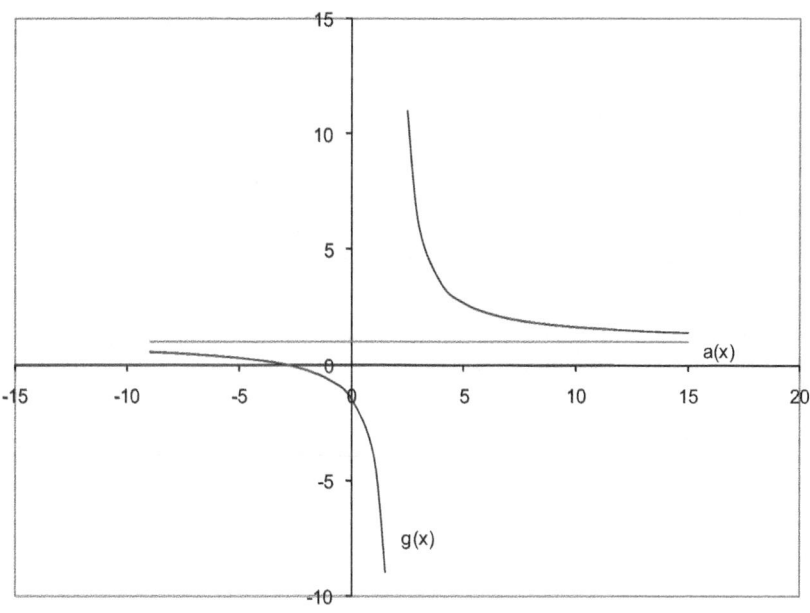

2.3.2   Ökonomische Funktionen

Klar ist aus mathematischer Sicht die Kurvendiskussion die Mutter aller Anwendungen der Differentialrechnung. Im kaufmännischen Bereich führt man die komplette Kurvendiskussion eher selten durch. Aber Teile benutzt man schon eher, denn die Optimierung, also das Finden von Extremwerten stellt im kaufmännischen Bereich eine wichtige Aufgabe dar, z.B. in Form des Findens von Gewinnmaxima und Kostenminima. Um aber mit den Methoden der Differentialrechnung arbeiten zu können, braucht man logischerweise die Kenntnis, mit welchen Funktionen man es zu tun hat.[27] Daher müssen wir uns mit den wichtigsten ökonomischen Funktionen und den am häufigsten eingesetzten Funktionstypen beschäftigen.

Zunächst schauen wir uns aber einige idealtypische Marktformen an, damit Sie mit den Fachbegriffen vertraut sind:

2.3.2.1   Marktformen

Nachfrage / Angebot	Einer	Mehrere/ wenige	Viele
Einer	Bilaterales Monopol	Beschränktes Monopol	Monopol
Mehrere/ wenige	Beschränktes Monopson	Bilaterales Oligopol	Oligopol
Viele	Monopson	Oligopol	Polypol = idealer Markt

Ein (Angebots-)**Monopol** liegt dann vor, wenn es nur einen Anbieter einer Ware gibt. Bei einem Monopol ist die Nachfrage der Macht des Angebots zumindest kurzfristig unterworfen.

Langfristig wird die Macht des Anbieters erfahrungsgemäß durch die Entwicklung von Substitutionsgütern eingeschränkt. Beispiele hierfür waren die Dienstleistungen der Deut-

---

[27] Ein Sachverhalt, der vielen BWLern gar nicht einleuchtet, aber wie will man die erste Ableitung von einer Funktion bilden, wenn man die Funktion nicht kennt?!

schen Bundesbahn oder der Deutschen Bundespost. Ein Nachfragermonopol wird auch als **Monopson** bezeichnet.

Bei einem klassischen **Oligopol** gibt es nur einige wenige Anbieter, wie z.B. beim Automarkenangebot, die auf viele Nachfrager treffen, oder umgekehrt in der Form, dass viele Anbieter auf wenige Nachfrager treffen, wie z.B. im Automobilzulieferermarkt, in dem viele Anbieter von Zulieferteilen auf wenige Abnehmer der Automobilhersteller treffen. Diese Form des Marktes kommt in der Realität am häufigsten vor.

Ein **bilaterales Oligopol** ist durch wenige Anbieter gekennzeichnet, die auch nur auf wenige Nachfrager treffen, z.B. gibt es nur 2-3 Anbieter für Langstreckenflugzeuge und wenige Luftfahrtgesellschaften als Nachfrager.

Als ideale Marktform wird ein **Polypol** angesehen, bei dem viele Anbieter auf viele Nachfrager treffen. Es wurden viele ökonomische Modelle entwickelt, die die Preisbildung auf polypolistischen Märkten erklären.

2.3.2.2   Wichtige Funktionen aus ökonomischer Sicht

1) Nachfragefunktion

Die Nachfragefunktion gibt den mathematischen Zusammenhang zwischen Absatzmenge x und Preis p an. Aus Nachfragerperspektive nennt man sie Nachfragefunktion und formuliert sie als x = x(p). Aus Anbieterperspektive wird sie auch Preis-Absatz-Funktion genannt, man verwendet oft die umgekehrte Perspektive und setzt den Preis als von der Nachfragemenge abhängige Variable an, also p = p(x).[28] Im Allgemeinen nimmt man an, dass die Preis-Absatz-Funktion (PAF) monoton fallend ist, denn es macht Sinn zu unterstellen, dass die Nachfragemenge abnimmt, wenn der Preis eines Gutes steigt.[29]

2) Angebotsfunktion

Auch hier geht es um den Zusammenhang zwischen dem Preis p und der Menge x. Aber diesmal handelt es sich um die Angebotsmenge x, nicht um die Nachfragemenge. Auch diese Funktion gibt es in zwei Formulierungen: x = x(p) oder p = p(x), je nachdem, welche der beiden Variablen als unabhängig bzw. beeinflussend unterstellt wird. Im Allgemeinen unterstellt man einen monoton steigenden Verlauf, denn je größer der Absatzpreis ist, desto mehr wird ein Hersteller zumindest tendenziell versuchen, am Markt anzubieten.

---

[28] Man setzt also die Absatzmenge als gegeben voraus. Dies macht insb. Sinn, wenn die Unternehmen die Absatzmenge nicht beeinflussen können, also als Preisanpasser arbeiten müssen. Insb. im Marketing verwendet man aber wiederum die Formulierung x=x(p), da hier der Preis als Entscheidungsvariable angesehen wird.

[29] Selbstverständlich gibt es auch Güter, bei denen die PAF steigend verläuft, z.B. bei Luxusgütern, und Güter mit waagerechter PAF, z. B. Benzin, aber dazu kommen wir später.

3) Erlösfunktion

Diese Funktion besitzt ebenfalls verschiedene Bezeichnungen, die oft synonym verwendet werden, allerdings kleine Unterschiede in der Bedeutung aufweisen: Man spricht auch von der Umsatzfunktion oder aus Nachfragerperspektive von der Ausgabenfunktion. Je nachdem, welche Variable als die den Umsatz beeinflussende Variable unterstellt wird, formuliert man $E=E(x)$, wobei x die Absatzmenge des zu betrachtenden Gutes ist, oder $E=E(p)$, wobei p den Absatzpreis darstellt. Generell gilt der alte Spruch: Umsatz ist Preis mal Menge, so dass in den beiden Formulierungen ausgedrückt entweder $E(x)=x \cdot p(x)$ oder $E(p)=x(p) \cdot p$ gilt. Aus Produktionsperspektive wird oft die Menge als unabhängige Variable gewählt, da unterstellt wird, dass man die Absatzmenge leichter beeinflussen kann als den Preis, aus Marketingperspektive wiederum wird eher der Preis als unabhängige Variable gewählt.

Nun wechseln wir den Spielraum, wir betrachten nicht mehr den Markt, auf dem Angebot und Nachfrage aufeinander treffen, sondern wir „verkriechen" uns in das Unternehmen und modellieren die Produktion. Hier geht es nun darum, wie der Input r einer Produktion und die Outputmenge x zusammenhängen, wir interessieren uns also für den Zusammenhang $x = x(r)$.

4) Produktionsfunktionen

Die Produktionstheorie ist traditionell stark quantitativ und mathematisch orientiert, daher gibt es in diesem Bereich detaillierte Überlegungen, wie Produktionsfunktionen modelliert werden können.

Die **ertragsgesetzliche Produktionsfunktion** unterstellt, dass es in einer Produktion erst einen stark ansteigenden Bereich gibt, dieser bedeutet, dass zusätzlicher Input überproportional viel Output erzeugt, z.B. können zwei Arbeiter die Produktionsmenge eines Arbeiters oft mehr als verdoppeln, weil sie sich gegenseitig anspornen. Dieser Effekt lässt gemäß dem Ertragsgesetz aber irgendwann nach, 50 Arbeiter schaffen vielleicht nur noch weniger als das Doppelte der Produktionsmenge von 25 Arbeitern, weil sie sich u.U. nun gegenseitig ablenken. Und es kann sogar noch schlimmer kommen. Das Ertragsgesetz unterstellt sogar die Möglichkeit, dass bei einer weiteren Zunahme der Inputfaktoren die Outputmenge sogar wieder fällt, vielleicht hetzen sich 100 Arbeiter gegeneinander auf und beginnen einen Streik oder ähnliches.[30]

Grafisch sieht das dann wie folgt aus:

---

[30] Bitte nehmen Sie die Beispiele nicht zu ernst, bei diesem Buch handelt es sich in erster Linie um ein Mathematikbuch, nicht um einen Einführungskurs in VWL.

Abbildung 10   Ertragsgesetzliche Produktionsfunktion

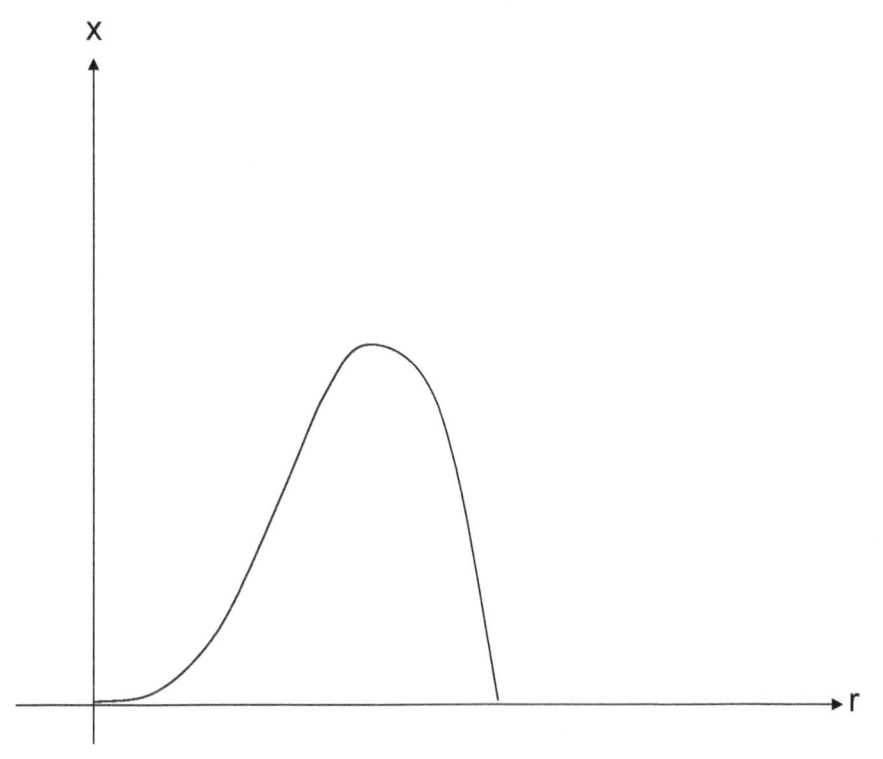

Um aber wirklich rechnen zu können, also z.B. den Punkt zu ermitteln, an dem man den größten Output erzielen kann, muss man den Funktionstypen genau kennen. Funktionstypen, die einen solchen Verlauf aufweisen können, sind z. B. Polynome dritten Grades mit geeigneten Koeffizienten, wie z.B. $x(r)=-r^3+12r^2+605$.

Die **neoklassische Produktionsfunktion** unterstellt einen anderen Verlauf des Zusammenhangs zwischen Input und Output eines Produktionsprozesses: Es wird generell ein steigender Verlauf angenommen, der aber immer weiter abflacht. Auch solche Produktionsprozesse gibt es in der Realität, z.B. bei chemischen Prozessen. So eine Produktionsfunktion sieht folgendermaßen aus:

Abbildung 11   Neoklassische Produktionsfunktion

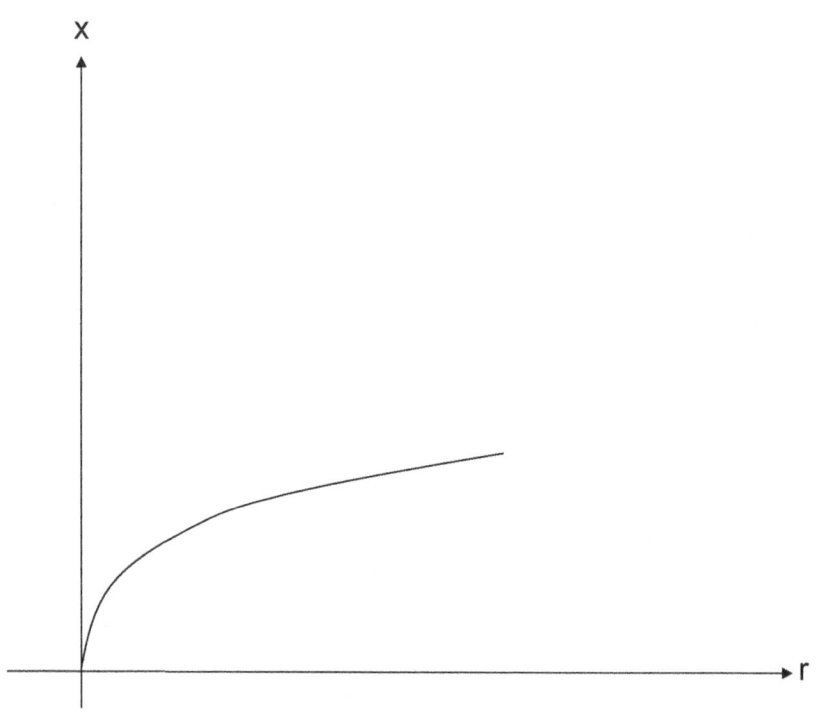

Die bekannteste Modellierung eines solchen Verlaufs stellt ohne Frage die Cobb-Douglas-Produktionsfunktion dar: $x(r)=a \cdot r^b$, z.B. $x(r)=0{,}7r^{0,5}$. Sie hat neben der Darstellung noch den Vorteil, dass sie mathematisch einfach zu handhaben ist und dass die Parameter a und b einfach vom Entscheider anzugeben sind.

Die **limitationale Produktionsfunktion** besitzt als Prämisse die Vorstellung, dass die Produktion einen ineffektiven Bereich besitzt, also einen Bereich, indem eine Steigerung des Inputfaktors keinerlei Steigerung der Outputmenge nach sich zieht. Lernprozesse scheinen solche limitationalen Prozesse zu sein: Irgendwann kann man noch so viel lesen, mehr geht einfach nicht in den Kopf rein.[31] Eine grafische Verdeutlichung zeigt die folgende Abbildung, die den Verlauf von

$$x(r) = \begin{cases} 0{,}75r, & 0 \leq r \leq 20 \\ 15, & r > 20 \end{cases} \text{ darstellt:}$$

---

[31] Ich hoffe, Sie sind noch nicht an diesem Punkt angekommen, es warten noch viele schöne Dinge auf Sie ☺.

Abbildung 12   Limitationale Produktionsfunktion

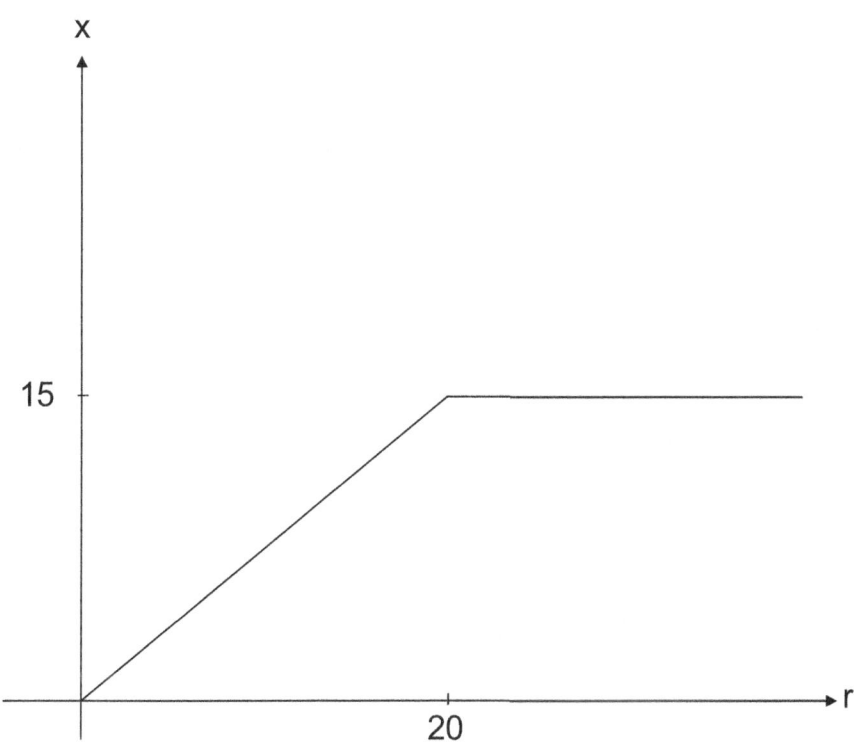

Selbstverständlich ist der Zusammenhang zwischen Input und Output ein wichtiger Zusammenhang, aber der Blickwinkel der Kaufleute ist meistens ein etwas anderer, nämlich der Blickwinkel der Geldbewertungen, also bei Produktionsprozessen der Blickwinkel der Kosten.

5) Kostenfunktionen

Grundsätzlich werden bei Produktionsprozessen zwei Arten von Kosten unterschieden: Fixkosten (K_{fix}) und variable Kosten (K_{var}). Fixkosten sind Kosten, die auch dann anfallen, wenn nicht produziert wird, z.B. Kosten für Mieten, für Verwaltungsangestellte u.ä. Variable Kosten sind Kosten, die von der Produktionsmenge abhängen, üblicherweise steigen sie mit zunehmender Produktionsmenge. Die gesamten Kosten einer Produktion sind dann die Summe aus Fixkosten und variablen Kosten, also $K = K_{fix} + K_{var}$.

Auch zur Modellierung der Kostenverläufe werden unterschiedliche Funktionsverläufe angenommen:

Die **ertragsgesetzliche Kostenfunktion** nimmt an, dass zu Beginn einer Produktion die Kosten erst überdurchschnittlich steigen, dass es dann aufgrund von Skalen- und Lerneffekten einen Bereich gibt, in dem die Kosten unterproportional steigen und dass es ab einem bestimmten Punkt wieder zu einer überproportionalen Kostensteigerung kommt, da zusätzliche Kapazitäten bereitgestellt werden müssen u.ä. Die folgende Abbildung zeigt eine ertragsgesetzliche Kostenfunktion.

Abbildung 13   Ertragsgesetzliche Kostenfunktion

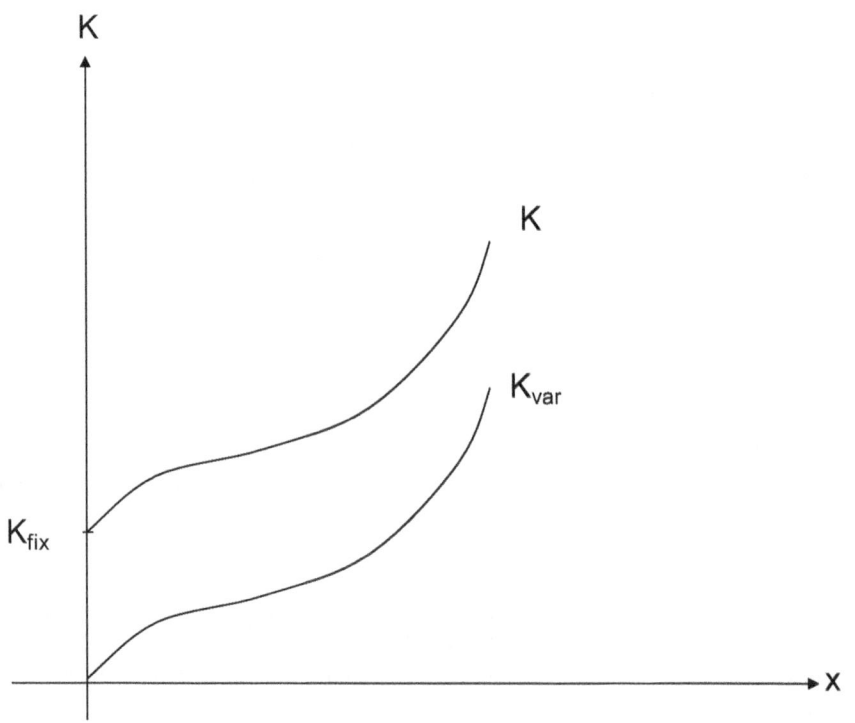

Auch zur Modellierung dieser Funktionen werden gerne Polynome dritten Grades verwendet, z.B. $K(x)=0{,}01x^3 - x^2 + 60x + 80$. Man erkennt, dass die Fixkosten dieser Produktion 80 betragen, denn wenn nicht produziert wird, ergibt sich $K(0) = 80$.

Die **neoklassische Kostenfunktion** geht von einer überproportionalen Steigerung der Kosten während des gesamten Produktionsprozesses aus. Daher wird ein monoton steigender konvexer Verlauf angenommen, wie es die folgende Abbildung zeigt:

Abbildung 14   Neoklassische Kostenfunktion

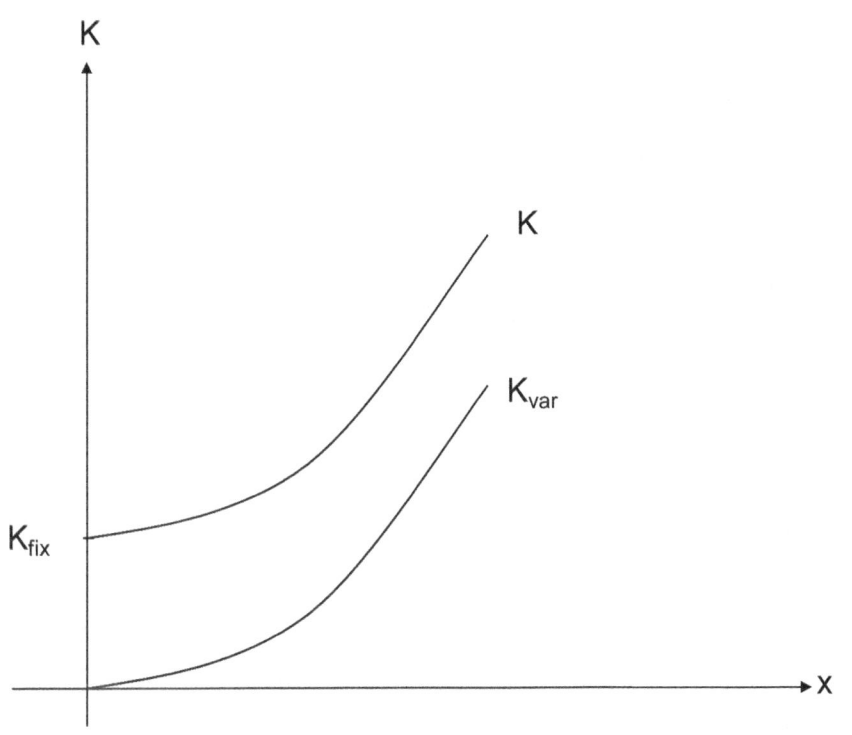

Übliche Funktionstypen zur Modellierung dieser Verläufe sind z.B. Parabeln oder Hyperbeln, also z.B. $K(x) = 0{,}1x^2+200$ oder $K(x) = 0{,}5x + 1 + \frac{36}{x+9}$ oder auch gerne e-Funktionen wie $K(x) = 36e^{0{,}01x} + 2009$.

Die **lineare Kostenfunktion** ist ohne Frage mathematisch einfachste Art der Kostenfunktion. Sonderlich realistisch ist sie vielleicht nicht, aber sie lässt sich leicht handhaben, und um eine erste Näherung der kostenoptimalen Produktion zu erhalten, ist sie oftmals ausreichend. Sie besitzt immer den folgenden Funktionstyp: $K(x)=k_v \cdot x+K_{fix}$, wobei k_v die variablen Kosten je Stück, also die variablen Stückkosten sind. Eine lineare Kostenfunktion sieht immer wie folgt aus:

Abbildung 15   Lineare Kostenfunktion

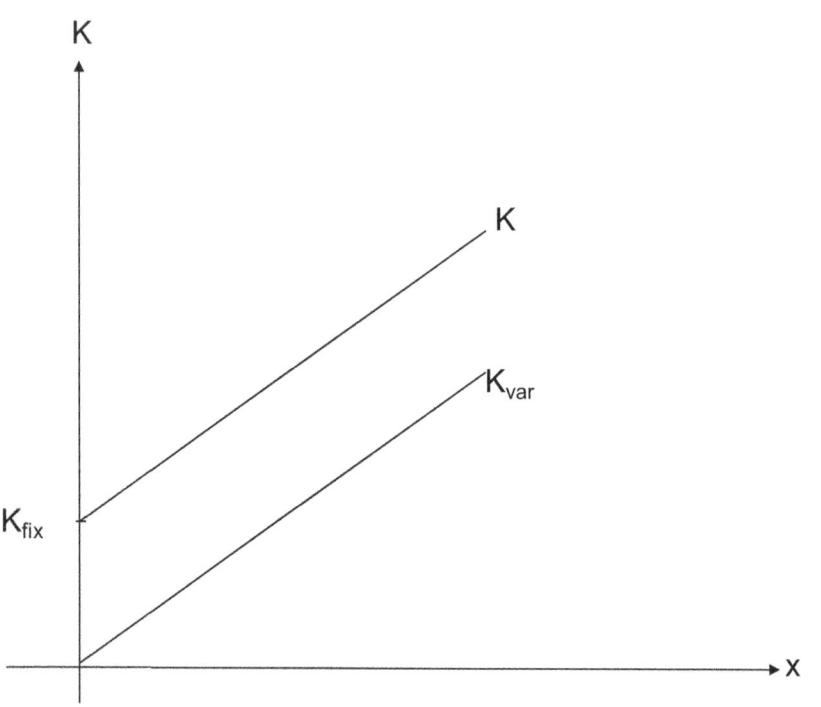

Die variablen Stückkosten stellen hierbei die Steigung der Geraden dar.

Nun können wir die beiden Bereiche eines Unternehmens, also die Produktion mit den hiermit verbundenen Kosten und den Absatzmarkt mit den zugehörigen Erlösen zusammenführen und den Gewinn betrachten. Wohl noch immer die meistberechnete Größe in der Betriebswirtschaft.

6) Gewinnfunktion

Auch hier gibt es einen Merksatz, nämlich: Gewinn gleich Umsatz minus Kosten. Wenn wir die Absatzmenge als Entscheidungsvariable betrachten, bedeutet dies für den Gewinn G:

$G(x) = E(x) - K(x)$ oder wenn wir die Erkenntnis von oben, dass Umsatz gleich Preis mal Menge ist, mit einfließen lassen: $G(x) = x \cdot p(x) - K(x)$. Und hier ergeben sich die schönsten Berechnungsmöglichkeiten, je nachdem, welche Funktionstypen man für die einzelnen Bestandteile unterstellt, und Sie werden es ahnen, so langsam schließt sich auch der Kreis zur Differentialrechnung, denn wenn man die Absatzmenge sucht, die den größten Gewinn liefert, muss man wohl die erste Ableitung der Gewinnfunktion analysieren.[32]

7) Deckungsbeitragsfunktion

Im kurzfristigen Bereich der kaufmännischen Aktivität ist es oftmals nicht sinnvoll, sich immer am Gewinn zu orientieren. Teilweise sollte man auch Produkte im Produktionsprogramm belassen, die zwar einen negativen Gewinn (also einen Verlust) einfahren, die aber immerhin mehr Umsatz erbringen, als die variablen Kosten, die durch ihre Produktion unmittelbar verursacht wurden. Man nennt diesen Betrag, der über die variablen Kosten hinausgeht und der zur Deckung der Fixkosten verwendet werden kann, den Deckungsbeitrag des Produkts. Und es sollte Ihnen einleuchten, dass ein Produkt, das einen positiven Deckungsbeitrag erwirtschaftet, zumindest kurz- bis mittelfristig weiter hergestellt werden sollte, weil es ja dazu beiträgt, die Miete reinzuholen. Langfristig allerdings ruiniert man sich, wenn man nur den Deckungsbeitrag im Blick behält und den Gewinn vernachlässigt. Man berechnet den Deckungsbeitrag wie folgt: $DB(x) = E(x) - K_{var}(x)$ bzw. $DB(x) = x \cdot p(x) - K_{var}(x)$.

Neben den bislang besprochenen Gesamtfunktionen interessiert man sich im kaufmännischen Bereich auch für die durchschnittlichen Werte, also für die **Durchschnittsfunktionen** bzw. **Stückfunktionen**. Diese erhält man, indem man die Gesamtfunktionen jeweils durch x dividiert. Im Unterschied zu den Gesamtfunktionen, die einheitlich mit Großbuchstaben bezeichnet werden, erhalten Durchschnittsfunktionen üblicherweise Kleinbuchstaben als Bezeichnungen, also die Durchschnittskosten heißen bspw. $k(x)$ und berechnen sich als $k(x) = K(x)/x$.

Das Leben könnte so schön sein, wenn das schon alles wäre. Aber ich habe ja schon angedroht, dass wir noch einmal detaillierter zu den Ableitungen kommen werden. Nun ist es soweit. Als wäre das alles nämlich noch nicht kompliziert genug, will man in der BWL auch noch immer wissen, wie sich diese Funktionen in einem kleinen Bereich verändern. Diese Veränderungsfunktionen nennt man Grenzfunktionen. Die Grenzfunktion einer ökonomischen Funktion f kann durch ihre Ableitung f' beschrieben werden. Sie gibt (näherungsweise) den Funktionszuwachs bzw. die Abnahme an, der/die durch die nächste bzw. letzte Einheit der unabhängigen Variablen x hervorgerufen wird.

Hm, alles klar?! Wohl kaum. Schauen wir uns doch mal ein Beispiel an.

---

[32] Aber dazu gleich mehr!

Beispiel 27

Eine Produktion verursacht Kosten in Höhe von K(x) = 2x² + 5. Die Grenzkostenfunktion lautet dann K'(x) = 4x. Das bedeutet z.B., dass die 4. hergestellte Einheit zusätzliche Kosten in Höhe von ca. K'(4) = 4·4 = 16 Geldeinheiten verursacht. Ganz exakt ist das nicht, denn K(4) = 2·4² + 5 = 37, während K(3) = 2·3² + 5 = 23. Also hat die 4. Einheit exakt 37 − 23 = 14 Geldeinheiten an Kosten verursacht. Aber in erster Näherung ist das schon OK.[33]

*Gut, betrachten wir einige Grenzfunktionen mal etwas näher, und lernen wir insb. ihre Bezeichnungen kennen. Die **Grenzkostenfunktion** haben wir bereits besprochen. Der **Grenzerlös** E'(x)[34] gibt näherungsweise an, wie sich der Erlös ändert, wenn sich die nachgefragte Menge um eine Einheit ändert. Die **Grenzproduktivität** x'(r) ermittelt, wie sich die Outputmenge verändert, wenn die Inputmenge um eine Einheit verändert wird.*

*Für den **Grenzgewinn** $G'(x) = E'(x) - K'(x)$ gilt, dass er im gewinnmaximalen Punkt =0 sein muss, also $G'(x) = E'(x) - K'(x) = 0$.[35] Oder noch anders ausgedrückt: Für die gewinnmaximale Absatzmenge gilt, dass Grenzerlös gleich Grenzkosten sein muss, also E'(x)=K'(x).[36] Dementsprechend ist der **Grenzdeckungsbeitrag** $DB'(x) = E'(x) - K_{var}'(x)$.*

*Nun interessiert es manchmal gar nicht, wie groß die Veränderung der Funktion ist, wenn die unabhängige Variable um den Wert 1 geändert wird. Manchmal will man lieber die prozentualen Werte miteinander vergleichen. Sprich: Um wie viel % verändert sich die Funktion, wenn die Inputgröße um 1% verändert wird? Dann muss man die Elastizität der betreffenden Funktion berechnen. Die bekannteste Elastizität ist die **Preiselastizität der Nachfrage** ε_p. Sie wird wie folgt berechnet: $\varepsilon_p = \frac{dx}{dp} \cdot \frac{p}{x} = x'(p) \cdot \frac{p}{x(p)}$.*

Sie gibt also an, um wie viel Prozent sich die Nachfragemenge verändert, wenn der Preis um 1% geändert wird.

Wenn $|\varepsilon_p| < 1$, so spricht man von einer unelastischen Nachfrage. Das bedeutet, dass die Nachfrage wenig empfindlich auf Preisänderungen reagiert. Wenn der Preis um 1% geändert wird, ändert sich die Nachfragemenge um weniger als 1%. Das typische Beispiel für eine unelastische Nachfrage ist Benzin. Zwar jammern alle an der Tankstelle, aber tanken tun sie dann doch alle, und aufs Auto verzichtet kaum einer.

---

[33] Mathematisch liegt das daran, dass die erste Ableitung ja die Steigung der Tangente ist und nicht die exakte Änderung der Funktion. In der Realität ist es aber meistens einfacher die Grenzfunktion zu ermitteln und zu analysieren, als die exakte Änderung der Funktion selbst zu berechnen.

[34] Bzw. der Grenzumsatz bzw. die Grenzausgaben

[35] Logisch, wir suchen ja ein Extremum, also muss die erste Ableitung gleich Null gesetzt werden.

[36] Hier muss ich kurz meine Begeisterung kundtun. Aus mathematischer Sicht sind diese ökonomischen Funktionen nicht weiter interessant, meistens hat man es mit Polynomen zu tun, die Berechnungen sind eher unspektakulär. Aber die Interpretation der Gleichungen, und dann wieder eine völlig andere Intention, bloß weil man die Gleichung umgestellt hat, das ist fürwahr faszinierend!

Ist hingegen $|\varepsilon_p| > 1$, so spricht man von einer elastischen Nachfrage. Preisänderungen haben einen großen Einfluss auf die Nachfragemenge, Preiserhöhungen sollte man sich bei solch einer Nachfrage gut überlegen, während Preissenkungen drastische Abverkäufe nach sich ziehen können. In der Realität sieht man sich als Hersteller einer elastischen Nachfrage oftmals gegenüber, wenn man ein Produkt herstellt, das leicht ersetzt (substituiert) werden kann, Butter z.B. durch Margarine etc.

Eine Nachfrage mit $|\varepsilon_p| = 1$ nennt man übrigens isoelastisch. Hier verändern sich Preis und Nachfragemenge sozusagen synchron.

2.4 Übungsaufgaben

Aufgabe 8

Bilden Sie die erste Ableitung der folgenden Funktionen:

a) $f(x) = \frac{1}{5x^2} + \left(\frac{3x}{2}\right)^2$

c) $f(x) = 3^{3\ln(x)+7}$

b) $f(x) = \frac{4x^3}{x^4 + 7x^2}$

d) $f(x) = (\ln(x^4)) \cdot 5\ln(x^2)$

Aufgabe 9

Bilden Sie die erste Ableitung der folgenden Funktionen:

a) $f(x) = 25x^2 + \frac{17e^x}{x+2} + 18$

b) $f(x) = \left(\ln\left(\frac{x^2-4}{x+2} + 2\right) + 8x^2\right) \cdot \left(\frac{x^2-5x+6}{x-3} - 2\right)$

c) $f(x) = \sqrt{x^5} - (x^2 - 5)(e^x - \ln(x^2))$

d) $f(x) = \cos(e^x)$

e) $f(x) = x^2 \cdot \sin(x)$

Sie müssen die Ergebnisse nicht weiter vereinfachen.

Aufgabe 10

Diskutieren Sie die folgenden Funktionen:

a) $f(x) = \frac{-5x^2 + 5}{x^3}$

b) $f(x) = (x-1)^2 \cdot e^{-2x}$

Aufgabe 11

Ein Ein-Produkt-Unternehmen eines Monopolisten sieht sich folgender Nachfragefunktion gegenüber:

$x(p) = 125 - 1{,}25p$

Die Kostenfunktion des Monopolisten sei gegeben durch:

$K(x) = 0{,}2x^2 + 4x + 704$

Ermitteln Sie das Intervall, innerhalb dessen das Unternehmen mit positivem Gewinn operiert.

Aufgabe 12

Gegeben ist die Produktionsfunktion $x(r) = \sqrt{2r - 200}$

Der (Einkaufs-)Preis des Inputfaktors r beträgt 2€/ME, der Marktpreis des Produkts beträgt 30€/ME.

a)   Ermitteln Sie die Gesamtkostenfunktion $K(x)$.

b)   Ermitteln Sie die Gewinnfunktion $G(x)$.

c)   Ermitteln Sie die Gewinnschwellen.

d)   Innerhalb welcher Outputwerte ist der Stückdeckungsbeitrag positiv?

Aufgabe 13

Ein Ein-Produkt-Unternehmen produziert seinen Output x zu folgenden Gesamtkosten
$K(x) = 200 \cdot e^{0{,}01x} + 400$

a)   Ermitteln Sie die Höhe der Fixkosten.

b)   Wie hoch sind die durchschnittlichen variablen Kosten für einen Output von 120 ME?

c)   Der Output kann (in beliebiger Menge) zu einem Preis von 30 GE/ME abgesetzt werden. Ermitteln Sie die Gewinnfunktion des Unternehmens.

Aufgabe 14

Für ein Gut wird die folgende Preis-Absatz-Funktion angenommen:

$$p(x) = \frac{100}{\sqrt{x}} - 4\sqrt{x} + 20$$

a) Ermitteln Sie den Erlös, wenn 60 ME abgesetzt werden.

b) Für welche nachgefragten Mengen ist der Preis positiv?

Aufgabe 15

Gegeben sei die Kostenfunktion eines Monopolisten mit

$K(x) = 0{,}01x^3 - 1{,}5x^2 + 120x + 4000$. Der Monopolist operiert am Markt mit folgender Nachfragefunktion $p(x) = 1044 - 0{,}3x$.

a) Bei welchem Preis bewirkt die Erhöhung des Preises um eine GE/ME einen Nachfragerückgang um 0,3 ME?

b) Ermitteln Sie die Höhe des zu produzierenden Outputs, bei dem die variablen Kosten pro produzierter Outputeinheit minimal werden.

c) Welche Menge muss der Monopolist produzieren und absetzen, um seinen Gesamtgewinn, Deckungsbeitrag, Gesamtumsatz, Umsatz pro Stück zu maximieren? Ermitteln Sie die zugehörigen Preise.

d) Für welchen Preis sind die Grenzkosten des Monopolisten minimal?

3 Integralrechnung

Nun gut, gehen wir einmal davon aus, dass Sie sich zwar nicht in die Differentialrechnung verliebt haben, aber dass Sie doch immerhin die Idee, die Techniken und auch die ein oder andere Anwendung verstanden haben. Dann sind Sie nun eigentlich bereit für das nächste Attentat: die Integration. Viele von Ihnen werden dunkel eine Erinnerung haben, dass das doch irgendwie das umgekehrte zum Ableiten war, aber im Zweifelsfalle unterstelle ich einfach, dass Ihnen die genauen Zusammenhänge grad einmal entfallen sind. Tatsächlich gibt es zwei Möglichkeiten der Interpretation der Integration.[37] Einerseits (und das betrachten wir in Abschnitt 3.1 näher) ist die Integration tatsächlich die Umkehrung der Differentiation. Aber auch wenn man den Flächeninhalt zwischen einer Funktion und der x-Achse berechnen möchte, muss man sich des Verfahrens der Integration bedienen. Wie das funktioniert, sehen wir uns in Abschnitt 3.2 näher an. Dabei belassen wir es selbstverständlich nicht. In den Abschnitten 3.3 und 3.4 versuche ich, Ihnen eine Vorstellung mit auf den Weg zu geben, warum diese beiden Interpretationen oder Anwendungen der Integration tatsächlich miteinander zusammenhängen. Diese Erläuterungen gipfeln dann im Fundamentalsatz der Differential- und Integralrechnung.[38] Nach diesen rein theoretischen Überlegungen, geht es dann ans Eingemachte. In den folgenden Abschnitten gehen wir die wichtigsten Regeln und Rechentechniken der Integration durch. Und wie üblich fängt es einfach an und gipfelt zum Schluss in Späßen wie der Integration durch Substitution und der Partialbruchzerlegung.

3.1 Integration als Umkehrung der Differentiation

Wie bereits erwähnt können Sie jetzt (hoffentlich) das folgende Problem in den allermeisten Fällen lösen: Sie kennen eine Funktion f(x) und Sie sollen die Funktion f′(x) berechnen.

Es stellt sich aber auch häufig das umgekehrte Problem: Sie kennen die Funktion f′(x) und möchten gerne die Funktion f(x) ermitteln, für die f′(x) in jedem Punkt die Steigung angibt. Nach einigen Sekunden des Nachdenkens könnten Sie auf die Idee kommen, dass es gar nicht nur eine Funktion gibt, sondern unendlich viele, nämlich alle, die parallel zueinander verlaufen und denselben Steigungsverlauf besitzen.

---

[37] Und ich finde es immer noch faszinierend, dass zwei Sachverhalte, die auf den ersten Blick rein gar nichts miteinander zu tun haben, dann doch auf dasselbe, nämlich die Integration, hinauslaufen.

[38] Der Name ist Programm, also seien Sie schon jetzt gespannt!

Beispiel 28

> *f(x) wird gesucht mit f'(x) = 1 (Steigung). Das bedeutet, wir suchen eine Funktion, die überall die Steigung 1 hat. Ganz klar, dass sind alle Geraden mit der Steigung 1 und beliebigem y-Achsenabschnitt, also: $f(x) = x + c$*

> *Selbstverständlich schreibt man nicht immer f'(x). Diese Funktion ist ja gegeben, und da hat sich die Bezeichnung f(x) einfach eingebürgert. Also braucht man einen neuen Namen für die Ursprungsfunktion, denn f(x) ist ja schon verbraten.*

Bezeichnung 8

Stammfunktion

Eine Funktion F(x) heißt Stammfunktion zu f(x), wenn F´(x) = f(x).
Das „Finden" von Stammfunktionen zu f(x) heißt Integration.

3.2   Das bestimmte Integral

Tja, das hätten wir nun. Ich denke, die Idee ist auch einleuchtend, Integration nennen wir also das rückgängig Machen vom Ableiten. Aber der Witz ist, wir treffen auf dieselben Berechnungen auch in einem vollkommen anderen Zusammenhang: Denn man kann den Zusammenhang zwischen f(x) und F(x) auch ganz anders, nämlich geometrisch sehen. Wir untersuchen die Geschichte mal an einem Beispiel.

Beispiel 29

> *Wir betrachten $f(x) = x^2$ im Bereich zwischen 1 und 2 und interessieren uns für die Frage, wie groß eigentlich der Flächeninhalt zwischen dieser Funktion und der x-Achse ist, so wie sie in der folgenden Abbildung dargestellt ist.*

Abbildung 16   Fläche zwischen der Funktion $f(x)=x^2$ und der x-Achse

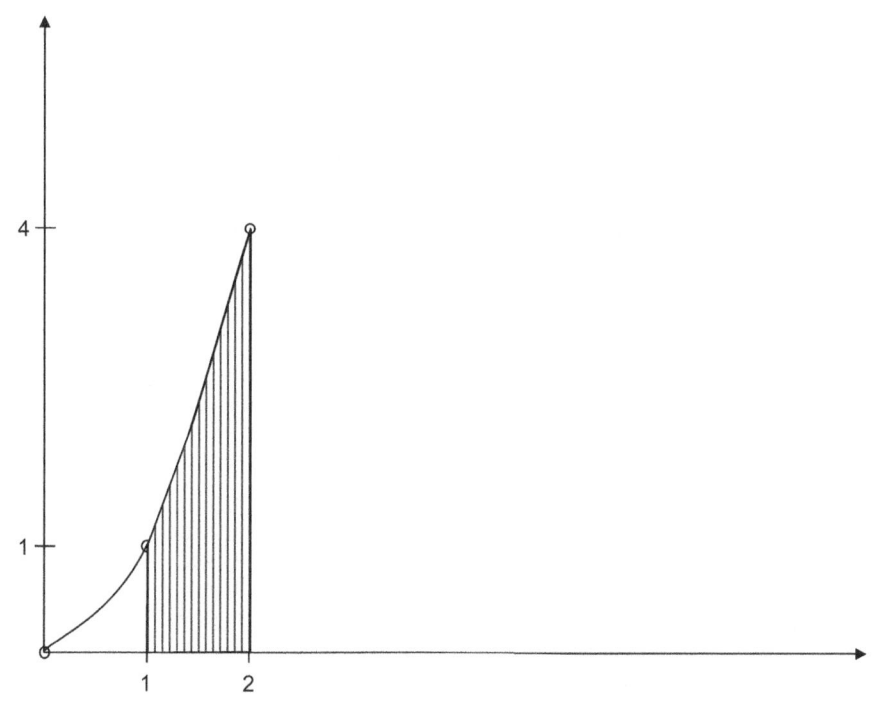

Hierzu nähern wir den exakten Flächeninhalt in mehreren Schritten an. Gehen wir mal davon aus, dass wir keine Ahnung haben, wie groß die betrachtete Fläche ist. Aber wir können als erste Näherung einfach die Fläche eines Rechtecks berechnen, das in der Fläche drin liegt, wie es die folgende **Abbildung 17** zeigt:

Abbildung 17   Untersumme Schritt 1

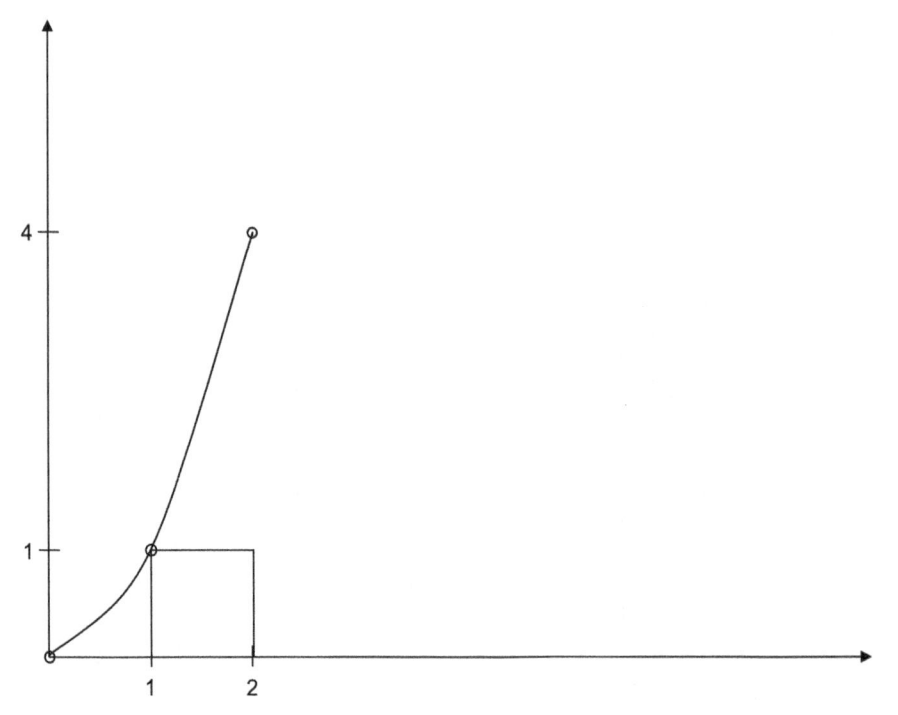

OK, Sie werden wahrscheinlich nicht sonderlich beeindruckt von dieser Näherung sein, und stöhnen, dass die Fläche ja wohl viel zu klein ist.[39] Aber schon im nächsten Schritt, wenn wir nicht nur ein Rechteck unter die Funktion packen, sondern zwei, die gleich breit sind und immer bis an die Funktion ragen, sieht die Näherung schon besser aus:

---

[39] Sie beträgt übrigens genau 1, es handelt sich nämlich um ein Quadrat mit der Seitenlänge 1.

Abbildung 18   Untersumme Schritt 2

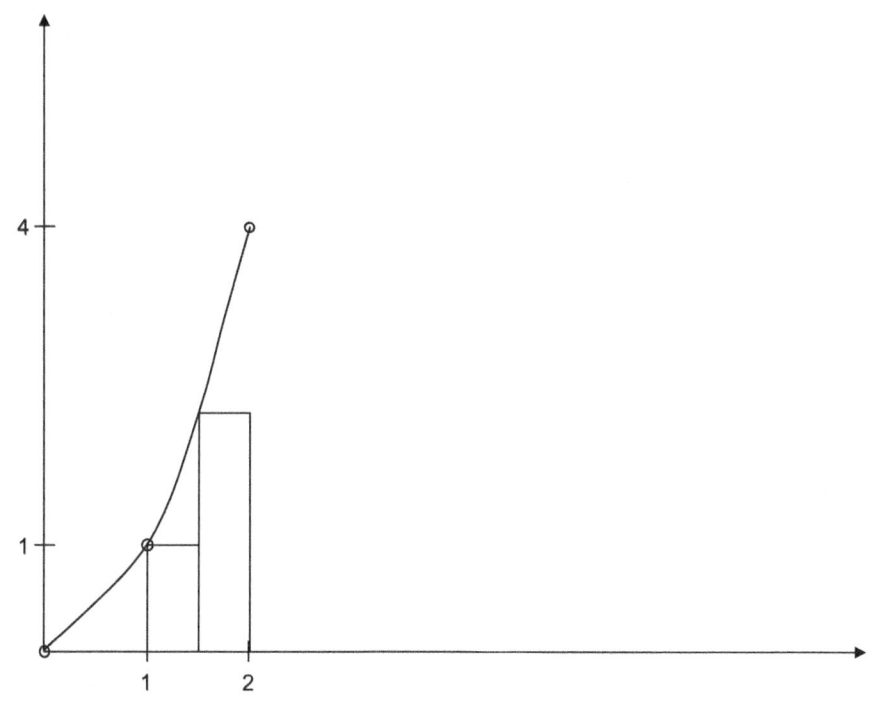

Hier erhalten wir als Flächeninhalt $A = 0{,}5 \cdot 1 + 0{,}5 \cdot 2{,}25 = 1{,}625$.

Und im dritten Schritt, bei dem wir vier Rechtecke unter die Funktion mogeln, die aber jeweils nur noch 0,25 breit sind, ergibt sich das folgende Bild:

Abbildung 19   Untersumme Schritt 3

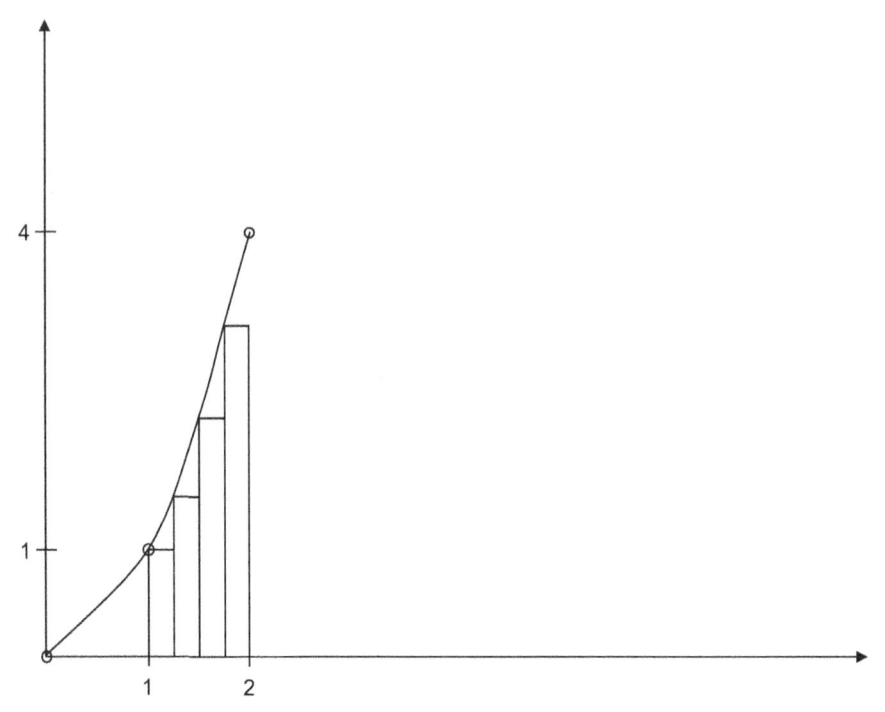

Hier beläuft sich der Flächeninhalt der vier Rechtecke auf A = 0,25 · 1 + 0,25 · 1,5625 + 0,25 · 2,25 + 0,25 · 3,0625 = 1,96875. Ich höre an dieser Stelle mal auf und hoffe, dass Sie verstanden haben, worauf das Spiel hinaus läuft. Je mehr Rechtecke man unter die Funktion packt, desto genauer wird der exakte Flächeninhalt zwischen der Funktion und der x-Achse angenähert. Man nennt den Grenzwert der Flächeninhalte der dann unendlich vielen aber unendlich schmalen Rechtecke die Untersumme der Funktion.

Blöderweise gibt es auch Funktionen, die Löcher haben.[40] Ohne näher auf die mathematischen Besonderheiten einzugehen, kann man sich vorstellen, dass dann die Untersumme ungenau werden kann. Und pingelig und stieselig, wie Mathematiker nun einmal sind, haben sie sich überlegt, dass man einfach immer noch andere Rechtecke betrachtet, nämlich solche, die immer etwas größer als die Funktion sind. Logischerweise heißt der Grenzwert dieser Rechtecke dann Obersumme. Auch hier schauen wir uns die ersten drei Schritte und die sich ergebenden Flächeninhalte genauer an.

---

[40] Ich erinnere an die Polstellen.

Im ersten Schritt ergibt sich das folgende Bild:

Abbildung 20   Obersumme Schritt 1

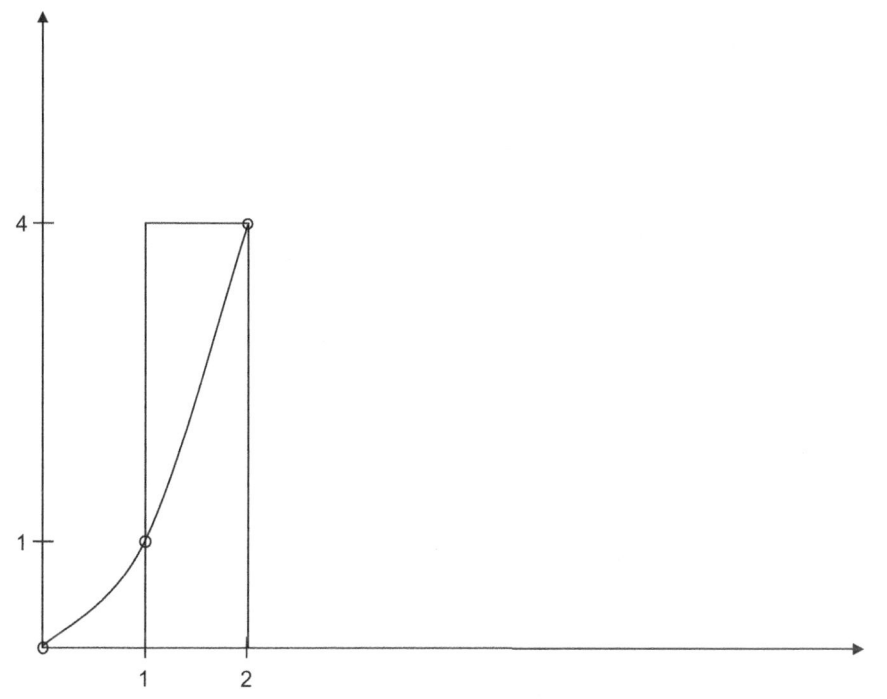

Gut, der Flächeninhalt dieses Rechtecks ist ohne Frage viel zu groß. Er beträgt übrigens 4. Aber immerhin wissen wir jetzt dank Unter- und Obersumme, dass der echte Flächeninhalt zwischen 1 und 4 liegen muss.

Im zweiten Schritt sieht es wie folgt aus:

Abbildung 21   Obersumme Schritt 2

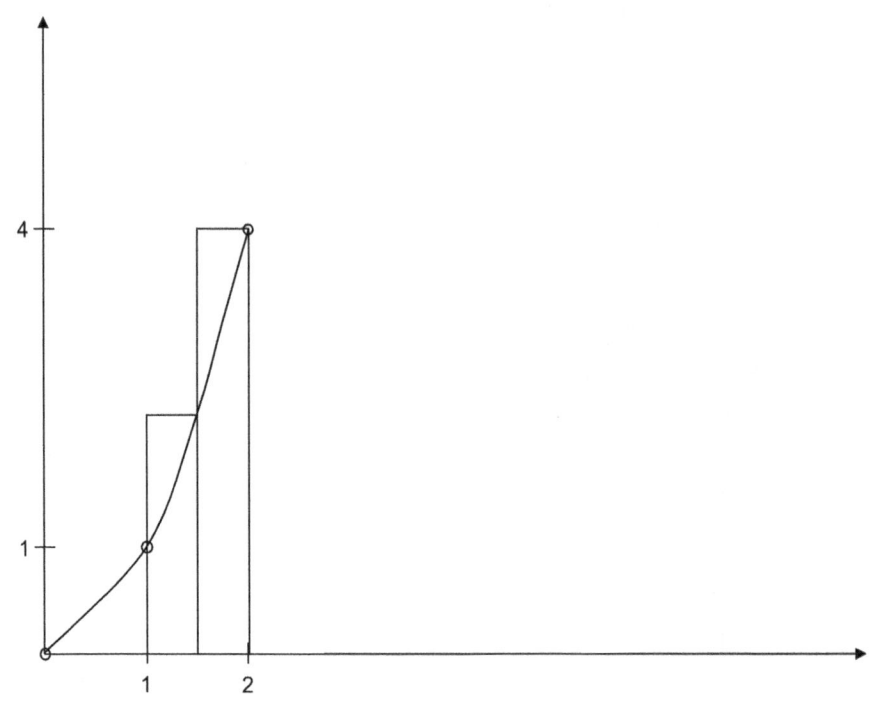

Klar, auch der Flächeninhalt der beiden Rechtecke ist noch zu groß, aber er liegt schon näher an dem gesuchten Flächeninhalt, er beträgt nämlich A = 0,5 · 2,25 + 0,5 · 4 = 3,125. Wenn wir das mit der Untersumme Schritt 2 vergleichen, wissen wir, dass der gesuchte Flächeninhalt zwischen 1,625 und 3,125 liegen muss. Als letztes noch den dritten Schritt mit vier Rechtecken, die diesmal alle oberhalb der Funktion enden:

Abbildung 22   Obersumme Schritt 3

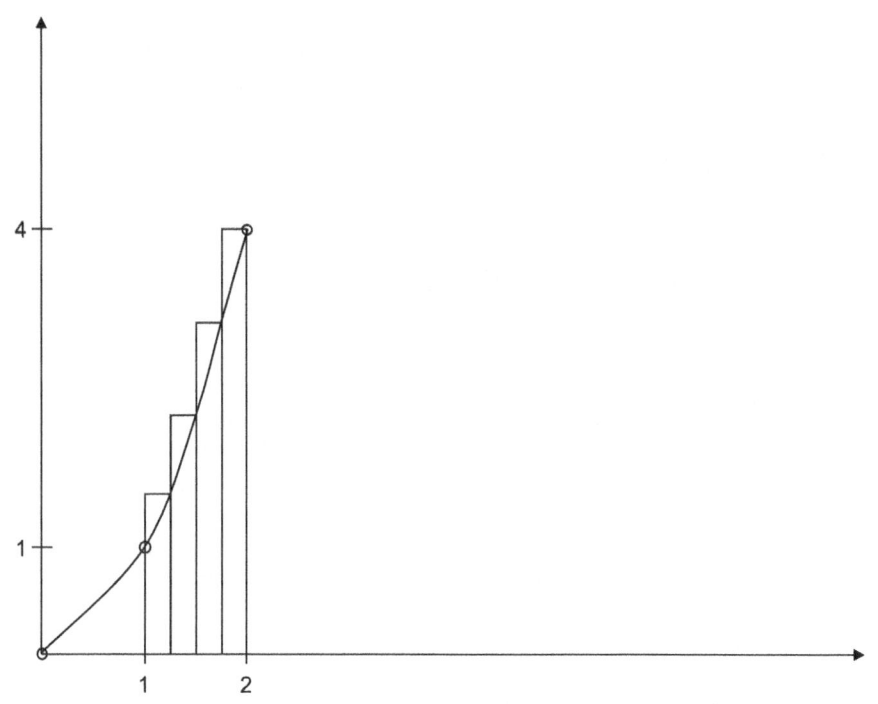

Der Flächeninhalt der vier Rechtecke ergibt sich zu A = 0,25 · 1,5625 + 0,25 · 2,25 + 0,25 · 3,0625 + 0,25 · 4 = 2,71875. Also wissen wir nun, dass der exakte Flächeninhalt zwischen 1,96875 (dem Wert der dritten Untersumme) und 2,71875 liegen muss. Und jetzt wissen wir, wie wir den Flächeninhalt beliebig genau berechnen können. Wir ermitteln den Grenzwert der Untersumme und den Grenzwert der Obersumme. Wenn beide Grenzwerte gleich sind, dann ist der gesuchte Flächeninhalt gefunden, nämlich dieser Grenzwert.

Bezeichnung 9
Wenn die Untersumme und die Obersumme einer Funktion f(x) auf einem Intervall [a;b] gegen denselben Wert konvergieren, so nennen wir den Grenzwert der Flächeninhalte $\int_a^b f(x)dx$.[41]

---

[41] Das komische Zeichen vor der Funktion ist übrigens ein stilisiertes S. Das kommt daher, dass ja eine (unendlich feine) Summe gebildet wird.

Man nennt a die untere Grenze des Integrals, b die obere Grenze. f(x) heißt Integrand.[42]

So ganz exakt ist diese Definition nicht. Wenn wir Integrale berechnen können, werden Sie feststellen, dass das Integral die orientierte Fläche berechnet. Das bedeutet nichts anderes, als dass der Wert des Integrals negativ ist, wenn die Funktion unterhalb der x-Achse verläuft. Und das bedeutet, dass der Flächeninhalt mit Vorsicht berechnet werden muss, wenn zwischen den Integrationsgrenzen eine Nullstelle der Funktion liegt. Dann heben sich nämlich „positive" und „negative" Fläche gegenseitig auf, wenn man nicht genau aufpasst. Dazu kommen wir aber detaillierter noch unter der Zerlegungsregel.

3.3   Das unbestimmte Integral

OK, ich geh mal davon aus, dass Sie diese Idee mit der Unter- und der Obersumme auch verstanden haben. Aber wenn Sie grad noch keine Vorstellung haben, was denn dieser Flächeninhalt mit dem Gegenteil von Ableiten zu tun haben soll, sind Sie garantiert nicht allein. Das machen wir aber schön schrittweise. Der nächste Schritt besteht darin, dass wir uns klar machen, dass wir aus $\int_a^b f(x)dx$ eine Funktion in Abhängigkeit einer Variable x zaubern können, indem wir statt b x als obere Grenze einsetzen und variieren. Blöderweise taucht in der Funktion f auch schon ein x auf. Damit wir das nicht verwechseln, nennen wir das „alte" x einfach t. Diese neue Funktion, die von x abhängt, nennen wir das unbestimmte Integral von f(x) bzw. I(x).[43] Also gilt: $I(x) = \int_a^x f(t)dt$.

3.4   Fundamentalsatz der Integral- und Differentialrechnung

Und jetzt kommt der Hammer! Kluge Leute haben nämlich entdeckt, dass jedes unbestimmte Integral $I(x) = \int_a^x f(t)dt$ von f(x) eine Stammfunktion zu f(x) ist. Das bedeutet nichts anderes, als dass Folgendes gilt:

---

[42] Ich weiß schon, in Ihrem Kopf formiert sich nun die Frage: Was soll denn das dx bedeuten?? Es gibt zwei Erklärungsmöglichkeiten: Einerseits zeigt das dx an, dass wir gerade nach x integrieren, dass also ggfs. andere Buchstaben nur doofe Konstanten sind. Andererseits – und da nähern wir uns dann tatsächlich den Tiefen der höheren Mathematik – hat es auch eine Funktion wie ein „normaler" Term. Wir kürzen das nachher z.B. Das liegt daran, dass es sich ja bei einem Integral eigentlich um sie Summe von Flächeninhalten mit der Höhe f(x) und einer unendlich kleinen Breite, nämlich dx, handelt.

[43] Für Integral.

Wichtig 28
Fundamentalsatz der Integral- und Differentialrechnung
Wenn $I(x) = \int_a^x f(t)dt$, dann gilt automatisch: $I'(x) = f(x)$
Oder anders ausgedrückt: $I(x) = \int_a^x f(t)dt = F(x) + C.$

Für alle, die Schwierigkeiten haben, eine solche Formel in Sprache zu übersetzen. Da oben steht: Wenn man eine Funktion I(x) bildet, indem man mit Hilfe von Untersumme- und Obersumme den Flächeninhalt zwischen einer Funktion f(t) und der t-Achse auf dem Intervall [a;x] berechnet, wobei x aber nicht fest ist, sondern eine Variable, dann kann man sich drauf verlassen, dass f(x) rauskommt, wenn man die neue Funktion I(x) wieder ableitet.

3.5   Grundintegrale

Wenn Ihnen jetzt der Schädel brummt, würde mich das nicht wundern. Ich find's auch jedes Mal faszinierend, dass die kompliziertesten Sachen in der Mathematik eigentlich mit Rechnen nichts zu tun haben, sondern nur mit Nachdenken. Aber keine Sorge, jetzt haben Sie den philosophischen Teil überstanden, jetzt geht's endlich ans Rechnen.

Wie schon beim Ableiten, gibt es zuerst ein paar Funktionen, von denen man die Stammfunktionen einfach auswendig kennen sollte. Es kostet viel zu viel Zeit, die jedes Mal nachzurechnen und selbst das Nachschauen sollte einem irgendwann zu peinlich sein.

Integral $\int f(x)dx$	Stammfunktion
$\int x^n\,dx \qquad n \neq -1$	$F(x) = \dfrac{1}{n+1} \cdot x^{n+1} + C$
$\int \dfrac{1}{x}\,dx$	$F(x) = \ln\|x\| + C$
$\int e^x\,dx$	$F(x) = e^x + C$
$\int a^x\,dx$	$F(x) = \dfrac{1}{\ln(a)} \cdot a^x + C$
$\int \sin(x)\,dx$	$F(x) = -\cos(x) + C$
$\int \cos(x)\,dx$	$F(x) = \sin(x) + C$
$\int \dfrac{1}{\cos^2(x)}\,dx$	$F(x) = \tan(x) + C$
$\int \dfrac{1}{\sin^2(x)}\,dx$	$F(x) = -\cot(x) + C$
$\int \dfrac{1}{\sqrt{1-x^2}}\,dx$	$F(x) = \arcsin(x) + C_1 = \arccos(x) + C_2$
$\int \dfrac{1}{1+x^2}\,dx$	$F(x) = \arctan(x) + C_1 = \text{arccot}(x) + C_2$

Lassen Sie sich bitte nicht von den ganzen C verwirren. Das kommt daher, weil die Stammfunktion ja nicht eindeutig ist, wie in Abschnitt 3.1 erläutert wurde.

3.6 Berechnung bestimmter Integrale unter Verwendung der Stammfunktion

Gehen wir einmal davon aus, dass Sie einen Abend ihres Lebens damit verbracht haben, die obige Tabelle auswendig zu lernen. Bleibt die Frage, was Sie damit eigentlich anfangen sollen. Und das kommt jetzt, aber auch wieder Schritt für Schritt:

Zuerst müssen Sie sich an den Fundamentalsatz der Integral- und Differentialrechnung erinnern: $I(x) = \int_a^x f(t)dt = F(x) + C$

Naja, das bedeutet ja wohl, dass der Zusammenhang insbesondere dann gilt, wenn wir für x a einsetzen: Es gilt also: $I(a) = \int_a^a f(t)dt = F(a) + C$. Aber logischerweise ist der Flächeninhalt von a bis a gleich Null, also gilt:$F(a) + C = 0$ Das kann man umformen, um C auszurechnen: $C = -F(a)$. Also kennen wir nun C, und das gilt natürlich für alle Integrale, also können wir es in die allgemeine Formel einsetzen:

Wichtig 29

Es gilt: $I(b) = \int_a^b f(t)dt = F(b) - F(a)$

Anders ausgedrückt bedeutet das: Wenn wir ein bestimmtes Integral berechnen wollen, dann müssen wir zuerst die Stammfunktion berechnen. Anschließend setzen wir in die Stammfunktion zuerst die obere Grenze des Integrals ein und subtrahieren davon den Wert der Stammfunktion, wenn die untere Grenze eingesetzt wird.

Das schauen wir uns direkt an einem Beispiel an. Und zwar nehmen wir wieder unsere Funktion von vorhin, bei der wir mit Unter- und Obersumme den Flächeninhalt versucht haben anzunähern. Schließlich wird es so langsam Zeit mal rauszukriegen, wie groß dieser Flächeninhalt denn nun eigentlich ist.

Beispiel 30

Wir berechnen den Flächeninhalt, den der Graph der Funktion $f(x) = x^2$ mit der x-Achse im Bereich von x=1 bis x=2 einschließt. Es gilt:

$$\int_1^2 x^2 dx = \left(\frac{1}{3}x^3\right)_1^2 = \frac{1}{3} \cdot 2^3 - \frac{1}{3} \cdot 1^3 = \frac{8}{3} - \frac{1}{3} = \frac{7}{3} \approx 2{,}3.$$

Bei dieser Schreibweise machen wir im Vergleich zur obigen Schreibweise noch einen Zwischenschritt: Wenn wir die Stammfunktion berechnet haben, schreiben wir die Grenzen der Integration noch hinten an die Stammfunktion. Hilft einfach, sie nicht zu vergessen und den Überblick zu behalten.

3.7   Elementare Integrationsregeln

OK, die Funktionen aus der obigen Tabelle können wir jetzt fehlerfrei integrieren, aber was machen wir, wenn die Funktionen etwas komplizierter werden? Das sehen wir uns nun im Folgenden an:

3.7.1   Faktorregel

Es fängt schon bei so etwas einfachem wie der Funktion f(x) = 3x an. Was macht man mit der 3? Hier greift die Faktorregel:

Wichtig 30
Faktorregel

Es gilt: $\int_a^b c \cdot f(x)dx = c \cdot \int_a^b f(x)dx$

Bzw. auf Deutsch: Wenn man einen Faktor vor einer Funktion stehen hat, darf man ihn vor das Integral ziehen und integriert einfach nur die Funktion.

Beispiel 31

Wir integrieren die Funktion $f(x) = 3x$. Um uns nicht mit Grenzen rumschlagen zu müssen, bilden wir nur die Stammfunktion, also das unbestimmte Integral:

$$F(x) = \int f(x)dx = \int 3xdx = 3 \cdot \int xdx = 3 \cdot \left(\frac{1}{2}x^2\right) + C = \frac{3}{2}x^2 + C$$

3.7.2   Summenregel

Stellt sich als nächstes die Frage, wie man Funktionen, wie z.B.f(x) = $x^3 + x^2$ integriert, also Funktionen, die als Summe von zwei Funktionen gebildet wurden. Ist ehrlich gesagt ganz einfach: Einzeln!

Wichtig 31
Summenregel

$$\int_a^b f(x) + g(x)dx = \int_a^b f(x)dx + \int_a^b g(x)dx$$

Auf Deutsch: Die Summe von zwei Funktionen darf einzeln integriert werden. Die Ergebnisse werden anschließend addiert.

Beispiel 32

   Gemäß der Summenregel gilt dann wohl:

$$\int_1^2 f(x)dx = \int_1^2 x^3 + x^2 dx = \int_1^2 x^3 dx + \int_1^2 x^2 dx = \left(\frac{1}{4}x^4 + \frac{1}{3}x^3\right)_1^2 = \frac{16}{4} + \frac{8}{3} - \left(\frac{1}{4} + \frac{1}{3}\right)$$

$$= \frac{15}{4} + \frac{7}{3} = \frac{73}{12}$$

3.7.3   Vertauschungsregel

Manchmal muss man ein Integral in den Grenzen von a bis b berechnen, würde aber viel lieber von b bis a integrieren, z.B. weil man dann zwei Integrale zusammenfassen könnte. Das geht, indem man die Grenzen vertauscht und vor das Integral ein Minuszeichen setzt:

Wichtig 32
Vertauschungsregel

$$\int_a^b f(x)dx = -\int_b^a f(x)dx$$

Beispiel 33

   Wir nehmen einfach ein Integral, von dem wir schon die Stammfunktion gebildet haben:

$$\int_2^1 3x\,dx = 3\int_2^1 x\,dx = (-3)\int_1^2 x\,dx = (-3) \cdot \left(\frac{1}{2}x^2\right)_1^2 = \left(-\frac{3}{2}x^2\right)_1^2 = -\frac{3}{2} \cdot 2^2 - \left(-\frac{3}{2} \cdot 1^2\right)$$

$$= -6 + \frac{3}{2} = -4{,}5$$

3.7.4   Nullregel

Eigentlich selbstverständlich, wenn man das Integral als Flächeninhalt interpretiert, halten wir dennoch kurz fest, dass ein Integral von a bis a immer Null ergibt:

Wichtig 33
Nullregel

$$\int_a^a f(x)dx = 0$$

Beispiel 34

Ich hoffe, das ist Ihnen schon fast zu blöd, aber bitte schön:

$$\int\limits_4^4 sin\left(\sqrt{e^{35x}}\right) dx = 0$$

3.7.5 Zerlegungsregel

Wie oben schon bei der Interpretation eines Integrals als Flächeninhalt kurz angesprochen, muss man höllisch aufpassen, ob innerhalb der Integrationsgrenzen eine Nullstelle der zu integrierenden Funktion liegt. In diesem Fall stimmen nämlich Wert des Integrals und Flächeninhalt nicht mehr überein. Ich zeige es an einem Beispiel:

Beispiel 35

$$\int\limits_{-1}^1 x\, dx = \left(\frac{1}{2}x^2\right)_{-1}^1 = \frac{1}{2}\cdot 1^2 - \left(\frac{1}{2}\cdot (-1)^2\right) = \frac{1}{2} - \frac{1}{2} = 0$$

Aber wenn man sich die folgende Abbildung ansieht, erkennt man, dass es durchaus einen Flächeninhalt zwischen Funktion und x-Achse gibt:

Abbildung 23   Flächeninhalt einer Funktion mit Nullstelle

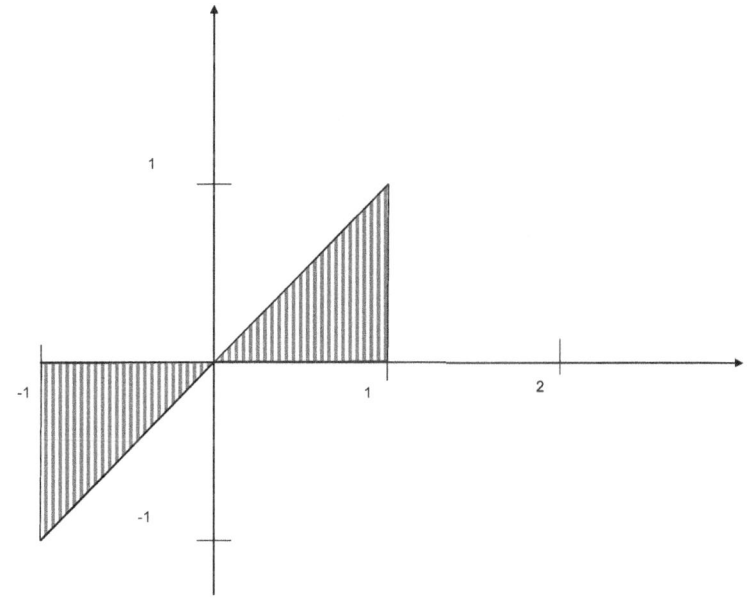

Mit ein wenig mathematischem Sachverstand kann man den Flächeninhalt sogar im Kopf berechnen, er muss nämlich exakt 1 betragen: Jedes Dreieck hat nämlich einen Flächeninhalt von 0,5. Um diesen Flächeninhalt auch mit Hilfe des Integrals zu erhalten, muss man zwei Dinge berücksichtigen: 1. die Zerlegungsregel und 2. die Orientierung der Fläche bei der Integration.

Wichtig 34
Zerlegungsregel

Wenn man ein Integral von a bis b berechnen soll, kann man das gern in zwei Teilen tun, also erst von a bis c und dann von c bis b. Die beiden Teilintegrale muss man dann addieren. „Auf Mathe" heißt das:

$$\int_a^b f(x)dx = \int_a^c f(x)dx + \int_c^b f(x)dx$$

Insbesondere, wenn die zu integrierende Funktion innerhalb der Integrationsgrenzen eine Nullstelle aufweist, muss man diese Regel benutzen, indem man das Integral an der Nullstelle teilt. Dann muss man noch berücksichtigen, dass evtl. eins der beiden Integrale einen negativen Wert hat, weil die Funktion unterhalb der x-Achse verläuft. Dieses Integral muss man dann in Betragsstriche setzen oder mit -1 multiplizieren. Erst dann kann man die beiden Teilintegrale addieren. Sehen wir uns das an dem Beispiel von oben an:

Beispiel 36

$$A = \left| \int_{-1}^0 x\,dx \right| + \left| \int_0^1 x\,dx \right| = \left| \left(\frac{1}{2}x^2\right)_{-1}^0 \right| + \left| \left(\frac{1}{2}x^2\right)_0^1 \right|$$

$$= \left| \frac{1}{2} \cdot 0^2 - \left(\frac{1}{2} \cdot (-1)^2\right) \right| + \left| \frac{1}{2} \cdot 1 - \left(\frac{1}{2} \cdot 0^2\right) \right| = \left| -\frac{1}{2} \right| + \left| \frac{1}{2} \right| = \frac{1}{2} + \frac{1}{2} = 1$$

Na also, jetzt stimmt's doch!

3.8   Integrationsmethoden

Sie werden es schon befürchten, wenn Sie sich an die Differentiation zurück erinnern. Damals war ja auch nach den einfachen Regeln nicht Schluss, sondern es ging mit so abstrusen Dingen wie der Produkt-, der Quotienten- und der Kettenregel weiter. Und ja, beim Integrieren gibt es auch solche komplizierteren Regeln. Und um alle schlechten Nachrichten direkt zu veröffentlichen, Integrieren ist tatsächlich schwieriger als Ableiten.[44]

---

[44] Um es mit den Worten meines Kollegen zu sagen: Ableiten ist ein Handwerk, Integrieren ist eine Kunst.

3.8.1   Integration durch Substitution

Traditionell ist die Reihenfolge der Methoden beim Integrieren eine etwas andere als beim Differenzieren. Man beginnt ganz gern mit der Integration durch Substitution. Eigentlich ist das die komplizierteste Methode, dafür wird's dann anschließend leichter. Kompliziert ist sie deswegen, weil es vielen Menschen schwer fällt, zu erkennen, ob die Methode auf die gegebene Funktion passt.[45]

Integration durch Substitution läuft so, dass man sich einen Teilterm der zu integrierenden Funktion vornimmt und den gesamten Ausdruck durch z ersetzt. Aber Achtung: Das funktioniert nur, wenn irgendwo in der Funktion die Ableitung des zu substituierenden Terms als Faktor vorkommt!! Dann wird das gegebene Integral $I(x) = \int f(x)dx$ mit Hilfe der Substitution in ein Stamm- oder Grundintegral „umgewandelt", da es sonst nicht lösbar wäre.

Es wird dabei folgendermaßen vorgegangen:

Vorgehensweise 2

Nehmen wir an, wir wollen eine Funktion f(x) integrieren, die die Gestalt
$f(x) = \varphi\big(g(x)\big) \cdot g'(x)$ *hat.*
Zuerst stellen wir die Substitutionsgleichung auf. g(x) ist der Term, den wir substituieren wollen, ihn nennen wir ab jetzt z.B. u.
Dann bilden wir die Ableitung g'(x) des Substitutionsterms und halten fest, dass das auch die erste Ableitung von u ist. Wir verwenden hierbei die Schreibweise $\frac{du}{dx}$ statt u'(x), weil wir die Gleichung benutzen, um auch das dx zu ersetzen. Schließlich wollen wir ja gleich nicht mehr nach x, sondern nach u integrieren.
„Auf Mathe" heißt das:
$u = g(x)$
$\dfrac{du}{dx} = g'(x)$
$dx = \dfrac{du}{g'(x)}$
Als nächstes führen wir die Integralsubstitution durch. Wir ersetzen g(x) durch u und dx durch $\frac{du}{g'(x)}$. Dann ergibt sich das folgende Integral:

$$\int f(x)dx = \int \varphi(g(x)) \cdot g'(x)dx = \int \varphi(u) \cdot g'(x) \cdot \frac{du}{g'(x)} = \int \varphi(u)du$$

Wenn die Anwendung der Substitution der richtige Plan gewesen ist, können wir das neue Integral nun lösen, d.h. es gilt:$\int \varphi(u)du = \Phi(u)$. Blöderweise wollte keiner wissen, was mit u los ist, wir suchen immer noch die Stammfunktion F(x). Also müssen wir rücksubstituieren:

---

[45] Im Endeffekt handelt es sich bei dieser Methode um die Umkehrung der Kettenregel. Die fällt den meisten Menschen ja auch so unglaublich schwer.

$$\int f(x)dx = \Phi(u) = \Phi\big(g(x)\big) = F(x)$$

Falls Sie grad nur Bahnhof verstehen, haben Sie noch ein wenig Geduld, es folgen Beispiele. Und wie immer legen Sie am besten die Vorgehensweise neben die Beispiele, dann verstehen Sie sie erfahrungsgemäß besser.

Beispiel 37

Wir berechnen $\int sin(x^2) \cdot 2xdx$.. Mit Kennerblick haben wir erkannt, dass erstens x^2 im Sinus nervt und zweitens die Ableitung von x^2 hinten dran steht. Spricht beides für die Substitution $x^2=u$. Beginnen wir mit den Substitutionsgleichungen, die wir gleich für die Ersetzungen brauchen:

$$u = x^2$$
$$\frac{du}{dx} = 2x$$
$$dx = \frac{du}{2x}$$

Das führt zu folgenden Umformungen:

$$\int sin(x^2) \cdot 2xdx = \int sin(u) \cdot 2x \cdot \frac{du}{2x} = \int sin(u)\,du$$

Hurra, das Integral ist doch schon viel angenehmer, steht nämlich oben in der Tabelle. Also wissen wir:

$\int sin(u)\,du = -cos(u) + C.$

Jetzt folgt noch der kleine Schritt der Rücksubstitution, und wir sind fertig:

$$\int sin(x^2) \cdot 2xdx = -cos(u) + C = -cos(x^2) + C$$

Ein paar Spezialfälle, bei denen Substitution immer geht, und ihre Ergebnisse schauen wir uns noch schnell an:

1) $\int f(x) \cdot f'(x)dx$

Hier substituieren wir immer u=f(x), dann gilt nämlich immer:

$$\int f(x) \cdot f'(x)dx = \frac{1}{2}f^2(x) + C$$

2) $\int \frac{f'(x)}{f(x)}\,dx$

Hier substituiert man immer u=f(x) und erhält:

$$\int \frac{f'(x)}{f(x)} dx = ln|f(x)| + C$$

Auch das gucken wir uns noch schnell an Beispielen an.

Beispiel 38

1) $\int sin(x) \cdot cos(x)\, dx = \frac{1}{2} sin^2 x + C$

2) $\int \frac{cos(x)}{sin(x)} dx = ln|sin\,(x)| + C$

So schlimm war's doch gar nicht, oder? Und wenn Sie sich noch ein paar Aufgaben zu Gemüte führen, sollte das schon bald anstandslos klappen.

3.8.2   Partielle Integration

Kommen wir nun zur nächsten Methode. Die partielle Integration ist so was wie das Gegenteil der Produktregel beim Ableiten. Ihr liegt folgender Gedanke zugrunde.

Wichtig 36
Partielle Integration
Es gilt:

$$\int u(x) \cdot v'(x) dx = u(x) \cdot v(x) - \int u'(x) \cdot v(x) dx$$

Man nennt $\int u'(x) \cdot v(x) dx$ das Restintegral.

Dementsprechend wendet man die partielle Integration bei Funktionen an, die ein Produkt von zwei Funktionen sind. Sie müssen nun entscheiden, welcher Faktor welche Funktion sein soll. Eine Funktion nennt man dann u(x), die muss man für das Restintegral ableiten, die andere Funktion heißt dann v'(x), die muss man für das Restintegral integrieren. Hierbei muss man zwei Dinge berücksichtigen:

Wichtig 37
1. **Sie müssen v'(x) integrieren können. Wenn Sie das nicht hinkriegen, macht Ihre Benennung keinen Sinn.**
2. **Das Restintegral muss einfacher als das ursprüngliche Integral sein. Sie haben nichts gewonnen, wenn Sie als Restintegral einen Term erhalten, der noch komplizierter als die ursprüngliche Funktion ist!**

Beispiel 39
Es soll die Stammfunktion zu $\int x \cdot e^x dx$ gefunden werden.

Wir benennen

$$u(x) = x; v'(x) = e^x,$$

denn integrieren können wir beide Funktionen, aber die Ableitung zu x ist einfach nur 1 und das liefert ein einfacheres Restintegral als das Ursprungsintegral. Es gilt also:

$$u'(x) = 1; v(x) = e^x$$

Somit ergibt sich als Ergebnis der partiellen Integration:

$$\int x \cdot e^x dx = x \cdot e^x - \int 1 \cdot e^x dx = x \cdot e^x - \int e^x dx.$$

Na, und das Restintegral kennen wir doch. Es gilt:

$$\int e^x dx = e^x$$

Somit gilt insgesamt:

$$\int x \cdot e^x dx = x \cdot e^x - \int 1 \cdot e^x dx = x \cdot e^x - \int e^x dx = x \cdot e^x - e^x = e^x \cdot (x - 1)$$

3.8.3   Partialbruchzerlegung

Eine Methode hab ich noch ☺. Die Partialbruchzerlegung wenden wir nur bei gebrochen-rationalen Funktionen an.[46]

Bei gebrochen-rationalen Funktionen kann die Funktion in mehrere Summanden zerlegt werden, die einzeln integriert werden können (falls es sich nicht um eine echt gebrochen-rationale Funktion handelt, muss zuerst die Polynomdivision Zähler : Nenner durchgeführt werden). Logischerweise sind die einzelnen Summanden leichter zu integrieren als der große Bruch. Am besten schauen wir uns mal direkt das Kochrezept an:

Vorgehensweise 3

Sei $f(x) = \frac{Z(x)}{N(x)}$, wobei Z und N Polynome sind.
Zuerst müssen die Nullstellen von N(x) (inklusive ihrer Vielfachheit[47]) bestimmt werden. Der jeweiligen Nullstelle wird dann ein Partialbruch[48] zugeordnet, der von ihrer Vielfachheit anhängt.

---

[46] Sie wissen schon, die Kollegen Polynom geteilt durch Polynom

[47] Damit ist gemeint, ob es eine einfache, eine doppelte oder eine dreifache etc. Nullstelle ist.

[48] Das heißt nichts anderes als Teilbruch.

Wenn x_1 eine einfache Nullstelle ist, so lautet der Partialbruch $\frac{A}{x-x_1}$, wobei A eine Konstante ist, die gleich noch berechnet wird.

Wenn x_1 eine doppelte Nullstelle ist, so lautet der Partialbruch $\frac{A_1}{x-x_1} + \frac{A_2}{(x-x_1)^2}$. Auch A_1 und A_2 sind noch zu berechnende Konstanten.

Allgemein bedeutet das:

Wenn x_1 eine n-fache Nullstelle ist, so lautet der Partialbruch $\frac{A_1}{x-x_1} + \frac{A_2}{(x-x_1)^2} + \ldots + \frac{A_3}{(x-x_1)^n}$ mit den entsprechenden Konstanten im Zähler, die wir aber noch nicht kennen.

Eventuell besteht der Nenner zusätzlich noch aus einem quadratischen Term, der nicht weiter faktorisiert werden kann, z.B. $ax^2 + bx + c$. Zu diesem Term gehört der Partialbruch $\frac{A_1 x + A_2}{ax^2 + bx + c}$.

$f(x)$ lässt sich dann als Summe aller Partialbrüche schreiben. Bloß blöderweise kennen wir die Zähler noch nicht. Dazu müssen wir noch einen Koeffizientenvergleich durchführen. Hierzu bringen wir alle Partialbrüche auf denselben Nenner. Der ist logischerweise derselbe Nenner wie der Nenner der Ursprungsfunktion. Da das immer noch dieselbe Funktion ist, müssen natürlich auch die Zähler gleich sein, daher sortieren wir die einzelnen Summanden des Zählers um und vergleichen die Koeffizienten mit denen des ursprünglichen Zählers. Hierdurch erhält man die Werte für die Konstanten des Zählers.

Anschließend werden die nun vollständig bekannten Partialbrüche einzeln integriert

Keine Frage, diese Methode erfordert den meisten Aufwand, aber dafür gibt sie in der Prüfung auch die meisten Punkte. Und der intellektuelle Aufwand ist vergleichsweise bescheiden, ist mehr Fleiß- und Konzentrationsaufwand.

So, und weil Sie vom bloßen Durchlesen sowieso nix lernen, rechnen wir mal ein Beispiel durch:

Beispiel 40

Berechnen wir doch mal $\int \frac{2x^3 - 14x^2 + 14x + 30}{x^2 - 4} dx$. Da der Zählergrad größer als der Nennergrad ist, führen wir zunächst die Polynomdivision Zähler durch Nenner durch. Das liefert uns nämlich schon die ersten Summanden.

$$2x^3 - 14x^2 + 14x + 30 : (x^2 - 4) = 2x - 14 + \frac{22x - 26}{x^2 - 4}$$

Das bedeutet, wir integrieren doch lieber $f(x) = 2x - 14 + \frac{22x-26}{x^2-4}$. Die ersten beiden Summanden sind ein Kinderspiel, bleibt noch das Integral $\int \frac{22x-26}{x^2-4} dx$. Das ist ein klassischer Fall für die Partialbruchzerlegung, also muss mal wieder der Nenner faktorisiert werden. Da wir ja alle mittlerweile die binomischen Formeln im Schlaf beherrschen, erkennen wir sofort, dass $x^2 - 4 = (x+2)(x-2)$. Der Nenner besitzt also zwei einfache Nullstellen, daher brauchen wir zwei Partialbrüche $\frac{A_1}{x+2}$ und $\frac{A_2}{x-2}$. Anders ausgedrückt, wir behaupten, dass sich $\frac{22x-26}{x^2-4}$

schreiben lässt als $\frac{A}{x+2} + \frac{B}{x-2}$, bloß kennen wir A und B noch nicht. Aber gleich, wenn wir die beiden Brüche gleichnamig gemacht haben:

$$\frac{A}{x+2} + \frac{B}{x-2} = \frac{A(x-2)+B(x+2)}{(x+2)(x-2)}.$$

Umsortieren ergibt

$$\frac{A}{x+2} + \frac{B}{x-2} = \frac{A(x-2)+B(x+2)}{(x+2)(x-2)} = \frac{(A+B)x+2B-2A}{(x+2)(x-2)}.$$

Das ist aber immer noch dasselbe wie $\frac{22x-26}{x^2-4}$. Also muss gelten: $A + B = 22$, denn das sind die jeweiligen Koeffizienten vor dem x, und $2B - 2A = -26$, denn das sind die jeweiligen Konstanten. Dieses kleine Gleichungssystem sollten Sie lösen können, auch wenn der Gauß-Algorithmus erst später kommt. Formen wir die erste Gleichung nach B um, und es ergibt sich:

$B = 22 - A$.

Das können wir für B in der zweiten Gleichung einsetzen und erhalten:

$2(22 - A) - 2A = -26$ bzw. $-4A + 44 = -26$.

Also gilt: $-4A = -70$ und somit $A = 17{,}5$.

Damit ist aber $B = 22 - 17{,}5 = 4{,}5$.

Jetzt sind wir fast am Ziel: $\frac{22x-26}{x^2-4}$ lässt sich also schreiben als $\frac{17{,}5}{x+2} + \frac{4{,}5}{x-2}$, damit gilt samt: $\int \frac{2x^3-14x^2+14x+30}{x^2-4}\,dx = \int 2x - 14 + \frac{22x-26}{x^2-4}\,dx = \int 2x - 14 + \frac{17{,}5}{x+2} + \frac{4{,}5}{x-2}\,dx.$

Und ganz klar, die integrieren wir einzeln:

$$\int \frac{2x^3 - 14x^2 + 14x + 30}{x^2 - 4}\,dx = \int 2x - 14 + \frac{17{,}5}{x+2} + \frac{4{,}5}{x-2}\,dx$$
$$= \int 2x\,dx - \int 14\,dx + \int \frac{17{,}5}{x+2}\,dx + \int \frac{4{,}5}{x-2}\,dx$$
$$= 2 \cdot \frac{1}{2}x^2 - 14x + 17{,}5 \int \frac{1}{(x+2)}\,dx + 4{,}5 \int \frac{1}{x-2}\,dx$$
$$= x^2 - 14x + 17{,}5 \cdot \ln|x+2| + 4{,}5 \cdot \ln|x-2| + C$$

Geschafft!

Wenn Sie übrigens den Koeffizientenvergleich mit dem Gleichungssystem nicht so sehr mögen, gibt es noch eine Alternative. Die funktioniert zumindest super bei einfachen Nullstellen. Bei mehrfachen Nullstellen müssen Sie für einige Konstanten dennoch den Koeffizientenvergleich durchführen, aber zumindest nicht mehr für alle. Die Alternative besteht darin, dass Sie an der Stelle einhaken, an der Sie festgestellt haben, dass $\frac{A}{x+2} + \frac{B}{x-2} =$

$\frac{A(x-2)+B(x+2)}{(x+2)(x-2)}$ dasselbe ist wie $\frac{22x-26}{x^2-4}$. Logischerweise gilt das für jedes beliebige (definierte) x, also auch für die beiden Nullstellen x = 2 und x = -2. Die können wir also in beide Zähler einsetzen und erhalten jeweils eine Gleichung:

Betrachten wir x=2:

$A(2-2)+B(2+2) = 4B$ muss also dasselbe sein wie $22 \cdot 2 - 26 = 18$, also gilt: B = 4,5.

Wenn wir x = -2 betrachten, gilt:

$A(-2-2)+B(-2+2) = -4A$ ist dasselbe wie $22 \cdot (-2) - 26 = -70$, also gilt: A = 17,5.

Klar, geht deutlich schneller, funktioniert aber wie gesagt idiotensicher nur bei einfachen Nullstellen.

3.9   Aufgaben

Aufgabe 16

Bestimmen Sie sämtliche Stammfunktionen:

a) $f(x) = 4x^5 - 6x^3 + 8x^2 - 3x + 5$

b) $f(t) = 3\sin(t) - 4\cos(t)$

c) $f(t) = 2e^t - \frac{5}{t} + 1$

d) $f(x) = \frac{1-2x^2-4x^3}{2x} + 3$

e) $f(z) = \frac{5}{3+3z^2} - \frac{1}{4}z^4$

f) $f(x) = -\frac{2}{\sqrt{1-x^2}} - \frac{1}{\cos^2(x)}$

g) $f(u) = 3\sin(u) - \frac{6}{u} + 7u^2$

h) $f(x) = -3e^x - \cos(x)$

Aufgabe 17

Welchen Wert besitzen folgende Integrale?

a) $\int_1^4 \frac{1-z^2}{z} \, dz$

b) $\int_\pi^2 \cos(\varphi) \, d\varphi$

c) $\int_0^{0,5} \frac{3}{\sqrt{1-x^2}} \, dx$

d) $\int_0^{\frac{\pi}{4}} \frac{1-\cos^2(x)}{2\cos^2(x)} \, dx$

e) $\int_1^4 \frac{1-u^2}{\sqrt{u}} \, du$

Aufgabe 18

Welchen Flächeninhalt schließt der Funktionsgraph von $y = -0{,}25x^2 + 4$ mit der x-Achse ein?

Aufgabe 19

Lösen Sie die folgenden Integrale:

a) $\int \frac{x^2}{\sqrt{1+x^3}} \, dx$

b) $\int (5x + 12)^{0,5} \, dx$

c) $\int \cos^3(x) \cdot \sin(x) \, dx$

d) $\int \frac{\arctan(z)}{1+z^2} \, dz$

e) $\int \frac{3x^2-2}{2x^3-4x+2} \, dx$

f) $\int \sin^2(x) \, dx$

g) $\int e^x \cdot \cos(x) \, dx$

h) $\int \frac{4x^3}{x^3+2x^2-x-2} \, dx$

i) $\int \frac{2x+1}{x^3-6x^2+9x} \, dx$

Aufgabe 20

Berechnen Sie die zwischen den Kurven $y = \ln x$, $y = 0$ und $x = 5$ liegende Fläche.

4 Folgen

4.1 Was ist eine Folge?

Diese Frage mag auf den ersten Blick trivial anmuten. Wie die Bezeichnung weiter unten aber zeigen dürfte, ist es gar nicht so einfach, genau zu beschreiben, was eine Folge ist.

Fangen wir aber erstmal mit einem einfachen Beispiel an. Die Zahlen 1, 2, 3, 4, ...sind sicherlich eine (Zahlen-)Folge. Damit wir eine bestimmte Zahl ansprechen können, bekommt jede Zahl einen Namen, der ihre Position angibt: Die 1 heißt a_1, die 2 a_2 usw. Damit können wir festhalten:

Bezeichnung 10
Folge (intuitiv)
Eine Folge a_1, a_2, a_3,... ist eine durchnummerierte Zusammenfassung reeller Zahlen.
a_i ist dementsprechend eine Variable für eine reelle Zahl, *i* gibt die Stelle an, in der eine natürliche Zahl, nämlich die Position des Folgeglieds, eingesetzt wird.

Dem ein oder anderen aufmerksamen Leser könnte an dieser Stelle auffallen, dass Folgen „irgendwie" so ähnlich wie Funktionen sind. Das ist richtig, aber es gibt einen kleinen aber feinen Unterschied. Schauen wir uns die Sache mal näher an:

Folgen kann man als Abbildung auffassen, die jeder Position i ein Folgenglied a_i zuweist. Funktionen ordnen jeder Zahl x des Definitionsbereichs einen Funktionswert f(x) zu. Soweit die Gemeinsamkeiten. Wo liegt nun der Unterschied?

Ganz einfach: im Definitionsbereich. Folgen sind immer nur auf Indexmengen, also auf Teilmengen der natürlichen Zahlen $\mathbb{N}$ definiert. Da i die Position des Folgenglieds angibt, kann es nur Position 1, 2, 3,... geben, aber niemals eine Position 3,456 oder $\frac{123}{456}$

An dieser Stelle können wir offiziell festhalten, was eine Folge ist:

Bezeichnung 11
Folge (mathematisch)
Sei I={k, k+1, k+2,...} eine Indexmenge (für k $\in$ $\mathbb{N}_0$).
Eine *Folge* ist eine Zuordnung, die jedem i in I eine reelle Zahl a(i)=a_i zuweist:
a(k)=a_k, a(k+1)=a_{k+1},... [49]

---

[49] Man schreibt a_k und nicht a(k), um direkt klar zu machen, dass man über eine Folge spricht und nicht über eine Funktion.

Um eine gesamte Folge anzusprechen, schreibt man $(a_i)_{i\in I}$.

Jedes einzelne a_j, $j \in I$ heißt „Folgenglied" der Folge $(a_i)_{i\in I}$.[50]

$(a_i)_{i\in I}$ heißt *unendliche Folge*, falls $|I| = \infty$.[51] Sonst heißt $(a_i)_{i\in I}$*endliche Folge*.

Falls die Indexmenge $I = \mathbb{N}$ bzw. $I = \mathbb{N}_0$ ist und falls aus dem Zusammenhang ersichtlich ist, was gemeint ist, wird I oft weggelassen, und man schreibt $(a_n)_n$.[52]

Schauen wir uns die Schreibweisen an einigen Beispielen an:

Beispiel 41

- $(a_n)_n$ mit $a_n = K_0(1 + i)^n$. Dann ist $a_1 = K_0(1 + i)$, $a_2 = K_0(1 + i)^2, \ldots$

- $(a_n)_n$ mit $a_n = 2^n$. Also ist $a_1 = 2, a_2 = 2^2 = 4, a_3 = 2^3 = 8, \ldots$

- $(a_n)_n$ mit $a_n = \frac{1}{n}$. Somit ist $a_1 = 1, a_2 = \frac{1}{2}, a_3 = \frac{1}{3}, \ldots$

- $(a_n)_n$ mit $a_n = 3 \cdot n$. Somit ist $a_1 = 3, a_2 = 3 \cdot 2 = 6, a_3 = 3 \cdot 3 = 9, \ldots$

4.2   Spezielle Folgen

Einige Arten von Folgen schauen wir uns näher an, weil sie einige Besonderheiten in ihrer Struktur aufweisen.

4.2.1   Arithmetische Folgen

Manche Folgen haben die Eigenschaft, dass man von einem Folgenglied zum nächsten immer „+p" rechnen muss.

---

[50] Da ein bestimmtes Folgenglied gemeint ist, bekommt es den Index j. Das ist der einzige Grund, weswegen da jetzt j statt i steht.

[51] In der mathematischen Geheimsprache ist erklärt, was mit $|I|$ gemeint ist, nämlich die Anzahl der Elemente von I.

[52] Diesmal heißt es n, weil es sich ja um die natürlichen Zahlen (mit Null) handelt. Mathematiker halt...

Bezeichnung 12

Arithmetische Folge

Eine Folge $(a_n)_n$ heißt arithmetische Folge, wenn die Differenz aufeinander folgender Folgenglieder konstant ist, d.h. falls es eine reelle Zahl p gibt, so dass für alle $n \in \mathbb{N}$ gilt: $a_{n+1} - a_n = p$.

Wie überprüft man, ob eine Folge eine arithmetische Folge ist? Das schauen wir uns an einem Beispiel an:

Beispiel 42

Wir betrachten die Folge $(a_n)_n$ mit $a_n = 5n$

Es sollte klar sein,[53] dass $a_{n+1} = 5(n + 1)$.

Dementsprechend gilt: $a_{n+1} - a_n = 5(n + 1) - 5n = 5n + 5 - 5n = 5 = p$

Die Folge ist also tatsächlich arithmetisch, das gesuchte p ist 5.

4.2.2   Geometrische Folgen

Was für „+p" geht, geht natürlich analog auch für „$\cdot$ q": Manche Folgen haben die Eigenschaft, dass man von einem Folgenglied zum nächsten immer „$\cdot$ q"rechnen muss.

Bezeichnung 13

Geometrische Folge

Eine Folge $(a_n)_n$ heißt geometrische Folge, wenn der Quotient aufeinander folgender Folgenglieder konstant ist, d.h. falls es eine reelle Zahl q gibt, so dass für alle $n \in \mathbb{N}$ gilt:
$$\frac{a_{n+1}}{a_n} = q$$

Wie überprüft man, ob eine Folge eine geometrische Folge ist? Das schauen wir uns wiederum an einem Beispiel an:

Beispiel 43

Wir betrachten die Folge $(a_n)_n$ mit $a_n = 2^n$.

---

[53] a_{n+1} unterscheidet sich von a_n dadurch, dass überall, wo bei a_n ein n steht, bei a_{n+1} (n+1) eingesetzt werden muss.

Es sollte klar sein[54], dass $a_{n+1} = 2^{n+1}$.

Dementsprechend gilt: $\frac{a_{n+1}}{a_n} = \frac{2^{n+1}}{2^n} = 2 = q$

Die Folge ist also tatsächlich geometrisch, das gesuchte q ist 2.

4.2.3   Rekursiv definierte Folgen

Eine wichtige Art von Folgen sind rekursiv definierte Folgen. Im Gegensatz zu den Folgen, die wir bislang kennen gelernt haben, kann man bei rekursiv definierten Folgen nicht direkt ein beliebiges Folgenglied angeben, sondern muss alle Vorgänger dieses Folgenglieds kennen, um das aktuelle Folgenglied benennen zu können. Was bedeutet das? Am besten betrachten wir ein berühmtes Beispiel:

Beispiel 44

Die Fibonacci-Zahlen stellen eine Zahlenfolge dar, die wie folgt definiert ist:

$a_1 = 1$, $a_2 = 1$

$a_{n+1} = a_n + a_{n-1}$

Das bedeutet: Ein Folgeglied ist immer die Summe seiner beiden Vorgänger.

Aus dieser rekursiven Folgendefinition kann man die nächsten Folgenglieder berechnen:

$a_3 = 2$, $a_4 = 3$, $a_5 = 5$, ...

Es wird hoffentlich deutlich, dass man nicht ohne Schwierigkeiten z.B. Folgeglied a_{36} berechnen kann. Denn dazu muss man a_{35} und a_{34} kennen. Die wiederum erfordern aber die Kenntnis von a_{33} usw.[55]

Aus dieser besonderen Struktur der rekursiv definierten Folgen ergibt sich, dass man sie anders untersuchen muss als die explizit definierten Folgen.[56]

---

[54] Zum 1.534 Male: a_{n+1} unterscheidet sich von a_n dadurch, dass überall, wo bei a_n ein n steht, bei a_{n+1} (n+1) eingesetzt werden muss. Die Klammer kann man in diesem konkreten Fall ruhig weglassen.

[55] Die Fibonacci-Zahlen haben aber Gott sei Dank auch eine explizite Darstellung:
$a_n = \frac{1}{\sqrt{5}}\left(\left(\frac{1+\sqrt{5}}{2}\right)^n - \left(\frac{1-\sqrt{5}}{2}\right)^n\right)$. Gut, hübscher ist die Darstellung auch nicht, aber man erkennt, wenn man sich nicht verrechnet, dass a_{36}=14.930.352

[56] Das sehen wir z.B. in Abschnitt 4.5.7.

4.3   Eigenschaften von Folgen

Man interessiert sich bei Folgen oftmals dafür, ob sie bestimmte Eigenschaften besitzen. Diese Eigenschaften betreffen das Monotonie- und das Konvergenzverhalten der Folgen sowie mögliche Schranken. Da Konvergenz relativ aufwändig zu überprüfen ist, wird das in einem eigenen Abschnitt (Abschnitt 4.4) besprochen. Die anderen Eigenschaften lernen Sie nun kennen:

Bezeichnung 14

Eigenschaften von Folgen

Eine Folge $(a_n)_n$ heißt

- *konstante Folge*, falls für alle $n \in \mathbb{N}$ gilt: $a_{n+1} = a_n$

- *monoton wachsende Folge*, falls für alle $n \in \mathbb{N}$ gilt: $a_{n+1} \geq a_n$
  bzw.(das wird beim Nachweis immer benutzt) $a_{n+1} - a_n \geq 0$

- *streng monoton wachsende Folge*, falls für alle $n \in \mathbb{N}$ gilt: $a_{n+1} > a_n$
  bzw. $a_{n+1} - a_n > 0$

- *monoton fallende Folge*, falls für alle $n \in \mathbb{N}$ gilt: $a_{n+1} \leq a_n$
  bzw. $a_{n+1} - a_n \leq 0$

- *streng monoton fallende Folge*, falls für alle $n \in \mathbb{N}$ gilt: $a_{n+1} < a_n$
  bzw. $a_{n+1} - a_n < 0$

- *alternierende Folge*, falls für alle $n \in \mathbb{N}$ gilt: $a_{n+1} \neq a_n$
  und $a_n < a_{n+1} \leftrightarrow a_{n+1} > a_{n+2}$

- *beschränkte Folge*, falls gilt:
  Es gibt ein $M > 0$, so dass für alle $n \in \mathbb{N}$ gilt: $|a_n| < M$,
  d.h. alle Folgeglieder liegen im Intervall $(-M;M)$

- *nach oben beschränkte Folge*, falls gilt:
  Es gibt ein $S \in \mathbb{R}$, so dass für alle $n \in \mathbb{N}$ gilt $a_n < S$

- *nach unten beschränkte Folge*, falls gilt:
  Es gibt ein $s \in \mathbb{R}$, so dass für alle $n \in \mathbb{N}$ gilt: $a_n > s$

Am besten kann man sich diese Eigenschaften erklären, wenn man es sich ansieht. Daher zeigt die folgende Abbildung Beispiele für Folgen mit den beschriebenen Eigenschaften:

Abbildung 24   Eigenschaften von Folgen

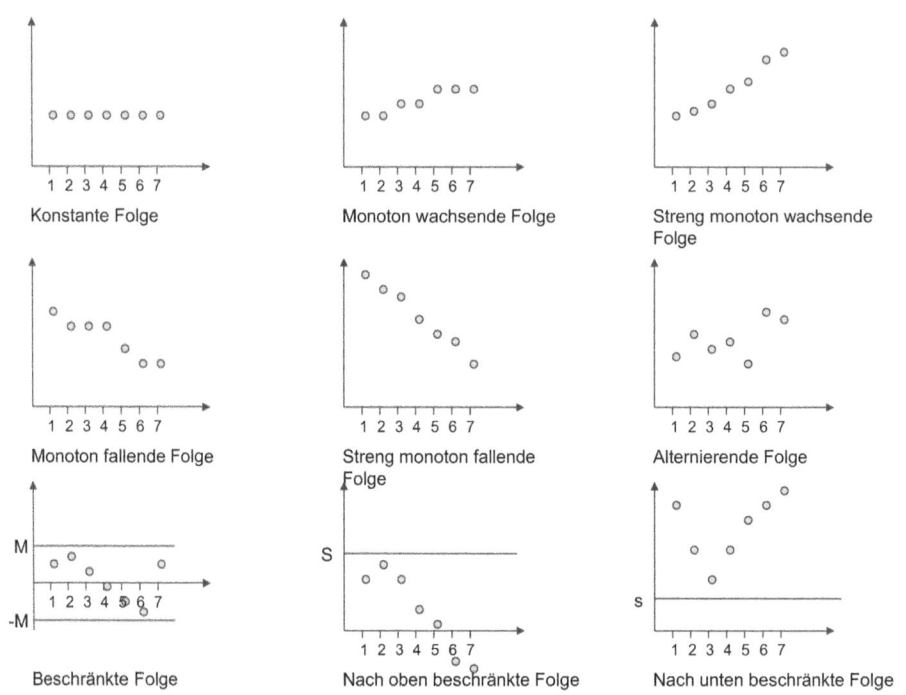

Sie werden zugeben, dass die Bildchen schon ganz niedlich sind. Die Frage bleibt, wie man diese Eigenschaften mathematisch überprüft. Denn ganz sicher genügt es nicht, ein Bild zu malen. Schließlich kann man in endlicher Zeit nur schwer ein Bild mit unendlich vielen Punkten malen, was aber notwendig wäre, um die Aussagen für alle n ∈ ℕ zu zeigen.

Nun, konstante Folgen erkennt man auf den ersten Blick, damit halten wir uns nicht auf. Monotonie überprüft man immer mit Hilfe der oben angegebenen Ungleichungen. Alternierende Folgen zu überprüfen macht wenig Freude, wenn man es mathematisch korrekt machen will, und erfordert auch das Einsetzen in die entsprechenden Ungleichungen. Beschränktheit zeigt man mit vollständiger Induktion.

Sehen wir uns nun einige Beispiele an, um zu üben, wie man gegebene Folgen auf die genannten Eigenschaften hin überprüft.

Beispiel 45

$(a_n)_n$ mit $a_n = \frac{1}{n+1}$ ist streng monoton fallend und nach unten durch 0 beschränkt.

Monotonie:

$$a_{n+1} - a_n = \frac{1}{n+2} - \frac{1}{n+1}$$

$$= \frac{n+1}{(n+1)(n+2)} - \frac{n+2}{(n+1)(n+2)}$$

$$= \frac{n+1-(n+2)}{(n+1)(n+2)}$$

$$= \frac{-1}{(n+1)(n+2)} \rightarrow \frac{<0}{>0} \rightarrow <0$$

a_n ist also tatsächlich streng monoton fallend.

Beschränktheit:

Es ist zu zeigen, dass $a_n > 0$ für alle $n \in \mathbb{N}$ gilt.

I.A.: n=1: $a_1 = \frac{1}{2} > 0$

I.V.: $a_n > 0$ gelte für ein $n \in \mathbb{N}$

I.S.: $n \rightarrow n+1$

Zeige: $a_{n+1} > 0$

Dazu: $a_{n+1} = \frac{1}{n+2} \rightarrow \frac{>0}{>0} \rightarrow > 0$

Beispiel 46

$(a_n)_n$ mit $a_n = (-1)^n$ ist alternierend und durch 2 beschränkt.

Alternieren:

Man sieht hoffentlich direkt, dass keine zwei aufeinander folgenden Folgenglieder identisch sind. Schließlich wechseln sich die Folgenglieder immer zwischen 1 und -1 ab. Bleibt noch zu zeigen, dass $a_n < a_{n+1} \leftrightarrow a_{n+1} > a_{n+2}$ für alle $n \in \mathbb{N}$ gilt. Das muss man wegen des Doppelpfeils (der ja „genau dann, wenn" heißt) in beide Richtungen zeigen. Das bedeutet, wir zeigen zuerst:

Wenn $a_n < a_{n+1}$, dann gilt $a_{n+1} > a_{n+2}$

und danach:

Wenn $a_{n+1} > a_{n+2}$ dann gilt: $a_n < a_{n+1}$.

Fangen wir an: Es gilt also $a_n < a_{n+1}$. Das bedeutet, dass $a_n = -1$ und $a_{n+1} = 1$ ist. (Sonst geht es ja nicht!)

Dann ist aber $a_{n+2} = -1$ und somit gilt $a_{n+1} > a_{n+2}$.

Umgekehrt gelte nun, dass $a_{n+1} > a_{n+2}$. Dann ist $a_{n+1} = 1$ und $a_{n+2} = -1$. Dann muss $a_n = -1$ sein und es gilt $a_n < a_{n+1}$.

Die Folge ist also wie versprochen alternierend.

Beschränktheit:

Es ist zu zeigen, dass $|a_n| < 2$ für alle $n \in \mathbb{N}$ gilt.

I.A.: n=1: $|a_1| = |-1| = 1 < 2$

I.V.: $|a_n| < 2$ gelte für ein $n \in \mathbb{N}$.

I.S.: $n \rightarrow n + 1$

    Zeige: $|a_{n+1}| < 2$

    Dazu: $|a_{n+1}| = |(-1)^{n+1}| = 1 < 2$

Hier ist es so offensichtlich, dass $|a_n| < 2$ ist, dass, man die Induktionsvoraussetzung gar nicht benutzen muss!

4.4   Konvergenz

Die wichtigste Eigenschaft von Folgen ist die Konvergenz. Hier interessiert man sich dafür, wie sich Folgen verhalten, wenn der Index größer wird, also gegen ∞ strebt.

Beispiel 47

- $(a_n)_n$ *mit $a_n = \frac{1}{n}$ strebt gegen 0.*

- $(a_n)_n$ *mit $a_n = (-1)^n \cdot \frac{1}{n}$ strebt gegen 0.*

- $(a_n)_n$ *mit $a_n = 2^n$ strebt gegen ∞.*

- $(a_n)_n$ *mit $a_n = (-1)^n$ nähert sich keiner eindeutigen Zahl.*

Bezeichnung 15

Konvergente Folgen

Eine Folge heißt *(endlich) konvergent* gegen eine Zahl g, wenn ab einem bestimmten Startwert $n_0 = n_0(\epsilon)$ alle weiteren Folgenglieder $a_{n_0+1}, a_{n_0+2}, \dots$ in einem Streifen der Breite 2ϵ um g liegen. Das muss für jedes noch so kleine ϵ funktionieren. g heißt dann der *Grenzwert der Folge* a_n. Man sagt auch, der Grenzwert von $(a_n)_n$ existiert. Mathematisch liest es sich etwas komplizierter, bedeutet aber dasselbe:

$\forall \epsilon > 0 \; \exists n_0 = n_0(\epsilon)$ mit $\forall n > n_0$ gilt: $|a_n - g| < \epsilon$

Schreibweise:

$\lim_{n\to\infty} a_n = g$ oder $a_n \xrightarrow[n\to\infty]{} g$

Abbildung 25 zeigt den beschriebenen Sachverhalt.

Abbildung 25   Konvergenz von Folgen

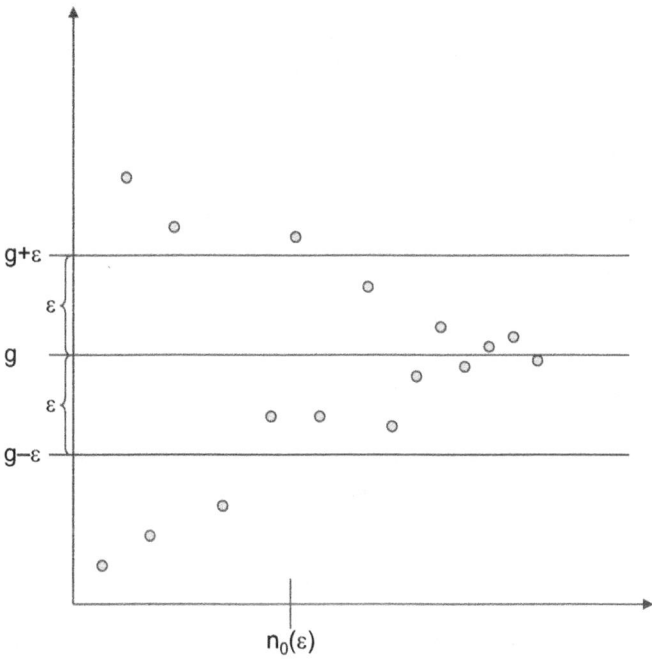

Es gibt einen Spezialfall:

Bezeichnung 16

Nullfolge

Eine Folge, die den Grenzwert 0 besitzt, d.h. $\lim_{n\to\infty} a_n = 0$, heißt Nullfolge.

Eine Folge konvergiert nicht immer gegen eine Zahl. Es ist auch Folgendes möglich:

Bezeichnung 17

Unbestimmte Konvergenz

Folgende Folgen heißen *unbestimmt konvergent*:

- $a_n \xrightarrow[n\to\infty]{} \infty$
- $a_n \xrightarrow[n\to\infty]{} -\infty$

Aber glauben Sie nun ja nicht, dass alle Folgen in irgendeiner Form konvergent sind.

Bezeichnung 18

Divergenz

Folgen, die nicht konvergent sind, heißen *divergent*.

Zwischen Konvergenz und den anderen Eigenschaften von Folgen gibt es folgende Zusammenhänge:

Wichtig 38

Es gilt:

- **Wenn eine Folge $(a_n)_n$ beschränkt und monoton ist, dann ist sie auch endlich konvergent.**
- **Wenn eine Folge $(a_n)_n$ konvergent ist, dann ist sie auch beschränkt.**

Alternierende Folgen mit Vorzeichenwechsel lassen sich sehr einfach auf Konvergenz untersuchen:

Wichtig 39

Alternierende Folgen mit Vorzeichenwechsel, also $(a_n)_n$ mit $a_n = (-1)^n \cdot \alpha_n$ sind genau dann bestimmt konvergent, und zwar gegen 0, wenn α_n eine Nullfolge ist.

Leider helfen diese Sätze nicht immer, wenn man selbst einen Grenzwert berechnen soll. Wir benötigen zusätzlich Rechenregeln, wie wir mit Grenzwerten umgehen dürfen:

Wichtig 40

Wenn man zwei Folgen $(a_n)_n$ und $(b_n)_n$ betrachtet, deren Grenzwerte unbedingt existieren müssen, es also gilt: $\lim_{n\to\infty} a_n = a$ und $\lim_{n\to\infty} b_n = b$, dann gilt folgendes:

- $\lim_{n\to\infty}(a_n + b_n) = \lim_{n\to\infty} a_n + \lim_{n\to\infty} b_n = a + b$

- $\lim_{n\to\infty}(a_n - b_n) = \lim_{n\to\infty} a_n - \lim_{n\to\infty} b_n = a - b$

- $\lim_{n\to\infty}(a_n \cdot b_n) = \lim_{n\to\infty} a_n \cdot \lim_{n\to\infty} b_n = a \cdot b$

- $\lim_{n\to\infty}\left(\frac{a_n}{b_n}\right) = \frac{\lim_{n\to\infty} a_n}{\lim_{n\to\infty} b_n} = \frac{a}{b}$, **falls $b_n \neq 0$ und $\lim_{n\to\infty} b_n = b \neq 0$**

- $\lim_{n\to\infty} c \cdot a_n = c \cdot \lim_{n\to\infty} a_n = c \cdot a$
- $\lim_{n\to\infty} c = c$

Zudem gibt es einige weitere Erkenntnisse, die man sich mal ansehen sollte und bei Bedarf aus der Trickkiste holen kann:

Wichtig 41

Es gilt:

- **Wenn $a_n \leq b_n$ für alle $n \in \mathbb{N}$, dann gilt: $\lim_{n\to\infty} a_n \leq \lim_{n\to\infty} b$**
- **Wenn a_n eine Nullfolge ist und $(c_n)_n$ eine beschränkte Folge ist,**
  dann gilt: $\lim_{n\to\infty}(a_n \cdot c_n) = 0$
- **Wenn $a_n > 0$ für alle $n \in \mathbb{N}$ und $\lim_{n\to\infty} a_n > 0$ und $p \in \mathbb{R}$,**
  dann gilt: $\lim_{n\to\infty} a_n^p = (\lim_{n\to\infty} a_n)^p$
- **Wenn c>0, dann gilt: $\lim_{n\to\infty}(c^{a_n}) = c^{(\lim_{n\to\infty} a_n)}$**

Die folgenden Beispiele zeigen, wie man die Rechenregeln einsetzen kann:

Beispiel 48

- $lim_{n\to\infty} \left(\frac{1}{n^2} + \frac{1}{n}\right) = lim_{n\to\infty} \frac{1}{n^2} + lim_{n\to\infty} \frac{1}{n} = 0 + 0 = 0$

- $lim_{n\to\infty} \frac{n^2+5}{n^2} = lim_{n\to\infty} \frac{n^2}{n^2} + lim_{n\to\infty} \frac{5}{n^2} = 1 + 0 = 1$

- $lim_{n\to\infty} 5^{1-\frac{1}{n}} = 5^{lim_{n\to\infty} 1-\frac{1}{n}} = 5^{1-lim_{n\to\infty}\frac{1}{n}} = 5^1 = 5$

Es gibt noch einige Gedächtnisstützen, die man im Hinterkopf haben muss, wenn man Folgen „Pi mal Daumen" auf Konvergenz überprüft, bevor man detailliert ihre Konvergenz untersucht:

Wichtig 42

- $\frac{c}{\infty} \to 0$
- $\frac{c}{0} \to \begin{cases} +\infty \text{ falls } c > 0 \\ -\infty \text{ falls } c < 0 \end{cases}$

Aber:

- für $\frac{\infty}{\infty}$ kann alles Mögliche rauskommen
- für $\frac{0}{0}$ kann auch alles Mögliche rauskommen
- für $\infty - \infty$ kann alles Mögliche rauskommen
- für 1^∞ kann ebenfalls alles Mögliche rauskommen

4.5   Untersuchung von Folgen auf Konvergenz

Manchmal (naja, ehrlich gesagt meistens) kommt man mit den Rechenregeln alleine nicht weiter, wenn man Folgen auf Konvergenz untersuchen soll.

Beispiel 49

Wenn man versucht, den Grenzwert von $a_n = \frac{5n^2+7}{2n^2-3}$ zu ermitteln, kommt man nur auf die Gedächtnisstütze "$\frac{\infty}{\infty}$" und ist somit keinen Schritt weiter.

Daher brauchen wir spezielle Techniken, wie man „kompliziertere" Folgen auf Konvergenz untersucht.

4.5.1   Bekannte Grenzwerte

Für einige Folgen wird der Grenzwert ab jetzt als bekannt voraus gesetzt:

Wichtig 43

- $\sqrt[n]{n} \xrightarrow[n \to \infty]{} 1$

- $\sqrt[n]{n^k} \xrightarrow[n \to \infty]{} 1$ für $k \in \mathbb{R}$ fest

- $\sqrt[n]{c} \xrightarrow[n \to \infty]{} 1$ für $c \in \mathbb{R}_{>0}$ fest

- $\frac{1}{n^\alpha} \xrightarrow[n \to \infty]{} 0$ für $\alpha \in \mathbb{R}_{>0}$ fest

- $\left(1 + \frac{1}{n}\right)^n \xrightarrow[n \to \infty]{} e$

- $\left(1 + \frac{x}{n}\right)^n \xrightarrow[n \to \infty]{} e^x$

- $a^n \xrightarrow[n \to \infty]{} \begin{cases} 0, & 0 < a < 1 \\ 1, & a = 1 \\ \infty, & a > 1 \end{cases}$

Das schauen wir uns mal an einigen Beispielen an:

Beispiel 50

- $\lim_{n \to \infty} \frac{1^n}{7} = 0$

- $\lim_{n \to \infty} \left(1 + \frac{7}{n}\right)^n = e^7 \approx 1.096,633$

- $\lim_{n \to \infty} \sqrt[n]{1.050.327} = 1$[57]

---

[57] Das kann man übrigens sehr nett empirisch mit einem Taschenrechner überprüfen: Zahl eintippen

4.5.2   Höchste Potenz ausklammern

Wenn die zu untersuchende Folge die Gestalt $\frac{Polynom}{Polynom}$ hat, werden Zählergrad (=höchste Potenz im Zähler, Abkürzung ZGR) und Nennergrad (=höchste Potenz im Nenner, Abkürzung NGR) bestimmt.

Wichtig 44

Das brauchen wir, weil Folgendes gilt:

$$ZGR - NGR \begin{cases} < 0 & \Rightarrow \text{ Grenzwert ist 0} \\[2mm] = 0 & \Rightarrow \text{ Grenzwert ist } \dfrac{\text{Koeffizient der höchsten Potenz im Zähler}}{\text{Koeffizient der höchsten Potenz im Nenner}} \\[4mm] > 0 & \Rightarrow \text{ Grenzwert ist } \begin{cases} \infty \, , \text{ falls } \dfrac{\text{Koeffizient}}{\text{Koeffizient}} > 0 \\[3mm] -\infty \, , \text{ falls } \dfrac{\text{Koeffizient}}{\text{Koeffizient}} < 0 \end{cases} \end{cases}$$

Wie man diese Methode nun genau anwendet, sollen die folgenden Beispiele zeigen:

Beispiel 51

- $a_n = \dfrac{2n^5+n^3-3}{-4n^5+n} \xrightarrow{ZGR-NGR=5-5=0} \dfrac{2}{-4} = -\dfrac{1}{2}$

- $a_n = \dfrac{2n^5+n^3-3}{-4n^4+n} \xrightarrow{ZGR-NGR=5-4=1>0} -\infty, da \ \dfrac{2}{-4} < 0$

4.5.3   Teilfolgenbetrachtung

Unter einer *Teilfolge* versteht man eine unendliche Teilmenge aller Folgenglieder. Wenn man zum Beispiel nur jedes zweite oder jedes dritte Folgenglied betrachtet, hat man jeweils eine Teilfolge konstruiert.

Die Idee der Methode der Teilfolgenbetrachtung liegt in der folgenden Erkenntnis:

Wichtig 45

Wenn eine Folge konvergent gegen einen Wert g ist, dann konvergieren alle Teilfolgen auch gegen diesen Grenzwert g.

Dieser Satz hilft einem beim Nachweis der Konvergenz kein Stück, denn wie man sich leicht klar machen kann, gibt es unendlich viele Teilfolgen, die man dann alle überprüfen müsste, und das ist in endlicher Zeit natürlich nicht möglich.

und ganz oft auf die Wurzeltaste drücken: Irgendwann steht da 1 (Falls Sie mal Langeweile haben)

Wenn man aber den Verdacht hat, dass eine Folge divergent ist, hilft der Satz enorm. Denn es genügt ja bereits, wenn wir zwei Teilfolgen finden, die gegen unterschiedliche Grenzwerte konvergieren, um zu schlussfolgern, dass die gesamte Folge auf jeden Fall divergent sein muss[58].

Also können wir festhalten:

Wichtig 46

Wenn (mindestens) zwei Teilfolgen einer Folge gegen unterschiedliche Grenzwerte konvergieren, dann ist die Folge divergent.

Was das bedeutet, sehen wir am folgenden Beispiel:

Beispiel 52

Wir betrachten die Folge $a_n = (-1)^n$. Dieso Folge besitzt (u.a.) zwei Teilfolgen $a_{2n} = (-1)^{2n} = 1$ (auf deutsch, jedes zweite Folgelied beginnend beim zweiten ist 1) und $a_{2n+1} = (-1)^{2n+1} = -1$ (auf deutsch, jedes zweite Folgenglied beginnend beim ersten ist -1).

Es sollte Ihnen einleuchten, dass die erste Teilfolge, die ja immer 1 ist, selbstmurmelnd auch gegen 1 konvergiert. Genau so muss die zweite Teilfolge, die ja immer -1 ist, auch genau gegen -1 konvergieren.

Wenn die eine Teilfolge aber gegen 1 und die andere gegen -1 konvergiert, kann die gesamte Folge nur divergent sein!

---

[58] An dieser Stelle wird es Zeit für einen klitzekleinen Ausflug in die Welt der Aussagenlogik. Es dürfte Ihnen klar sein, dass Folgendes gilt:

- Wenn ein Tier ein Pinguin ist, dann ist es auch ein Vogel.
- Wenn ein Tier ein Vogel ist, ist es aber noch lange kein Pinguin.
- Wenn aber ein Tier kein Vogel ist, ist es auch auf keinen Fall ein Pinguin.
- Wenn ein Tier kein Pinguin ist, kann es aber durchaus noch ein (anderer) Vogel sein.

Wenn Sie nun „Tier ist ein Pinguin" durch „Folge ist konvergent" und „Tier ist Vogel" durch Teilfolge ist konvergent" ersetzen, wird Ihnen die obige Schlussfolgerung vielleicht klarer. Vielleicht sind Sie dann auch noch verwirrter, dann müssen Sie es einfach glauben, Mathematiker wollten Sie ja eh nicht werden!

4.5.4   Einschachtelungsprinzip

Die Idee hinter dem Einschachtelungsprinzip ist unmittelbar einleuchtend:

Wichtig 47

Wenn man eine Folge $(b_n)_n$ zwischen zwei Folgen $(a_n)_n$ und $(c_n)_n$ „einquetschen"
kann, d.h. $a_n \leq b_n \leq c_n$ für alle $n \in \mathbb{N}$, und wenn man weiß, dass sowohl $(a_n)_n$ als auch
$(c_n)_n$ gegen den gleichen Grenzwert g konvergieren, dann bleibt der Folge $(b_n)_n$
nichts anderes übrig, als auch gegen diesen Grenzwert g zu konvergieren.

Oder mathematisch ausgedrückt:
Wenn $a_n \leq b_n \leq c_n$ und $a_n \xrightarrow[n \to \infty]{} g$ und $c_n \xrightarrow[n \to \infty]{} g$, dann gilt auch: $b_n \xrightarrow[n \to \infty]{} g$

Auch hier soll ein Beispiel helfen, die Geschichte zu verdeutlichen:

Beispiel 53

Es soll die Folge $(a_n)_n$ mit $a_n = \sqrt[n]{4n - 2}$ auf Konvergenz untersucht werden.

Es gilt:

- $\sqrt[n]{n} \leq \sqrt[n]{4n - 2} \leq \sqrt[n]{4n}$ *und*

- $\lim_{n \to \infty} \sqrt[n]{n} = 1$ *sowie*

- $\lim_{n \to \infty} \sqrt[n]{4n} = \lim_{n \to \infty} \sqrt[n]{4} \cdot \lim_{n \to \infty} \sqrt[n]{n} = 1 \cdot 1 = 1$

Also muss auch gelten: $\lim_{n \to \infty} \sqrt[n]{4n - 2} = 1$

4.5.5   e-Funktion

Die Tatsache, dass $\left(1 + \frac{x}{n}\right)^n \xrightarrow[n \to \infty]{} e^x$ [59], kann man auch für kompliziertere Folgen verwenden.
Allerdings muss man darauf achten, dass die Folgen sowohl in der Basis ein n besitzen als
auch im Exponenten ein n oder $a \cdot n + b$ auftaucht.

Wie man diese Tatsache benutzt, kann man am leichtesten verstehen, wenn man Beispiele
betrachtet. Soviel sei verraten: Es dreht sich mal wieder alles um Potenzgesetze!

---

[59] Vergleiche Abschnitt 4.5.1.

Beispiel 54

1) $\lim_{n\to\infty}\left(1+\frac{5}{n}\right)^{6n+7} = \lim_{n\to\infty}\left(1+\frac{5}{n}\right)^{6n} \cdot \underbrace{\lim_{n\to\infty}\left(1+\frac{5}{n}\right)^{7}}_{=1,da\ im\ Exponent\ kein\ n\ steht}$

$$= \lim_{n\to\infty}\left(1+\frac{5}{n}\right)^{6n}$$

$$= \lim_{n\to\infty}\left(\underbrace{\left(1+\frac{5}{n}\right)^{n}}_{\to e^5}\right)^{6}$$

$$= (e^5)^6$$

$$= e^{30}$$

$$\lim_{n\to\infty}\left(\frac{1}{3}+\frac{1}{3n}\right)^{5n} = \lim_{n\to\infty}\left[\frac{1}{3}\left(1+\frac{1}{n}\right)\right]^{5n}$$

$$= \lim_{n\to\infty}\left(\frac{1}{3}\right)^{5n} \cdot \lim_{n\to\infty}\left(1+\frac{1}{n}\right)^{5n}$$

$$= 0 \cdot \lim_{n\to\infty}\left(\left(1+\frac{1}{n}\right)^{n}\right)^{5}$$

$$= 0 \cdot e^5$$

$$= 0$$

4.5.6   Wurzeltrick

Folgen, die die Form a-b haben und bei grobem Anschauen gegen „∞-∞" zu konvergieren scheinen und zusätzlich mindestens eine Wurzel beinhalten, muss man mit dem Wurzeltrick bearbeiten. Es darf sich jedoch nicht um eine Folge der Form $\frac{Polynom}{Polynom}$ handeln, die wird ja mit „höchste Potenz Ausklammern" behandelt.

Der Wurzeltrick besteht darin, dass man mit dem konjugierten Term (a+b statt a-b) erweitert, dann entsteht im Zähler nämlich eine dritte binomische Formel. Die muss man im Anschluss ausrechnen ($a^2 - b^2$). Dann berechnet man den Grenzwert der so entstandenen Folge (Oft mit „höchste Potenz Ausklammern").

Da das etwas obskur klingt, betrachten wir direkt ein Beispiel:

Beispiel 55

$$\lim_{n\to\infty}\sqrt{n+1}-\sqrt{n} = \frac{\lim_{n\to\infty}\left((\sqrt{n+1}-\sqrt{n})(\sqrt{n+1}+\sqrt{n})\right)}{(\sqrt{n+1}+\sqrt{n})}$$

$$= \frac{\lim_{n\to\infty}(n+1-n)}{(\sqrt{n+1}+\sqrt{n})} = \frac{\lim_{n\to\infty}1}{(\sqrt{n+1}+\sqrt{n})} \xrightarrow{ZGR-NGR=0-\frac{1}{2}=-\frac{1}{2}} 0$$

4.5.7   Rekursiv definierte Folgen

Aufgrund der merkwürdigen Gestalt rekursiv definierter Folgen muss auch ihr Grenzwert anders bestimmt werden.

Um den Grenzwert einer rekursiv definierten Folge zu berechnen, benutzen wir die wichtige Erkenntnis, dass nämlich eine Folge, die monoton und beschränkt ist, auch konvergent ist.

Man zeigt daher entweder:

a_n ist monoton steigend und nach oben beschränkt

oder

a_n ist monoton fallend und nach unten beschränkt.

Bei der Vorgehensweise ist die Reihenfolge wichtig:

Vorgehensweise 4

1.   **Beschränktheit zeigen**
        Die Beschränktheit wird immer mit vollständiger Induktion gezeigt.[60]

2.   **Monotonie zeigen**
        Zur Monotonie muss man überprüfen, ob gilt: $a_{n+1} - a_n \geq 0$ oder $a_{n+1} - a_n \leq 0$.
        Denn die Folge ist monoton steigend, wenn $a_{n+1} - a_n \geq 0$ ist, sie ist monoton fallend, wenn $a_{n+1} - a_n \leq 0$ ist [61].

Wenn sowohl die Monotonie als auch die Beschränktheit gezeigt wurde, weiß man, dass die Folge konvergent ist. Was jetzt noch fehlt, ist der genaue Grenzwert.

3.   **Grenzwert berechnen**
        Dazu setzt man in die Rekursionsvorschrift überall für a_n und a_{n+1} einen Buchstaben, z.B. g, ein.
        Die Idee dabei ist, dass sowohl a_n als auch a_{n+1} gegen den gleichen Grenzwert g konvergieren (nur ist a_{n+1} einenSchritt schneller da).

---

[60] Oft ist in der Aufgabenstellung angegeben, was die Schranke sein soll. Ansonsten ist es nämlich oft schwierig eine geeignete Schranke zu finden. Wie die vollständige Induktion geht, können Sie übrigens in Abschnitt 1.6 nachlesen.

[61] Klar, das wussten Sie, weil es ja in Abschnitt 4.3 schon steht, aber man kann es ruhig mehrfach erwähnen.

Anschließend wird die Gleichung nach g umgestellt. Wenn diese Gleichung mehrere Lösungen besitzt, kann man durch logisches Denken immer alle bis auf eine ausschließen. Die übrig gebliebene Lösung ist der Grenzwert.

Weil man die Vorgehensweise am besten an einem Beispiel versteht, brauchen wir eine konkrete Aufgabe:

Beispiel 56

Die Folge soll auf Konvergenz untersucht werden:

$$a_1 = 2, a_{n+1} = 2 - \frac{2}{a_n + 1}$$

Hierzu sollen die folgenden Schritte durchgeführt werden

1)   *Zeigen Sie, dass $a_n > 1$ für alle $n \in \mathbb{N}$.*

2)   *Zeigen Sie, dass a_n monoton fallend ist.*

3)   *Berechnen Sie den Grenzwert.*

Nun können wir die oben angeführte Vorgehensweise durchführen:

Beispiel 57

1. Beschränktheit
Zeige: $a_n > 1$

I.A.: n=1: $a_1 = 2 > 1$

I.V.: $a_n > 1$ gelte für ein $n \in \mathbb{N}$

I.S.: $n \to n + 1$:

   Zeige: $a_{n+1} > 1$

Dazu: $a_{n+1} = 2 - \dfrac{\overbrace{2}^{<1}}{\underbrace{a_n+1}_{\substack{\geq 1 \\ >2}}} > 1$

2. Monotonie:
Zeige: $a_{n+1} - a_n < 0$

Dazu: $a_{n+1} - a_n = 2 - \dfrac{2}{a_n+1} - a_n = \dfrac{2(a_n+1)}{a_n+1} - \dfrac{2}{a_n+1} - \dfrac{a_n(a_n+1)}{a_n+1} = \dfrac{2a_n+2-2-a^2_n-a_n}{a_n+1}$

$$= \frac{a_n - a^2_n}{a_n + 1} = \frac{\overbrace{a_n}^{>0}\ \overbrace{(1 - a_n)}^{<0, da\ a_n>1}}{\underbrace{a_n + 1}_{>0}} < 0$$

Hiermit ist also klar, das a_n konvergent ist. Es bleibt noch zu berechnen, was der Grenzwert ist.

3. Grenzwert:

$g = 2 - \dfrac{2}{g + 1} \quad | \cdot (g + 1)$

$\Rightarrow g(g + 1) = 2(g + 1) - 2$

$\Rightarrow g^2 + g = 2g + 2 - 2$

$\Rightarrow g^2 - g = 0$

$\Rightarrow g(g - 1) = 0$

$\Leftrightarrow g = 0 \ oder \ g = 1$

Da alle $a_n>1$, kann 0 unmöglich der Grenzwert sein. Wie sollen sich die a_n der 0 nähern?? Daher muss 1 der gesuchte Grenzwert sein.

Wichtig 48

Vorsicht, wenn in der Rekursionsvorschrift bereits der Buchstabe g vorkommt. Dann muss ein anderer Buchstabe gewählt werden[62].

Und als Letztes noch ein praktischer Tipp:

Wichtig 49

Den dritten Punkt der Vorgehensweise kann man immer durchführen, egal ob man die ersten beiden Punkte gelöst hat oder nicht!

4.5.8   Checkliste der Methoden

Stellen wir uns die Situation vor, dass Sie eine gegebene Folge auf Konvergenz untersuchen sollen, z.B. in einer Klausur. Dann müssen Sie die folgenden Methoden parat haben und die passende auswählen:

---

[62] Falls Sie sich jetzt fragen, ob ich Sie für doof halte, so etwas zu erwähnen, kann ich nur sagen: Auch dieser Fehler wurde schon von sonst sehr klugen Studenten gemacht!

Wichtig 50
Prüfungsmethoden zur Konvergenz von Folgen
1. Alternierende Folgen
2. Rekursiv definierte Folgen
3. Bekannte Grenzwerte und Rechenregeln
4. Höchste Potenz ausklammern
5. Teilfolgenbetrachtung
6. Einschachtelungsprinzip
7. e-Funktion
8. Wurzeltrick

4.6   Übungsaufgaben

Aufgabe 21

Bestimmen Sie jeweils die nächsten zwei Folgenglieder und formulieren Sie das Bildungsgesetz:

a)   4, 8, 12, 16, ...

b)   4, 8, 12, 16, ...

c)   -2, 4, -8, 16, -32, 64, ...

d)   -1, 2, 1, 3, 4, 7, 11, ...

e)   81, 43, 27, 40, 9, 37, 3, ...

f)   125, 12, 25, 8, 5, 4, 1, 0, ...

Aufgabe 22

Untersuchen Sie die folgenden Folgen $(a_n)_{n \in \mathbb{N}}$ auf Monotonie und Beschränktheit:

a) $a_n = \frac{1}{n+1}$ ist monoton fallend und nach unten durch 0 beschränkt.

b) $a_n = 2^n$ ist monoton steigend und nach unten durch 1 beschränkt.

c) $a_n = (-1)^{n+1}$ ist alternierend und durch 2 beschränkt.

d) $a_n = (-1)^n \cdot \frac{1}{n+1}$ ist alternierend und durch 2 beschränkt.

e) $a_{n+1} = \frac{a^2_n + 9}{6}, a_1 = 0$ ist monoton steigend und durch 3 beschränkt.

Aufgabe 23

Zeigen Sie mit Hilfe der Definition von Konvergenz:

a) Die Folge $(a_n)_{n \in \mathbb{N}}$ mit $a_n = 1 - \frac{1}{n}$ konvergiert gegen (den Grenzwert) $g = 1$.

b) Die Folge $(a_n)_{n \in \mathbb{N}}$ mit $a_n = (-1)^n \cdot \frac{1}{n^2}$ konvergiert gegen (den Grenzwert) $g = 0$.

Aufgabe 24

Welche der folgenden Zahlenfolgen $(a_n)_{n \in \mathbb{N}}$ sind konvergent? Bestimmen Sie im Fall der Konvergenz den Grenzwert $\lim\limits_{n \to \infty} a_n$

a) $a_n = \frac{4n^2 - 8n + 7}{8n^2 - 2n + \sqrt{5}}$ 　　 h) $a_n = ((-1)^n + 2)(2 - (-1)^n)$

b) $a_n = \frac{4n^3 - 20n}{8n^4 + 2}$ 　　 i) $a_n = \frac{3n^2 - 1}{3n^2} \sqrt[n]{4}$

c) $a_n = \frac{-3n^4 + 8n}{2n^3 - 5}$ 　　 j) $a_n = \frac{3 - \sqrt{64n}}{\sqrt{4n} - 2}$

d) $a_n = \frac{n^4}{n^3 + n}$ 　　 k) $a_n = \frac{3n(-1)^n}{2n^2 - n + 1}$

e) $a_n = \frac{3}{4} \cdot ((-1)^n + 1)$ 　 l) $a_n = \frac{3n(2n-1)(3n+2)^2}{(2n+1)^3(5n-7)}$

f) $a_n = \frac{4n^2 - 16}{(2n+4)^2}$ 　　 m) $a_n = \frac{4n^2(2n - 5 + 8n^2)}{5(n-1)^3(4n+3)}$

g) $a_n = 3n \left(\frac{2}{n} - \frac{2}{n-1} \right)$

Aufgabe 25

Welche der folgenden Zahlenfolgen $(a_n)_{n \in \mathbb{N}}$ sind konvergent? Bestimmen Sie im Fall der Konvergenz den Grenzwert $\lim_{n \to \infty} a_n$.

a) $a_n = \left(1 + \frac{7}{3n} \right)^{8n+7}$

b) $a_n = \sqrt{n+5} - \sqrt{n}$

c) $a_n = \sqrt{n^{10} + 2n^5 + 3} - n^5$

d) $a_n = \left(\frac{n+1}{2n} \right)^n$

e) $a_n = \sqrt{4^n + 2^n} - 2^n$

f) $a_n = \left(2 + \frac{1}{n} \right)^n$

g) $a_n = \left(1 - \left(\frac{3x}{2\sqrt{n}}\right)^2\right)^n$

h) $a_n = \frac{\sqrt{32n+7}}{13-\sqrt{2n}}$

i) $a_n = \sqrt{3n^3 + 2n - 1} - \sqrt{3n^3 + 3n - 1}$

Aufgabe 26

Die Folge $(a_n)_{n \in \mathbb{N}}$ ist durch die folgende Vorschrift definiert:

$a_1 = 1, a_{n+1} = \frac{1}{2} \cdot a_n + 1$

a) Zeigen Sie: $a_n < 2$.

b) Zeigen Sie: $(a_n)_{n \in \mathbb{N}}$ ist monoton wachsend.

c) Untersuchen Sie die Folge auf Konvergenz und bestimmen Sie gegebenenfalls den Grenzwert.

d) Untersuchen Sie das Konvergenzverhalten der Folge

$a_1 = 1, a_{n+1} = a_n + 1$.

5   Reihen

Wenn Sie nach der Lektüre des letzten Kapitels nun der Meinung sind, dass die Konvergenzüberprüfung von Folgen nicht zu Ihren Hobbys wird, kann ich Ihnen die erfreuliche Botschaft überbringen, dass Sie Reihen noch weniger mögen werden. Denn nun erhöht sich der Schwierigkeitsgrad dadurch, dass Sie Folgen und Reihen auseinanderhalten müssen. Das ist zwar meiner Meinung nach überhaupt nicht schwer, aber aus irgendeinem Grund werfen Studenten die beiden Dinge gerne durcheinander.

5.1   Was ist eine Reihe?

Bezeichnung 19

Reihe

Sei $(a_n)_n$ eine Folge.

Dann heißt $\sum_{n=1}^{\infty} a_n$ eine (unendliche) Reihe.

Eine Folge ist also „nur" eine Aneinanderreihung der Folgenglieder, eine Reihe addiert zusätzlich alle Glieder auf!

Schauen wir uns mal einige Reihen an:

Beispiel 58

1) $\sum_{n=1}^{\infty} 5 \cdot n = 5 \cdot +5 \cdot 2 + 5 \cdot 3 + \cdots$

2) $\sum_{n=1}^{\infty} n^2 = 1^2 + 2^2 + 3^2 + \cdots = 1 + 4 + 9 + \cdots$

5.2   Spezielle Reihen

Einige Arten von Reihen sind so berühmt geworden, dass sie einen eigenen Namen bekommen haben. Diese sollte man auch mit ihrem Namen ansprechen können. Es geht auch sehr schnell, denn im Wesentlichen beruhen diese auf den speziellen Folgen, die wir bereits in Abschnitt 4.2 kennen gelernt haben.

Bezeichnung 20

Arithmetische Reihe

$$\sum_{n=1}^{\infty} c \cdot n = 1 \cdot c + 2 \cdot c + 3 \cdot c + \ldots$$

Bezeichnung 21

Harmonische Reihe

$$\sum_{n=1}^{\infty} \frac{1}{n} = 1 + \frac{1}{2} + \frac{1}{3} + \dots$$

Bezeichnung 22

Geometrische Reihe

$$\sum_{n=0}^{\infty} q^n = q^0 + q^1 + q^2 + \dots$$

5.3   Konvergenz von Reihen

Auch bei Reihen gibt es den Begriff der Konvergenz. Hier bedeutet Konvergenz, dass der Wert der Reihe eine feste Zahl ergibt.[63]

Das ist am Anfang immer schwierig zu akzeptieren: Wie kann bei einer Summe von unendlich vielen Summanden eine Zahl rauskommen, die nicht unendlich ist?

Die Antwort ist einfach, aber überfordert das Gehirn zu Beginn: Es darf nur so wenig dazu addiert werden, dass es einfach nicht ausreicht, dass die Reihe unendlich groß wird.

Zusätzlich gibt es Reihen, bei denen gar nicht immer was dazu addiert wird, sondern teilweise wieder ein Summand abgezogen wird (Reihen mit $(-1)^n$ zum Beispiel). Auch bei diesen Reihen kommt nicht unbedingt unendlich raus, sondern evtl. eine feste Zahl.

Bezeichnung 23

(Absolute) Konvergenz

- Eine Reihe $\sum_{n=1}^{\infty} a_n$ heißt konvergent, falls $-\infty < \sum_{n=1}^{\infty} a_n < \infty$
  Es kommt also eine Zahl für die unendliche Summe raus und nicht $\pm\infty$

- Eine Reihe $\sum_{n=1}^{\infty} a_n$ heißt absolut konvergent, falls $\sum_{n=1}^{\infty} |a_n| < \infty$

Der Begriff der absoluten Konvergenz ist nötig, um solche Reihen zu unterscheiden, die nur deswegen konvergent sind, weil manchmal auch Summanden wieder abgezogen werden ($\sum_{n=1}^{\infty}(-1)^n$ zum Beispiel). Solche Reihen sind zwar konvergent, aber nicht absolut konvergent, denn im gerade genannten Beispiel gilt:

---

[63] Das passt auch wie die berühmte Faust aufs Auge zur Konvergenz von Folgen, denn man kann statt $\sum_{n=1}^{\infty} a_n$ auch $\lim_{k\to\infty} \sum_{n=1}^{k} a_n$ schreiben. Dann ist es eine Folge, und da war die Konvergenz ja auch dadurch definiert, dass für den Grenzwert eine Zahl rauskommt.

$$\sum_{n=1}^{\infty} |(-1)^n| = \sum_{n=1}^{\infty} 1 = \infty$$

Wichtig 51
- Wenn $\sum_{n=1}^{\infty} |a_n| < \infty$, dann ist auch $-\infty < \sum_{n=1}^{\infty} a_n < \infty$, d.h. wenn eine Reihe absolut konvergent ist, dann ist sie auch konvergent.
- Genau so gilt:[64] Wenn eine Reihe nicht konvergent ist, dann ist sie auch nicht absolut konvergent.
- Aber: Wenn eine Reihe konvergent ist, muss sie noch lange nicht absolut konvergent sein.

Das sehen wir uns mal an einigen Beispielen an:

Beispiel 59
- Die harmonische Reihe $\sum_{n=1}^{\infty} \frac{1}{n}$ ist divergent[65].

- $\sum_{n=1}^{\infty} (-1)^n \cdot \frac{1}{n} = -1 + \frac{1}{2} - \frac{1}{3} + \frac{1}{4} \pm \ldots$ ist konvergent.

Aber: $\sum_{n=1}^{\infty} |(-1)^n \cdot \frac{1}{n}| = 1 + \frac{1}{2} + \frac{1}{3} + \frac{1}{4} \pm \cdots = \infty$

Also ist $\sum_{n=1}^{\infty} (-1)^n \cdot \frac{1}{n}$ konvergent, aber nicht absolut konvergent.

Sie können sich sicher leicht vorstellen, dass die Aufgabe eines Studenten oft darin besteht, gegebene Reihen auf (absolute) Konvergenz zu untersuchen. Da ist es zuerst wichtig, das Folgende zu wissen:

Wichtig 52
Nullfolgen-Kriterium
- Wenn a_n keine Nullfolge ist, dann ist $\sum_{=1}^{\infty} a_n$ immer divergent.

- Wenn a_n eine Nullfolge ist, dann ist $\sum_{=1}^{\infty} a_n$ nicht unbedingt konvergent oder absolut konvergent[66].

Dieses Kriterium sollten Sie nur anwenden, wenn es offensichtlich ist, da es sehr schnell sehr aufwändig sein kann. Das folgende Beispiel liefert eine sinnvolle Anwendung des „Nullfolgen-Kriteriums".

---

[64] Ich erinnere an das Pinguin-Vogel-Beispiel!

[65] Ist so. Basta!

[66] Ich sach nur: Pinguin und Vogel!

Beispiel 60

Die Reihe $\sum_{n=1}^{\infty} \left(1 + \frac{1}{n}\right)^n$ ist divergent, da $\lim_{n \to \infty} \left(1 + \frac{1}{n}\right)^n = e \neq 0$

5.4 Untersuchung von Reihen auf Konvergenz

Im Allgemeinen kann der Grenzwert einer Reihe nicht genau berechnet werden. Man überprüft nur, ob die Reihe konvergent ist und nicht, was der Grenzwert ist. Allerdings gibt es einige Reihen, die man wirklich berechnen kann. Mit diesen Reihen fangen wir an:

5.4.1 Reihen, deren Grenzwerte berechnet werden können

Die geometrische Reihe

Die wichtigste Reihe, die man erkennen und berechnen können muss, ist die geometrische Reihe. Für die geometrische Reihe gilt das Folgende:

Wichtig 53

$$\sum_{n=0}^{\infty} q^n = \begin{cases} \dfrac{1}{1-q} & , \text{falls} - 1 < q < 1 \\ \text{divergent}, & \text{sonst} \end{cases}$$

Hierbei ist es absolut notwendig, dass die Summe bei $n = 0$ anfängt, sonst muss selbstverständlich ein anderes Ergebnis rauskommen. In solchen Fällen muss man die Summe zuerst umformen.

Die folgenden Beispiele helfen hoffentlich, die Berechnung zu verstehen:

Beispiel 61

- $\sum_{n=0}^{\infty} \left(\frac{1}{2}\right)^n = \frac{1}{1-\frac{1}{2}} = \frac{1}{\frac{1}{2}} = 2$. *Die Reihe ist also absolut konvergent.*

- $\sum_{n=2}^{\infty} \left(\frac{1}{3}\right)^n = \sum_{n=0}^{\infty} \left(\frac{1}{3}\right)^n - \left(\frac{1}{3}\right)^1 - \left(\frac{1}{3}\right)^0 = \frac{1}{1-\frac{1}{3}} - \frac{1}{3} - 1 = \frac{3}{2} - \frac{4}{3} = \frac{9}{6} - \frac{8}{6} = \frac{1}{6}$

  Die Reihe ist also absolut konvergent.

Eine Anwendung der geometrischen Reihe besteht in der **Umwandlung von periodischen Dezimalzahlen in Brüche**.

Hierzu schreibt man die Perioden als Summe von Brüchen und formt diese in eine geometrische Reihe um, deren Wert man mit der oben angegebenen Formel ausrechnen kann. Auch das lässt sich leichter an einem Beispiel verstehen:

Beispiel 62

$0,\overline{2} = 0,2 + 0,02 + 0,002 + 0,0002 + \cdots$

$= \dfrac{2}{10} + \dfrac{2}{100} + \dfrac{2}{1000} + \cdots$

$= 2 \cdot \left(\dfrac{1}{10} + \dfrac{1}{100} + \dfrac{1}{1000} + \cdots \right)$

$= 2 \cdot \left(\dfrac{1}{10} + (\dfrac{1}{10})^2 + (\dfrac{1}{10})^3 + \cdots \right)$

$= 2 \cdot \displaystyle\sum_{n=1}^{\infty} \left(\dfrac{1}{10}\right)^n = 2 \cdot \left(\displaystyle\sum_{n=0}^{\infty} \left(\dfrac{1}{10}\right)^n - \left(\dfrac{1}{10}\right)^0 \right)$

$= 2 \cdot \left(\dfrac{1}{1 - \dfrac{1}{10}} - 1 \right) = 2 \cdot \left(\dfrac{10}{9} - \dfrac{9}{9} \right)$

$= 2 \cdot \dfrac{1}{9} = \dfrac{2}{9}$

Neben der Reihe gibt es noch einige weitere Reihen, die man kennen und erkennen sollte und deren Werte ab jetzt bekannt sein müssen.

Wichtig 54
weitere wichtige Reihen

- $\sum_{k=0}^{n} q^k = \dfrac{q^{n+1}-1}{q-1}$ (endliche geometrische Reihe)

- $\sum_{n=0}^{\infty} \dfrac{x^n}{n!} = e^x$ (Potenzreihenentwicklung der e- Funktion)

- $\sum_{n=0}^{n} (-1)^n \dfrac{x^{2n+1}}{(2n+1)!} = \sin(x)$ (Potenzreihenentwicklung der Sinusfunktion)

- $\sum_{n=0}^{n} (-1)^n \dfrac{x^{2n}}{(2n)!} = \cos(x)$ (Potenzreihenentwicklung der Cosinusfunktion)

- $\sum_{n=0}^{n} \binom{n}{k} a^k \cdot b^{n-k} = (a+b)^n$ (Binomialreihe)

Teleskop-Summe

Manche Reihen kann man deswegen berechnen, weil sie eigentlich nur künstlich „aufgebläht" sind. Damit ist gemeint, dass die Reihen so aufgebaut sind, dass ein Element erst dazu addiert und dann im nächsten Schritt wieder subtrahiert wird.[67]

Das folgende Beispiel zeigt so eine Teleskop-Reihe:

---

[67] Man kann diese Teleskop-Reihen auch verstecken, indem man die beiden Summanden gleichnamig macht und z.B. in Klausuren nur den zusammen gefassten Bruch untersuchen lässt. Dann muss man zuerst die Brüche trennen, z.B. mit Partialbruchzerlegung. Im Zweifelsfall hilft zum Erkennen einer Teleskop-Reihe übrigens nur, sich die ersten Summanden explizit aufzuschreiben, dann sieht man es ganz schnell.

Beispiel 63

$$\sum_{n=1}^{\infty} \left(\frac{1}{n} - \frac{1}{n+1}\right) = 1 - \frac{1}{2} + \frac{1}{2} - \frac{1}{3} + \frac{1}{3} - \frac{1}{4} + \frac{1}{4} \cdots$$

Da das „letzte" Folgenglied 0 wird, bleibt als einziges das erste Folgenglied übrig, der Wert der Reihe ist also

$$\sum_{n=1}^{\infty} \left(\frac{1}{n} - \frac{1}{n+1}\right) = 1$$

Kommen wir nun zu den Konvergenzkriterien, die nicht mehr den Wert einer Reihe berechnen, sondern nur noch bei der Entscheidung helfen, ob eine Zahl oder $\pm\infty$ für diese Reihe rauskommt.

5.4.2   Leibniz-Kriterium

Dieses Kriterium ist nur für Reihen der Form $\sum(-1)^n a_n$ anwendbar.

Das Leibniz-Kriterium zeigt *nur Konvergenz, keine absolute Konvergenz*. (Um eine Reihe auf absolute Konvergenz zu untersuchen, muss man die Betragsreihe untersuchen, hier: $\sum|(-1)^n a_n| = \sum |a_n|$

Leibniz definiert das folgende Kriterium:

Vorgehensweise 5

Leibnitz-Kriterium
Beim Leibnitz- Kriterium müssen zwei Dinge überprüft werden:
1. $a_n \xrightarrow[n\to\infty]{} 0$
2. a_n monoton fallend, d.h. $a_{n+1} - a_n \leq 0$

Wenn diese beiden Bedingungen erfüllt sind, ist die Reihe konvergent, aber wie schon gesagt, Sie wissen dann noch nicht, ob die Reihe auch absolut konvergent ist!!

Sehen wir uns ein Beispiel:

Beispiel 64
  Die Reihe $\sum(-1)^n \cdot \frac{1}{n}$ soll auf Konvergenz untersucht werden.

  1) $\lim_{n\to\infty} \frac{1}{n} = 0$ *(ist hoffentlich klar.)*

2) $a_{n+1} - a_n = \frac{1}{n+1} - \frac{1}{n} = \frac{n}{n(n+1)} - \frac{n+1}{n(n+1)}$

$= \frac{n-(n+1)}{n(n+1)} = \frac{\overset{<0}{\overbrace{-1}}}{\underset{>0}{\underbrace{n(n+1)}}} < 0 \; a_n \searrow$

Die Reihe $\sum(-1)^n \cdot \frac{1}{n}$ ist also konvergent.

5.4.3   Quotientenkriterium

Dieses Kriterium wird z.B. bei Reihen mit Fakultäten n! und Binomialkoeffizienten $\binom{n}{k}$ angewendet.

Die Idee des Quotientenkriteriums ist die Folgende:

Wichtig 55
Quotientenkriterium

Falls $\lim_{n \to \infty} |\frac{a_{n+1}}{a_n}| < 1$, dann ist $\sum a_n$ absolut konvergent und somit auch konvergent.

Das prüft man mit den folgenden Schritten:

Vorgehensweise 6

Prüfung mit Quotientenkriterium

1. $|\frac{a_{n+1}}{a_n}|$ *bilden*

2   *Betrag „wegkriegen"*

3.   *Vereinfachen und kürzen*

4.   *Entscheiden, ob der nun vereinfachte Ausdruck folgendes erfüllt:*

$$\lim_{n \to \infty} \left|\frac{a_{n+1}}{a_n}\right| \begin{cases} < 1 \Rightarrow \textbf{\textit{Die Reihe ist absolut konvergent und damit konvergent}} \\ \quad\; > 1 \Rightarrow \textbf{\textit{Die Reihe ist divergent}} \\ = 1 \Rightarrow \textbf{\textit{Es gibt keine Aussage}} \Rightarrow \textbf{\textit{anderes Kriterium versuchen}} \end{cases}$$

Das folgende Beispiel verdeutlicht hoffentlich die Vorgehensweise:

Beispiel 65

Die Reihe $\sum \frac{n^2}{3^n}$ soll auf Konvergenz untersucht werden.[68]

---

[68] Diese Reihe muss nicht unbedingt mit dem Quotientenkriterium untersucht werden. Da wir momentan aber nur dieses kennen, nehmen wir das!

$$\left|\frac{a_{n+1}}{a_n}\right| = \left|\frac{\frac{(n+1)^2}{3^{n+1}}}{\frac{n^2}{3^n}}\right| \xrightarrow{pos.} \frac{\frac{(n+1)^2}{3^{n+1}}}{\frac{n^2}{3^n}} = \frac{(n+1)^2}{3^{n+1}} \cdot \frac{3^n}{n^2} = \frac{1}{3} \cdot \frac{(n+1)^2}{n^2}$$

$$lim_{n\to\infty}\left|\frac{a_{n+1}}{a_n}\right| = \lim_{n\to\infty} \frac{1}{3} \cdot \frac{(n+1)^2}{n^2} = \frac{1}{3} < 1$$

$\Rightarrow \sum \frac{n^2}{3^n}$ *ist konvergent und absolut konvergent*

5.4.4   Wurzelkriterium

Dieses Kriterium wird bei Reihen angewendet, die sowohl in der Basis als auch im Exponenten n oder n^2 besitzen.

Wenn die Reihe nur aus einer Zahl hoch n besteht, dann liegt die geometrische Reihe vor, und man sollte die entsprechenden Schritte aus Abschnitt 5.4.1 durchführen.

Die Idee des Wurzelkriteriums ist die folgende:

Wichtig 56
Wurzelkriterium
Falls $lim_{n\to\infty} \sqrt[n]{|a_n|} < 1$, dann ist $\sum a_n$ absolut konvergent und somit konvergent.
Das prüft man mit folgenden Schritten:

Vorgehensweise 7

Prüfung mit Wurzelkriterium

1   *$\sqrt[n]{|a_n|}$ bilden*
2.   *Betrag „wegkriegen"*
3.   *Vereinfachen*
4.   *Entscheiden, ob der nun vereinfachte Ausdruck folgendes erfüllt:*

$$\lim_{n\to\infty} \sqrt[n]{a_n} \begin{cases} < 1 & \Rightarrow \textit{Die Reihe ist absolut konvergent und damit konvergent} \\ > 1 & \Rightarrow \textit{Die Reihe ist divergent} \\ = 1 & \Rightarrow \textit{Es gibt keine Aussage} \Rightarrow \textit{anderes Kriterium versuchen} \end{cases}$$

Auch diese Vorgehensweise sehen wir uns an einem Beispiel an:

Beispiel 66

Die Reihe $\sum \left(\frac{n+1}{n}\right)^{n^2}$ *soll auf (absolute) Konvergenz untersucht werden.*

$$\sqrt[n]{\left|\left(\frac{n+1}{n}\right)^{n^2}\right|} = \sqrt[n]{\left(\frac{n+1}{n}\right)^{n^2}} = \left(\frac{n+1}{n}\right)^{n}$$

$$\lim_{n\to\infty}\left(\frac{n+1}{n}\right)^{n} = \lim_{n\to\infty}\left(1+\frac{1}{n}\right)^{n} = e = 2,7182\ldots > 1$$

Die Reihe $\sum\left(\frac{n+1}{n}\right)^{n^2}$ ist also divergent

5.4.5   Majoranten-/Minorantenkriterium

Dieses Kriterium wird meistens bei Reihen der Form $\sum\frac{\text{Polynom}}{\text{Polynom}}$ angewendet.

Um zu entscheiden, ob man das Majoranten- oder das Minorantenkriterium anwenden muss, muss man zuerst (mal wieder) s = Zählergrad - Nennergrad berechnen.[69]

Wenn $\begin{cases} s < -1 & \Rightarrow \text{Majorantenkriterium} \\ -1 \leq s < 0 & \Rightarrow \text{Minorantenkriterium} \\ s \geq 0 & \Rightarrow \text{Reihe ist divergent, da } a_n \text{ keine Nullfolge} \end{cases}$

Majorantenkriterium

Die Idee des *Majorantenkriterium* besteht darin, $|a_n|$ nach oben durch eine bekannte Reihe (Majorante) abzuschätzen, von der man weiß, dass sie absolut konvergent ist. Dann muss natürlich auch die gegebene Reihe absolut konvergent sein, da sie ja betragsmäßig kleiner als die bekannte Majorante ist, also auch nicht den Wert ∞ haben kann.

Hierzu muss man einige wichtige Majoranten kennen:

Wichtig 57
Wichtige Majoranten

Wichtige Majoranten sind: $\sum\frac{1}{n^k}$, wobei k > 1 sein muss

Das Majorantenkriterium überprüft man am besten mit Hilfe der folgenden Vorgehensweise. Diese Vorgehensweise funktioniert allerdings nur, wenn die zu untersuchende Reihe wirklich die Form $\sum\frac{\text{Polynom}}{\text{Polynom}}$ hat!

---

[69] Achtung: Die folgende Vorgehensweise funktioniert einwandfrei nur, wenn Sie es mit einer Reihe der Form $\sum\frac{\text{Polynom}}{\text{Polynom}}$ zu tun haben.

Vorgehensweise 8

Prüfung mit Majorantenkriterium

1. $|a_n|$ *aufschreiben*
2. *Betrag „wegkriegen"*
3. $\leq$ *schreiben*
4. *Im Zähler die höchste Potenz mit Koeffizient abschreiben, alles mit (-) weglassen, alles mit (+) wird zu (+)Koeffizient mal höchste Potenz.*
   Im Nenner höchste Potenz mit Koeffizient abschreiben, alles mit (+) weglassen, alles mit (-) wird zu (-)Koeffizient mal höchste Potenz.
5. *Vereinfachen und kürzen*
6. *Satz hinschreiben:*
   Da (die Majorante) eine absolut konvergente Reihe ist und die gegebene Reihe immer kleiner oder gleich dieser Majorante ist, ist auch die gegebene Reihe absolut konvergent und damit konvergent.

An dem folgenden Beispiel üben wir diese Vorgehensweise einmal:

Beispiel 67

Die Reihe $\sum \frac{n^2+5n-6}{3n^4-2n^3+8n^2}$ *soll auf (absolute) Konvergenz untersucht werden:*

Da $s = 2 - 4 = -2 < 1$, *muss das Majorantenkriterium angewendet werden:*

$$\left|\frac{n^2 + 5n - 6}{3n^4 - 2n^3 + 8n^2}\right| \overline{\overset{pos.}{}} \frac{n^2 + 5n - 6}{3n^4 - 2n^3 + 8n^2} \leq \frac{n^2 + 5n^2}{3n^4 - 2n^4} = \frac{6n^2}{n^4} = 6 \cdot \frac{1}{n^2}$$

Da $6 \cdot \sum \frac{1}{n^2}$ *eine absolut konvergente Reihe ist und die gegebene Reihe immer kleiner oder gleich* $6 \cdot \sum \frac{1}{n^2}$ *ist, ist auch* $\sum \frac{n^2+5n-6}{3n^4-2n^3+8n^2}$ *absolut konvergent und damit konvergent!*

Minorantenkriterium

Die Idee des Minorantenkriteriums besteht darin, a_n nach unten durch eine bekannte Reihe (Minorante) abzuschätzen, von der man weiß, dass sie divergent ist. Dann kann die gegebene Reihe nicht absolut konvergent sein. Wenn man zusätzlich noch zeigen kann, dass die Reihe positiv ist, ist sie sogar divergent.[70]

Zur Anwendung des Minorantenkriteriums muss man auch einige Minoranten kennen.

---

[70] In diesem Buch lehnen wir uns jetzt gemütlich zurück und halten uns höflich aus den „interessanten" Fragen raus, die Mathematiker jetzt stellen würden: Was ist denn, wenn die Reihe nicht positiv ist? Wie behandeln wir denn Reihen, die etwas komplizierter sind? Ich lasse es dabei, dass ich keine Mathematiker ausbilden will, und verweise für diese Themen auf die einschlägige Mathematiker-Literatur.

Wichtig sind z.B. die folgenden:

Wichtig 58
Wichtige Minoranten

Wichtige Minoranten sind: $\sum \frac{1}{n^k}$**, wobei** $0 < k \leq 1$

Zur Anwendung des Minorantenkriteriums empfiehlt sich die folgende Vorgehensweise. Auch diese funktioniert einwandfrei nur bei Reihen der Form $\sum \frac{\text{Polynom}}{\text{Polynom}}$.

Vorgehensweise 9

Prüfung mit Minorantenkriterium

1. $|a_n|$ *aufschreiben*
2. *Betrag „wegkriegen"*
3. $\geq$ *schreiben*
4. *Im Zähler höchste Potenz mit Koeffizient abschreiben, alles mit (+) weglassen, alles mit (-) wird zu (-)Koeffizient mal höchste Potenz.*
   Im Nenner höchste Potenz mit Koeffizient abschreiben, alles mit (-) weglassen, alles mit (+) wird zu (+)Koeffizient mal höchste Potenz.
5. *Vereinfachen und kürzen*
6. *Feststellen, dass eine bekannte Minorante (· Faktor)vorliegt*
7. *Satz hinschreiben:*
   Da (die Minorante) eine divergente Reihe ist und die gegebene Reihe betragsmäßig immer größer oder gleich dieser Minorante ist, ist die gegebene Reihe nicht abso-
   lut ***konvergent.***
8. *Überprüfen, ob a_n positiv ist*
   Wenn dem so ist, Satz hinschreiben:
   Da a_n positiv ist, ist die Reihe sogar divergent.
   (Sonst muss man die Reihe noch mit einem anderen Kriterium, z.B. dem Leibniz-Kriterium auf Konvergenz untersuchen.)

Auch das verdeutlicht ein Beispiel besser als 1.000 Worte:

Beispiel 68

Die Reihe $\sum \frac{4n^4-3n+7}{3n^5+2n^2-n}$ *soll auf (absolute) Konvergenz untersucht werden:*

Da $s = 4 - 5 = -1 \geq -1$, *muss das Minorantenkriterium angewendet werden:*

$$\left|\frac{4n^4-3n+7}{3n^5+2n^2-n}\right| \underset{pos}{=} \frac{4n^4-3n+7}{3n^5+2n^2-n} \geq \frac{4n^4-3n^4}{3n^5+2n^5} = \frac{n^4}{5n^5} = \frac{1}{5} \cdot \frac{1}{n}$$

Da $\frac{1}{5}\sum\frac{1}{n}$ *eine divergente Reihe ist und unsere Reihe immer größer oder gleich* $\frac{1}{5}\sum\frac{1}{n}$ *ist, ist* $\sum\frac{4n^4-3n+7}{3n^5+2n^2-n}$ *nicht absolut konvergent.*

Da zusätzlich a_n positiv ist, ist $\sum \frac{4n^4-3n+7}{3n^5+2n^2-n}$ sogar divergent.

5.4.6   Checkliste der Methoden

Zur besseren Handhabbarkeit in Situationen von erhöhtem Stresswert stelle ich noch einmal alle Methoden zusammen, die Sie ab jetzt beherrschen müssen, wenn Sie Reihen auf (absolute) Konvergenzuntersuchen sollen:

Wichtig 59
Prüfungsmethoden zur Konvergenz von Reihen
1. **Nullfolgen-Kriterium**
2. **Geometrische Reihe**
3. **Andere wichtige Reihe**
4. **Leibniz-Kriterium**
5. **Quotientenkriterium**
6. **Wurzelkriterium**
7. **Majoranten-/Minorantenkriterium**

5.5   Übungsaufgaben

Aufgabe 27

Berechnen Sie den Wert der folgenden Reihen:

a) $\sum_{n=0}^{\infty} 2 \cdot \frac{1}{3^n}$

b) $\sum_{n=1}^{\infty} 5 \cdot \frac{5+8^n}{6^n}$

c) $\sum_{n=1}^{\infty} \frac{2^{2n}+n!}{2^n n!}$

Aufgabe 28

Stellen Sie folgende periodischen Dezimalzahlen als Bruch dar:

a) $0,\overline{1}$

b) $0,\overline{23}$

c) $1,2\overline{354}$

Aufgabe 29

Die Wartungs- und Reparaturkosten für eine Rechneranlage betragen im ersten Jahr nach der Installation 20.000€. Es wird prognostiziert, dass sie pro Jahr um 5% gegenüber dem Vorjahressatz steigen werden. Wie hoch ist die Summe der Wartungs- und Reparaturkosten nach 30 Jahren? Wie hoch wären die gesamten Kosten nach 100 Jahren?

Aufgabe 30

Überprüfen Sie die folgenden Reihen auf Konvergenz und absolute Konvergenz:

a) $\sum_{n=1}^{\infty}(-1)^n \frac{(3n+1)}{9n^2-1}$ h) $\sum_{n=1}^{\infty}\sqrt{n^3+4}-\sqrt{n^3+2}$

b) $\sum_{n=1}^{\infty}27^{-n}\binom{3n}{2n}$ i) $\sum_{n=1}^{\infty}\sqrt{n^2+n+11}-\sqrt{n^2+4}$

c) $\sum_{n=1}^{\infty}\frac{1}{\sqrt[n]{n}+\sqrt[n]{2}}$ j) $\sum_{n=1}^{\infty}\frac{(-1)^n}{n^2+3n+1}$

d) $\sum_{n=1}^{\infty}\frac{n^2+n+1}{n^4+4n+2}$ k) $\sum_{n=1}^{\infty}\frac{(n+1)(n+2)}{n^4+2n+3}$

e) $\sum_{n=1}^{\infty}\left(n+\frac{1}{2}\right)^{n^2}\cdot n^{-n^2}$ l) $\sum_{n=1}^{\infty}\left(\frac{1000}{n}\right)^n$

f) $\sum_{n=1}^{\infty}\frac{(n!)^2}{(2n)!}$ m) $\sum_{n=1}^{\infty}\left(\frac{n-1}{n}\right)^n$

g) $\sum_{n=1}^{\infty}\left(\frac{n+1}{n+\sqrt{2}}\right)^{n^2}$ n) $\sum_{n=1}^{\infty}\binom{3n}{n}\cdot 7^{-n}$

6 Finanzmathematik

Kurze Bestandsaufnahme: Ich wette, Sie sind nun fast völlig verzweifelt. Folgen und Reihen sind erfahrungsgemäß die Themen, die den typischen Studenten am allerwenigsten interessieren. Man trifft sie auch im täglichen Leben so selten, dass man den Wert, den diese Konstrukte besitzen, nur sehr schwer versteht. Die gute Nachricht folgt nun: Die Hälfte der Themen haben Sie hinter sich und (wieder eine Einschätzung aus der Erfahrung), was jetzt kommt, werden Sie mögen!

Ich beginne mit dem Thema, das aus mathematischer Sicht einfach völlig langweilig ist, der Finanzmathematik. In diesem Kapitel wiederholen wir Zins- und Zinseszinsrechnung, bevor wir uns spannenderen Themen wie der unterjährigen Verzinsung, der Rentenrechnung und der Tilgungsrechnung zuwenden.

6.1 Zinsrechnung

Naja, viel kann man hierzu nicht sagen. Die Situation ist die folgende: Sie haben ein Kapital, und jemand zahlt Ihnen dafür einmal Zinsen.[71] Zur Wiederholung kommen noch mal die wichtigsten Bezeichnungen:

Bezeichnung 24
- K heißt *Grundwert* oder Grundkapital
- p heißt *Zinsfuß*
- i heißt *Zinssatz*
- Z heißt *Zinswert*

Wichtig ist, dass man sich merkt: Alles, was Geldbeträge bezeichnet, heißt hinten „-wert", alles was Prozentzahlen bzw. Anteile bezeichnet, heißt hinten „-satz".

Was zudem immer wieder gerne durcheinander geworfen wird, sind Zinsfuß und Zinssatz. Das kann man am besten an einem Beispiel verdeutlichen:

Beispiel 69

Nehmen wir den Zinssatz 5%. Das ist wie gesagt ein Zinssatz, denn es handelt sich um eine Prozentzahl. Genau so ist auch 0,05 ein Zinssatz, denn 5% und 0,05 ist das Gleiche.[72]

---

[71] Bei mehrfacher Zinszahlung befinden wir uns schon in den höheren Gefilden der Zinseszinsrechnung, also in Abschnitt 6.2.

[72] Der Lateiner unter uns weiß, Prozent kommt von pro cento und heißt: durch hundert.

5 hingegen ist ein Zinsfuß, in unserem Fall der zum Zinssatz 5% gehörende Zinsfuß.

Es gibt tatsächlich eine Formel, die man im Zusammenhang mit der Zinsrechnung wissen muss:

$$Z = K \cdot i \quad bzw. \quad Z = K \cdot \frac{p}{100}$$

Alles andere müssen Sie nochmal in einem Mathe-Buch der 5. oder 6. Klasse nachlesen. Sie sollten sich aber dafür schämen.

6.2 Zinseszinsrechnung

Die Situation verkompliziert sich nun dahingehend, dass wir nicht mehr nur einmal Zinsen erhalten, sondern die erhaltenen Zinsen unser Kapital mehren und selbst auch wieder Zinserträge liefern.[73]

Auch hier werden einige zusätzliche Bezeichnungen verwendet, die Sie sich merken müssen:

Bezeichnung 25
- $q = 1 + i = 1 + \frac{p}{100}$ heißt *Aufzinsungsfaktor*.
- K_0 heißt *Anfangskapital*
- K_n heißt *Endkapital* (nach n Zinsperioden)
- n ist die Anzahl der *Zinsperioden*

Diese Bezeichnungen benötigen wir für die berühmt-berüchtigte Zinseszinsformel:

Wichtig 61
Zinseszinsformel

Es gilt:
$$K_n = K_0 \cdot (1 + i)^n \text{ bzw.}$$
$$K_n = K_0 \cdot q^n \text{ bzw.}$$
$$K_n = K_0 \cdot \left(1 + \frac{p}{100}\right)^n$$
Jetzt ist der Schwierigkeitsgrad soweit angestiegen, dass ein Beispiel nötig sein könnte:

---

[73] Daher die Bezeichnung Zinseszinsen.

Beispiel 70

Ein Kapital von 200.000€ wird zu einem jährlichen Zinssatz von 10% neun Jahre lang angelegt.

Das Kapital nach Ablauf von neun Jahren beträgt dann

$K_9 = 200.000 \cdot 1{,}1^9 = 471.589{,}54€.$

Die Zinseszinsformel kann man (logischerweise) nach allen Unbekannten umstellen, die sie enthält. Mit Rücksicht auf das Phänomen der „spontanen Klausurverblödung" führe ich alle Umstellungen hier auf:

Wichtig 62

- $K_0 = \dfrac{K_n}{q^n}$

- $i = \sqrt[n]{\dfrac{K_n}{K_0}} - 1$

- $n = \dfrac{\log(K_n) - \log(K_0)}{\log(q)}$

Auch diese Formeln betrachten wir in je einem Beispiel:

Beispiel 71

- $K_{10} = 150.000, \ i = 10\%$

  Dann beträgt $K_0 = \dfrac{K_{10}}{1{,}1^{10}} = 57.831{,}49$

- $K_9 = 150.000, \ K_0 = 100.000$

  Dann beträgt $i = \sqrt[9]{\dfrac{K_9}{K_0}} - 1 = 0{,}04608 = 4{,}608\%$

- $K_n = 150.000, \ K_0 = 100.000, \ i = 10\%$

  Dann beträgt $n = \dfrac{\log(150.000) - \log(100.000)}{\log(1{,}1)} = 4{,}25.$

6.3 Durchschnittliche und unterjährige Verzinsung

Eine wichtige Fragestellung ist, wie hoch bei wechselnden Zinsen die durchschnittliche Verzinsung ist. Diese muss man berechnen können, um unterschiedliche Anlage- oder Kreditangebote mit unterschiedlichen und womöglich wechselnden Zinssätzen miteinander vergleichen zu können.

Hierbei darf man nicht im Traum auf die Idee kommen, den durchschnittlichen Zinssatz durch Berechnung des arithmetischen Mittels[74] zu erhalten. Das kann nicht der richtige Weg sein, da nicht berücksichtigt wird, dass sich die unterschiedlichen Zinssätze auch auf unterschiedliche Anlagebeträge beziehen.[75] Vielmehr muss man das geometrische Mittel berechnen.[76]

Die Idee besteht wieder darin, dass am Ende einer Anlagefrist bei der Verwendung des durchschnittlichen Zinssatzes der gleiche Betrag rauskommen muss wie bei der eigentlichen Verzinsung mit den unterschiedlichen Zinssätzen.[77]

Wichtig 63
Durchschnittlicher Zinssatz

Wenn wir mit $\bar{i}$ den gesuchten durchschnittlichen Zinssatz bezeichnen, muss gelten:

$$K_0 \cdot (1 + i_1) \cdot (1 + i_2) \cdot (1 + i_3) \cdot ... \cdot (1 + i_n) = K_0 \cdot \left(1 + \bar{i}\right)^n$$

$$\Rightarrow \bar{i} = \sqrt[n]{(1 + i_1) \cdot (1 + i_2) \cdot (1 + i_3) \cdot ... \cdot (1 + i_n)} - 1$$

Sehen wir uns hierzu ein Beispiel an:

Beispiel 72

   Ein Betrag wird drei Jahre lang angelegt. Im ersten Jahr erhält man 10% Zinsen, im zweiten Jahr 11%, anschließend 12%. Gesucht ist die durchschnittliche Verzinsung.

$$\bar{i} = \sqrt[3]{1,1 \cdot 1,11 \cdot 1,12} - 1 = 0,10997 = 10,997\%$$

In der Realität werden Zinsen oftmals nicht nur am Ende eines Jahres berechnet und ausbezahlt, sondern es erfolgen unterjährige (z. B. monatliche) Zinszahlungen.

Um Zinsen, die sich auf unterschiedliche Zeiträume beziehen, vergleichen zu können, muss man in der Lage sein, die Zinsen umzurechnen, so dass sie sich auf dieselben Zeiträume beziehen.

Hierbei gibt es in der Praxis zwei Methoden: Die eine (mathematisch höchstgradig verwerfliche) Methode geht hin und dividiert den Jahreszinssatz einfach durch die Anzahl der Verzinsungsperioden. Das bedeutet, wenn man wissen will, welchem Monatszins ein Jahreszinssatz von 12% entspricht, dividiert man den Zinssatz durch 12 und erhält als Monatszinssatz 1%. Streng genommen ist diese Vorgehensweise aber schwachsinnig, weil nicht beachtet wird, dass ja jeden Monat Zinseszinsen anfallen.

---

[74] Hierunter versteht man: Alles aufaddieren und dann durch die Jahre teilen!

[75] Ja ja, die Zinseszinsen!

[76] Hierunter versteht man die Rechnung: Alles aufmultiplizieren und dann die n-te Wurzel ziehen.

[77] Ist doch klar, sonst wäre es nicht der richtige durchschnittliche Zinssatz!

Die zweite (mathematisch korrekte) Methode berücksichtigt die Zinseszinsen und berechnet dementsprechend den unterjährigen Zins, indem man den Zinssatz sucht, der nach Ablauf den gleichen Betrag ergibt, wie eine einmalige Verzinsung mit dem ursprünglichen Jahreszinssatz.

Beispiel 73

Im Falle des Zinssatzes 12% berechnet man den (korrekten) monatlichen Zinssatz wie folgt:

$$K_0 \cdot 1,12 = K_0 \cdot (1 + i_m)^{12} \quad |:K_0$$
$$1,12 = (1 + i_m)^{12} \quad |\sqrt[12]{}$$
$$\sqrt[12]{1,12} = 1 + i_m \quad |-1$$
$$i_m = \sqrt[12]{1,12} - 1$$
$$= 0,009488792 = 0,9488792\%$$

Man sieht, dass es tatsächlich einen (wenn auch nicht gigantischen) Unterschied gibt. Wenn Ihnen der jetzt vernachlässigbar erscheint, dann überlegen Sie mal, was das bei einem Kapital von 10 Mio. Euro ausmacht!

Selbstverständlich haben die unterschiedlichen Zinssätze Namen bekommen:

Bezeichnung 26

Zinssätze

- Wird ein gegebener unterjähriger Zinssatz gemäß der mathematisch korrekten Formel in einen Jahreszinssatz umgerechnet, so heißt der Jahreszinssatz *effektiver Jahreszinssatz* i_{eff}.
- Wird ein gegebener Jahreszinssatz gemäß der korrekten mathematischen Formel in einen unterjährigen Zinssatz umgerechnet, so heißt der resultierende unterjährige Zinssatz *konformer unterjähriger Zinssatz* i_{kon}.
- Wird ein gegebener unterjähriger Zinssatz gemäß der mathematisch falschen Formel in einen Jahreszinssatz umgerechnet, so heißt der Jahreszinssatz *nomineller Jahreszinssatz* i_{nom}.
- Wird ein gegebener Jahreszinssatz gemäß der falschen mathematischen Formel in einen unterjährigen Zinssatz umgerechnet, so heißt der resultierende unterjährige Zinssatz *relativer unterjähriger Zinssatz* i_{rel}.

Die mathematisch korrekte Formel, die wir oben übrigens schon hergeleitet haben, und die „falsche" Formel lauten übrigens wie folgt:

Wichtig 64

- **Die richtige Formel lautet:**

  $i_{eff} = (1 + i_{kon})^m - 1$ **bzw.** $i_{kon} = \sqrt[m]{1 + i_{eff}} - 1$

- Die „falsche" Formel lautet:

$i_{nom} = i_{rel} \cdot m$ bzw. $i_{rel} = \frac{i_{kon}}{m}$

m ist hierbei die Anzahl der unterjährigen Zinsperioden.

Die Verwendung der korrekten Bezeichnungen üben wir mal an einem Beispiel:

Beispiel 74

Gegeben sei ein Jahreszinssatz in Höhe von i_{nom}= 6% p. a.

Der zugehörige relative Quartalszinssatz beträgt dann i_{rel}= 1,5% p.Q.

Aber ein Quartalszinssatz in Höhe von i_{kon}= 1,5% p.Q. ist konform zu einem effektiven Jahreszinssatz in Höhe von $i_{eff} = (1 + 0{,}015)^4 - 1 = 0{,}0614 = 6{,}14\%\,p.\,a.$

Umgekehrt beträgt der konforme Quartalszinssatz zu i_{eff}= 6% p. a.

$$i_{kon} = (1 + 0{,}06)^{\frac{1}{4}} - 1 = 0{,}0146738 = 1{,}46738\%$$

Was Sie hieraus lernen sollten, ist das Folgende:

Wichtig 65

Achten Sie bei Krediten darauf, welche Zinssätze angegeben sind. Ausschlag gebend ist immer der effektive Jahreszins!

6.4   Stetige Verzinsung

Die Idee der exakten Verzinsung kann man beliebig verfeinern. Wenn man nicht nur täglich, sondern stündlich, minütlich, sekündlich und noch detaillierter die Verzinsung berechnet, so erhält man im Extremfall eine stetige Verzinsung.

Um zu berechnen, wie hoch das Kapital bei stetiger Verzinsung nach Ablauf von t Jahren ist, muss man (bei Anwendung einer relativen unterjährigen Verzinsung[78]) verwenden, dass $K_t = K_0 \cdot \left(1 + \frac{i}{m}\right)^{m \cdot t}$.

Wenn man die Zinsperioden immer kürzer werden lässt, d. h. die Anzahl der Zinsperioden m wird immer größer, so ergibt sich das Folgende:

---

[78] Also handelt es sich bei i um einen nominellen Jahreszinssatz.

Wichtig 66
Stetige Verzinsung

$$K_t = \lim_{n \to \infty} K_0 \cdot \left(1 + \frac{i}{m}\right)^{m \cdot t} = K_0 \cdot e^{i \cdot t} \qquad \text{(siehe Fußnote}[79]\text{)}$$

Diese Formel kann man wie immer nach allen ihren Variablen umstellen:

- $K_0 = K_t \cdot e^{-1 \cdot t}$
- $i = \frac{1}{t} \cdot \ln\left(\frac{K_t}{K_0}\right)$
- $t = \frac{1}{i} \cdot \ln\left(\frac{K_t}{K_0}\right)$

Gut, dann können wir mal wieder eine Bezeichnung festhalten:

Bezeichnung 27

Stetiger Zinssatz

Der zu einem gegebenen (diskreten) Jahreszinssatz äquivalente stetige Jahreszinssatz ist der Zinssatz, der bei stetiger Verzinsung ein Grundkapital nach einem Jahr auf den gleichen Betrag ansteigen lässt, wie die einmalige Verzinsung mit dem diskreten Jahreszinssatz.

Sehen wir uns dazu ein Beispiel an:

Beispiel 75

Ein Kapital von 100.000 Euro wird zu einem stetigen Jahreszinssatz von 9% für 5 Jahre angelegt.

Nach Ablauf der Anlagefrist erhält man dann

$$K_5 = 100.000 \cdot e^{0,09 \cdot 5} = 156.831,2185 \text{€}.$$

Zum Vergleich: Falls zu einem diskreten Jahreszinssatz von 9% verzinst wird, erhält man nach 5 Jahren

$$K_5 = 100.000 \cdot 1,09^5 = 153.862,40 \text{€ also etwas weniger.}[80]$$

Interessant ist es, zu berechnen, wie hoch der diskrete Jahreszinssatz sein muss, damit man am Ende der fünf Jahre genau so viel Geld besitzt wie bei einer stetigen jährlichen Verzinsung von 9%.

---

[79] Ja, schau mal einer an, das ist ja eine Folge, deren Grenzwert man mit der e-Funktion (vgl. Abschnitt 4.5.5) berechnen kann.

[80] Ist ja auch klar, weil dem Anleger ja viele Zinseszinsen entgehen.

Es muss also gelten:

$$100.000 \cdot (1 + i)^5 = 156.831,2185$$
$$\Rightarrow \qquad (1 + i)^5 = 1,568312185$$
$$\Rightarrow \qquad 1 + i = 1,094174284$$
$$\Rightarrow \qquad i = 0,094174284$$
$$= 9,4174284$$

Ein stetiger Jahreszinssatz von 9% entspricht also einem diskreten Jahreszinssatz von 9,4174284%.

6.5   Rentenrechnung

Während man sich bei der Zins- und Zinseszinsrechnung für die wertmäßige Entwicklung eines einmaligen Anlagebetrags interessiert, analysiert die Rentenrechnung die Wertentwicklung von regelmäßigen Geldzahlungen (Renten), die verzinst werden.

Bezeichnung 28

Rente

Unter einer *n-maligen Rente* versteht man eine Zahlungsreihe, die aus n gleich hohen Zahlungen (*Raten*) besteht, die in gleichen Zeitabständen aufeinander folgen.
Die Anzahl der Rentenraten heißt *Terminzahl* der Rente.
Die Zeitspanne zwischen zwei Ratenterminen heißt *Renten-bzw. Ratenperiode*.

Wenn Sie also eine Rente beziehen, die Ihnen n Jahre lang je x Euro auszahlt — wie viel ist diese Rente am Ende der Laufzeit wert? Das sagt Ihnen der aufgezinste Gesamtwert einer Rente R_n (üblicherweise am Tag der letzten Ratenzahlung).[81] **Abbildung 26** zeigt die Vorgehensweise.

---

[81] Die Idee der Aufzinsung stammt aus der Finanzierung und beruht auf dem Szenario, dass Sie das Geld, das Sie heute zur Verfügung haben, zur Bank tragen und dort bis zum Zeitpunkt, den man betrachtet, die Zinsen kassieren. Also wird Ihr Geld mit der Zeit mehr wert. Macht Sinn, was?!

Abbildung 26   Berechnung des aufgezinsten Gesamtwerts einer n-maligen Rente

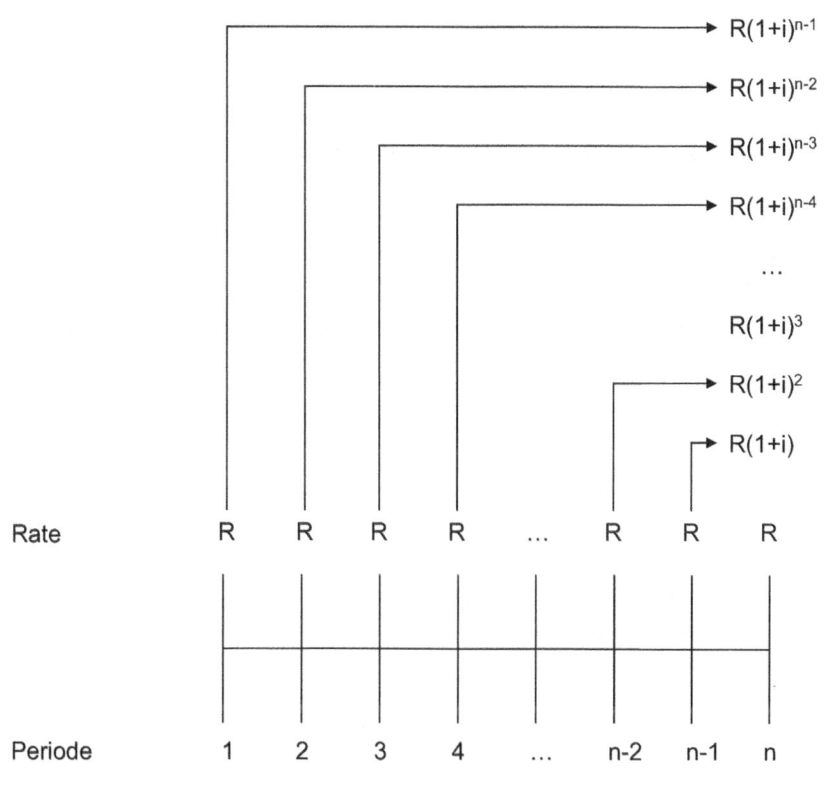

Was bedeutet das nun?

$$R_n = R + R(1 + i) + R(1 + i)^2 + \ldots + R(1 + i)^{n-3} + R(1 + i)^{n-2} + R(1 + i)^{n-1}$$

Das kann man umformen (R ausklammern) zu

$$R_n = R[1 + (1 + i) + (1 + i)^2 + \ldots + (1 + i)^{n-3} + (1 + i)^{n-2} + (1 + i)^{n-1}]$$

oder anders (mit Summenzeichen) geschrieben

$$R_n = R \sum_{j=0}^{n-1} (1 + i)^j$$

Ja, witzig, witzig, das ist ja eine endliche geometrische Reihe![82]

Also kann man weiter umformen:

$$R_n = R \cdot \frac{(1+i)^n - 1}{1+i-1} = R \cdot \frac{(1+i)^n - 1}{i}$$

O. K., vielleicht haben Sie die Herleitung nicht ganz nachvollziehen können. Das ist auch nicht sooo schlimm, weil Sie ja kein Mathematiker werden wollen. Das Ergebnis müssen Sie aber kennen, also wiederholen wir es noch mal:

Wichtig 67
Rentenformel

Wenn Rentenperiode und Zinsperiode übereinstimmen, dann beträgt der aufgezinste Gesamtwert R_n einer aus n Raten der Höhe R bestehenden Rente am Tag der letzten Ratenzahlung:

$$R_n = R \cdot \frac{(1+i)^n - 1}{i}$$

Dieser Zusammenhang heißt *Rentenformel*.

Beispiel 76

Gesucht ist der Wert einer Rente am Tag der letzten Zahlung. Die Rente in Höhe von jeweils 3.000€ wird in fünf aufeinanderfolgenden Jahren jeweils am gleichen Termin ausbezahlt. Es gilt ein Zinssatz von i = 5%.

Dann besitzt die Rente zum Ende der Laufzeit den folgenden Wert:

$$R_5 = \frac{3000 \cdot 1{,}05^5 - 1}{0{,}05} = 16.576{,}89375$$

Wenn man das Geld also nicht unterwegs ausgibt, sondern immer schön zu 5% anlegt, hat man am Ende genau 16.576,89€.

Somit stehen uns im Umgang mit Renten zwei hilfreiche Instrumente zur Verfügung, um die Zahlungen zu verschieben und den Wert zu berechnen:

Wichtig 68

Um den Wert einer Rente zu berechnen, benutzt man die folgenden Instrumente:

---

[82] Stellen Sie sich statt 1 + i ein q vor und vergleichen Sie mal mit Abschnitt 5.4.1!

Auf-/Abzinsen:

Dieses Instrument verschiebt eine Zahlung zeitlich gesehen nach vorne oder nach hinten. Auf- und Abzinsen arbeitet immer mit den Perioden, also den Zeitzwischenräumen.

Rentenformel:

Dieses Instrument fasst mehrere gleiche Zahlungen zu einem Wert zusammen, der zum Zeitpunkt der letzten Ratenzahlung gilt. Die Rentenformel arbeitet mit der Anzahl der Ratenzahlungen, also den Zeitpunkten, an denen die Raten gezahlt werden.

Das sehen wir uns an einem Beispiel an:

Beispiel 77

> *Eine Rente besteht aus 5 aufeinander folgenden Zahlungen zu je 1.000€. Diese Rente besitzt zum Zeitpunkt der ersten Ratenzahlung den Wert 4.169,865€, wenn ein Zins von 10% unterstellt wird. Das zeigt am besten die folgende Abbildung:*

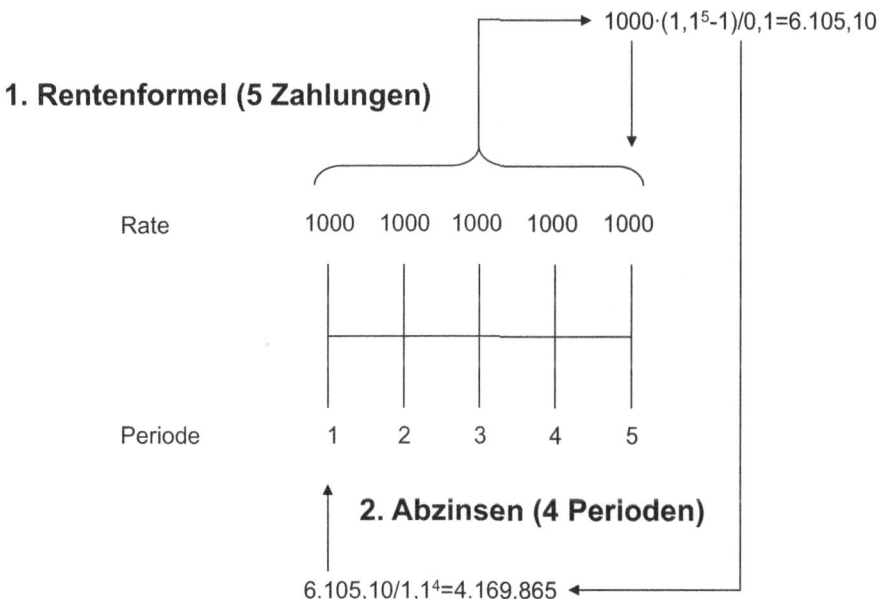

Zuerst wenden wir die Rentenformel auf die 5 Raten an und berechnen somit den Wert der Rente zum Zeitpunkt der letzten Rentenzahlung (6.105,10). Dann müssen wir diese (nunmehr nur eine) Zahlung 4 Perioden abzinsen, damit wir ihren Wert zum Zeitpunkt der 1. Ratenzahlung erhalten (4.169,865).

6.5.1   Vor- und nachschüssige Rentenberechnung

Bislang sind wir immer davon ausgegangen, dass jede Rate zu einem bestimmten Zeitpunkt gezahlt wird und dass diese Zeitpunkte äquidistant[83] verteilt sind. In der Realität ist die Sache ein wenig komplizierter. Man unterscheidet, ob eine Rente zu Anfang oder zum Ende einer Periode gezahlt wird.[84] Auch wir können hier einen Unterschied machen.

Bezeichnung 29
Vor- und nachschüssige Renten

Eine Rente, deren erste Rate eine Zinsperiode nach dem Planungszeitpunkt fällig ist, heißt *nachschüssige Rente*.

Eine Rente, deren erste Rate genau im Planungszeitpunkt fällig ist, heißt *vorschüssige Rente*.

Der *Rentenzeitraum* ist jeweils eine Zeitspanne von n Zinsperioden, beginnend im *Planungszeitpunkt*.

Die folgende Abbildung soll den Unterschied noch einmal grafisch verdeutlichen.

---

[83] Ein wunderschönes Wort! Es bedeutet „in gleichen Abständen".

[84] Jeder, der seine Miete zu Beginn eines Monats zahlen muss, das Gehalt aber erst zum Ende des Monats ausbezahlt bekommt, wird mir zustimmen, dass es einen großen Unterschied macht!

Abbildung 27   Unterschiede zwischen vor- und nachschüssigen Renten

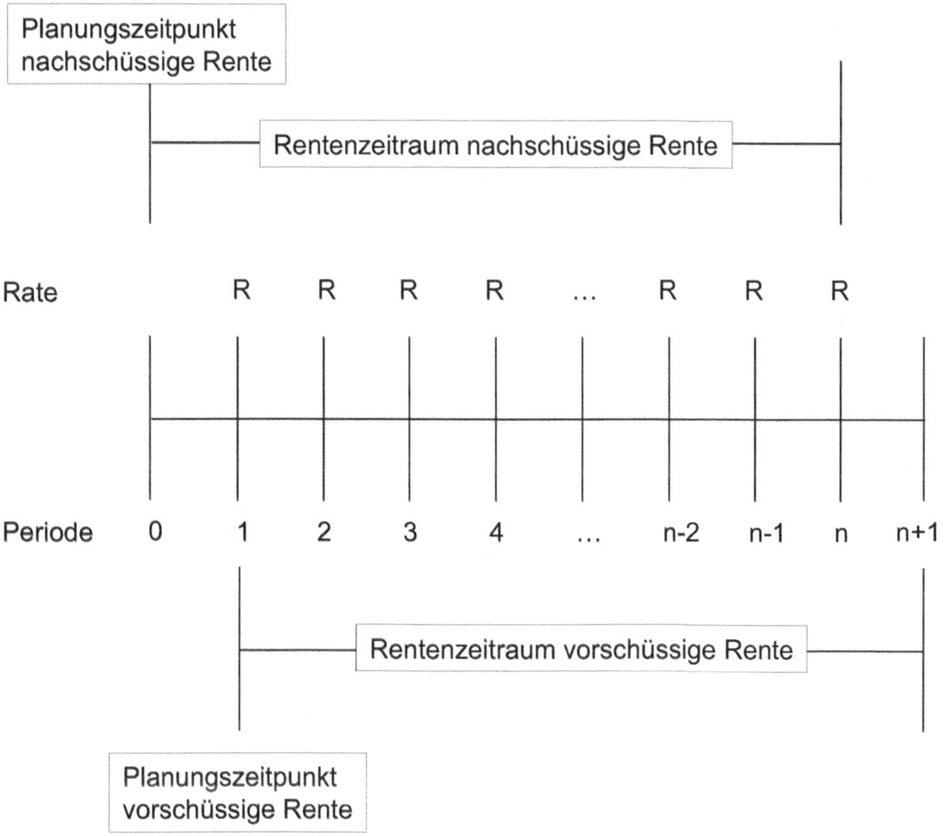

Ehrlich gesagt, ist es aber gar nicht so wichtig, ob es sich jetzt um eine vor- oder um eine nachschüssige Rente handelt. Wenn man nämlich die klitzekleine Ungenauigkeit zulässt, dass letzter Moment einer Periode und erster Moment der Folgeperiode (z. B. 31. 12. eines Jahres und 01. 01. des Folgejahres) identisch sind, kann man jede Rente sowohl als vorschüssige Rente als auch als nachschüssige Rente auffassen. Lediglich die Zuordnung von Rate zu Periode ändert sich: Wenn man am Ende des Jahres 2005 1.000 Euro bekommt ist das das Gleiche, als wenn man die 1.000 Euro am Anfang 2006 bekommt.[85]

Nun sind wir in der Lage, noch einige Bezeichnungen einzuführen, um uns exakter ausdrücken zu können:

---

[85]Zumindest fast!

Bezeichnung 30

Barwert und Endwert einer Rente

Der *Endwert* einer Rente ist der Rentenzeitwert am Ende des Rentenzeitraums, also n Perioden nach dem Planungszeitpunkt.

– vorschüssig: eine Periode nach der letzten Ratenzahlung

– nachschüssig: am Tag der letzten Ratenzahlung

Der *Barwert* einer Rente ist der Rentenzeitwert zu Beginn des Rentenzeitraums, also im Planungszeitpunkt.

– vorschüssig: am Tag der ersten Ratenzahlung

– nachschüssig: eine Periode vor der ersten Ratenzahlung

Wichtig 69

	vorschüssig	nachschüssig
Endwert	$R_n = R \cdot \dfrac{q^n - 1}{q - 1} \cdot q$	$R_n = R \cdot \dfrac{q^n - 1}{q - 1}$
Barwert	$R_0 = R \cdot \dfrac{q^n - 1}{q - 1} \cdot \dfrac{1}{q^{n-1}}$	$R_0 = R \cdot \dfrac{q^n - 1}{q - 1} \cdot \dfrac{1}{q^n}$

6.5.2   Zusammengesetzte Zahlungsreihen und wechselnde Zinssätze

Ändern sich während der Rentenlaufzeit Ratenhöhen und/oder Zinssätze, so muss man die Zahlungsreihe in Teilzahlungsreihen aufspalten, bei denen Ratenhöhe und Zinssatz jeweils gleich sind. Die einzelnen Teilzahlungsreihen muss man dann wie gewünscht auf- und abzinsen.

Beispiel 78

Wir berechnen den Endwert der folgenden vorschüssigen Zahlungsreihe:

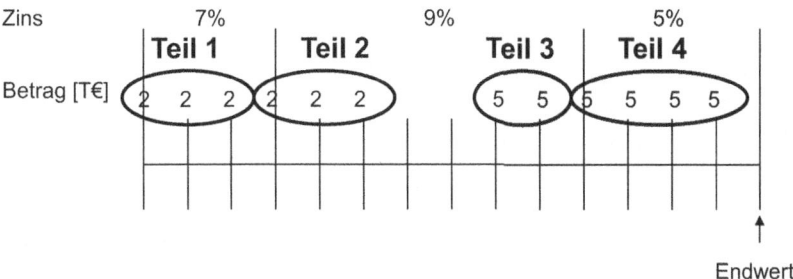

$$R_n = \underbrace{2.000 \cdot \frac{1{,}07^3 - 1}{0{,}07} \cdot 1{,}07 \cdot 1{,}09^7 \cdot 1{,}05^4}_{erster\ Teil}$$

$$\underbrace{+2.000 \cdot \frac{1{,}09^3 - 1}{0{,}09} \cdot 1{,}09^5 \cdot 1{,}05^4}_{zweiter\ Teil}$$

$$\underbrace{+5.000 \cdot \frac{1{,}09^2 - 1}{0{,}09} \cdot 1{,}09 \cdot 1{,}05^4}_{dritter\ Teil}$$

$$\underbrace{+5.000 \cdot \frac{1{,}05^4 - 1}{0{,}05} \cdot 1{,}05}_{vierter\ Teil} = 64.021{,}89$$

(siehe Fußnote[86])

6.5.3   Ewige Renten

Bislang haben wir uns immer mit endlichen Renten beschäftigt. Aufgrund der andauernden Verzinsung des Kapitals ist es aber möglich, aus einem Kapital eine *ewige Rente* zu bezahlen, ohne dass sich das Kapital reduziert. Das nutzen z. B. Stiftungen, die permanent Unterstützungen bezahlen, ohne dass das Stiftungsvermögen schrumpft. Interessant ist nun natürlich, wie hoch denn eine ewige Rente bei einem festgelegten Kapital sein kann bzw. umgekehrt wie viel Kapital man benötigt, um eine festgelegte ewige Rente auszahlen zu können.

---

[86] Beim Nachvollziehen denken Sie bitte daran, dass die Rentenformel mit der Anzahl der Zahlungen rechnet, während Auf-/Abzinsen mit der Anzahl der Zeitzwischenräume rechnet!

Wichtig 70

Der Barwert einer ewigen Rente R_0^∞ beträgt immer $R_0^\infty = \frac{R}{i}$

Stichtag ist hierbei eine Periode vor Ratenbeginn!

Beispiel 79

> *Um ab dem 01. 01. 2007 eine jährliche ewige Rente in Höhe von 40.000€ bei einem Jahreszinssatz von 8% auszahlen zu können, braucht man am 01. 01. 2006 ein Vermögen in Höhe von* $R_0^\infty = \frac{40.000}{0,08} = 500.000€.$

> *Mit einem Vermögen von 40.000€ am 01. 01. 2006 kann man bei einem Jahreszinssatz von 10% ab dem 01. 01. 2007 eine jährliche ewige Rente in Höhe von $R = 40.000 \cdot 0,1 = 4.000€$ ausbezahlen.*

6.5.4   Auseinanderfallen von Raten- und Zinszuschlagstermin

Und wieder einmal werden wir ein wenig realistischer und somit ein wenig komplizierter:

Da in der Realität üblicherweise jährliche Zinsen, aber monatliche Renten gezahlt werden, untersuchen wir, wie man Rentenwerte berechnet, bei denen Raten- und Zinszuschlagstermine nicht übereinstimmen.

Rentenperiode größer als Zinsperiode
Dieser Fall ist relativ einfach: Man berechnet den Effektivzins der Rentenperiode und berechnet die gesuchten Größen mit dem „neuen" Zinssatz.

Beispiel 80

> *Wir betrachten eine achtmalige jährliche Rente von 15.000€ ab dem 01. 01. 2006.*

> *Die Zinsen werden vierteljährlich (relativ) bei nominell 8% p. a. gezahlt. Also ist $i_Q= 2\%$.*

> *Dann beträgt der effektive Jahreszins*

> $i_J = 1,02^4 - 1 = 8,243216\%.$

> *Der Wert der Rente am Tag der letzten Ratenzahlung beträgt dann*

> $$R_8 = 15.000 \cdot \frac{1,08243216^8 - 1}{0,08243216} = 160.957,92$$

Zinsperiode größer als Ratenperiode
Wir betrachten hier nur den Fall, dass sich die Zinsperiode in m gleich große Rentenperio-

den aufteilen lässt.[87]

In diesem Fall gibt es unterschiedliche Methoden, Zins- und Rentenperiode in Überein-
stimmung zu bringen. Wir betrachten zwei: die ISMA-Methode und die US-Methode.

ISMA-Methode
Hier wird der konforme Zinssatz der Rentenperiode ermittelt und damit weiter gerechnet.

Beispiel 81

*Es wird eine elfmalige Rente in Höhe von 1.000€/Quartal ab 01. 01. 2001 gezahlt, wobei ein
Zinssatz von 12% p. a. gilt.*

*Gemäß der ISMA-Methode muss nun der konforme Quartalszinssatz berechnet werden. Dieser
beträgt*

$$i_Q = \sqrt[4]{1{,}12} - 1 = 0{,}028737344$$

Der Wert der Rente am 01. 01. 2001 beträgt dann

$$R_0 = 1.000 \cdot \frac{(1{,}028737344^{11}-1)}{0{,}028737344} \cdot \frac{1}{1{,}028737344^{10}} = 9.585{,}43448 \ gemäß \ ISMA\text{-}Methode.$$

US-Methode
Bei der US-Methode wird der relative Zinssatz der Rentenperiode ermittelt und damit
weiter gerechnet.

Beispiel 82

*Wir betrachten das Beispiel von oben noch einmal und berechnen den Wert der Rente am 01. 01.
2001 diesmal nach der US-Methode.*

Der relative Quartalszinssatz beträgt

$$i_Q = \frac{0{,}12}{4} = 0{,}03$$

Daraus ergibt sich

$$R_0 = 1.000 \cdot \frac{1{,}03^{11}-1}{0{,}03} \cdot \frac{1}{1{,}03^{10}} = 9.530{,}202837 \ gemäß \ der \ US\text{-}Methode.$$

---

[87]Wenn das anders ist (z. B. bei wöchentlicher Rentenzahlung und jährlicher Verzinsung), wird es
etwas komplizierter. Wer sich in diesen Fällen weiter informieren möchte, findet sehr gute Beschrei-
bungen in: J. Tietze (2011): „Einführung in die Finanzmathematik".

6.6   Tilgungsrechnung

Die Tilgungsrechnung betrachtet die Verzinsung und Rückzahlung (*Tilgung*) einer Schuld,
z. B. bei Krediten, Darlehen, Hypotheken, Anleihen und festverzinslichen Wertpapieren.

Man betrachtet hierbei immer die Leistungen des Schuldners (*Annuität A_t*), die sich aus
Zinsanteil Z_t und Tilgungsanteil T_t zusammensetzt:

Wichtig 71

$$A_t = Z_t + T_t$$

Die Leistungen des Schuldners werden den Gegenleistungen des Gläubigers (Kreditsumme, Darlehensbetrag u.ä.) gegenübergestellt. Zur übersichtlichen Berechnung der jeweiligen Annuitätenhöhe erstellt man hierbei üblicherweise einen Tilgungsplan.

Es gibt unterschiedliche Tilgungsarten, die wichtigsten werden wir uns im Folgenden
jeweils ansehen:

- allgemeine Tilgungsschuld
- gesamtfällige Schuld ohne Zinsansammlung
- gesamtfällige Schuld mit vollständiger Zinsansammlung
- Ratentilgung
- Annuitätentilgung

6.6.1   Allgemeine Tilgungsschuld

Bei einer allgemeinen Tilgungsschuld erfolgen Leistungen und Gegenleistungen in unre-
gelmäßiger Weise. Es muss aber sicher gestellt sein, dass Leistungen und Gegenleistungen
einander entsprechen.

Beispiel 83

*Wir betrachten einen Kredit in Höhe von 100.000€, der zum Zeitpunkt t = 0 zu einem Zinssatz
von 10% aufgenommen wurde.*

Getilgt wird der Kredit wie folgt:

30.000€ in t = 3

20.000€ in t = 5

50.000€ in t = 6

Die Zinszahlungen erfolgen jährlich.

Der Tilgungsplan dieses Kredits sieht wie folgt aus:

t	Restschuld K_{t-1}	Zinszahlung Z_t	Tilgung T_t	Annuität A_t
1	100.000	10.000	0	10.000
2	100.000	10.000	0	10.000
3	100.000	10.000	30.000	40.000
4	70.000	7.000	0	7.000
5	70.000	7.000	20.000	27.000
6	50.000	5.000	50.000	55.000
7	0			

Die Einträge betrachten wir etwas näher: Zuerst fällt auf, dass die Restschuld immer ein Jahr verschoben aufgeschrieben wird. Das liegt daran, dass man so sehr übersichtlich in jeder Zeile (also in jeder Periode) sehen kann, wie hoch die Restschuld zu Beginn der Periode ist. Denn die Restschuld am Ende der Periode $t - 1$ ist gerade die Restschuld zu Beginn der Periode t.

Des Weiteren erkennen wir, dass sich die Zinszahlung jedes Mal durch Zinssatz·Restschuld berechnet. Macht ja auch Sinn. Die Tilgungsbeiträge sind wie angegeben eingetragen. Die Annuitäten ergeben sich wie besprochen als Summe der jeweiligen Zins- und Tilgungszahlungen.

Zur Kontrolle ist noch die Restschuld zu Beginn der 7. Periode angegeben. Wenn alles richtig ist (so wie hier), ist die Restschuld am Ende der Laufzeit logischerweise 0.

6.6.2   Gesamtfällige Schuld ohne Zinsansammlung

Bei dieser Tilgungsart erfolgt die Tilgung in einem „Aufwasch" am Ende der Laufzeit des Kredits. Die Zinszahlungen erfolgen regelmäßig während der Laufzeit.

Beispiel 84

Wir betrachten einen Kredit in Höhe von 100.000€ mit einer Laufzeit von 5 Jahren zu 6%.

t	K_{t-1}	Z_t	T_t	A_t
1	100.000	6.000	0	6.000
2	100.000	6.000	0	6.000
3	100.000	6.000	0	6.000
4	100.000	6.000	0	6.000
5	100.000	6.000	100.000	106.000
6	0			

So funktionieren übrigens Bundesschatzbriefe vom Typ A.

6.6.3   Gesamtfällige Schuld mit vollständiger Zinsansammlung

Bei dieser Tilgungsart werden am Ende der Laufzeit alle angesammelten Zinsen und die Tilgung bezahlt. Während der Laufzeit erfolgen keine Zahlungen.

Beispiel 85

Wir betrachten einen Kredit in Höhe von 100.000€ mit einer Laufzeit von 5 Jahren zu 6%.

t	K_{t-1}	Z_t	T_t	A_t
1	100.000	6.000	-6.000	0
2	106.000	6.360	-6.360	0
3	112.360	6.741,60	-6.741,60	0
4	119.101,60	7.146,61	-7.146,61	0
5	126.247,70	7.574,86	126.247,70	133.822,56
6	0			

So funktionieren übrigens Bundesschatzbriefe vom Typ B und Nullkupon-Anleihen.

Es dürfte Sie nur wenig verwundern, dass die gesamtfällige Schuld mit Zinsansammlung teurer ist als die gesamtfällige Schuld ohne Zinsansammlung. Hierbei ist mit teurer gemeint, dass man mehr Zinsen bezahlen muss. Dafür muss man aber auch erst später bezahlen, und da man ja das Geld in der Zwischenzeit (zumindest theoretisch) anlegen kann, wird die erhöhte Zinsbelastung vom Kapitalmarkt auch als fair bewertet.

6.6.4   Ratentilgung

Bei der Ratentilgung wird ein fester Tilgungsbetrag vereinbart, der in jeder Periode zuzüglich zu den fälligen Zinsen bezahlt wird.

Beispiel 86

Wir betrachten einen Kredit in Höhe von 100.000€ mit einer jährlichen Tilgung von 20.000€ zu 10%. Zuerst muss man sich klar machen, dass das bedeutet, dass dieser Kredit eine Laufzeit von 5 Jahren besitzt.

Daher sieht der Tilgungsplan wie folgt aus:

t	K_{t-1}	Z_t	T_t	A_t
1	100.000	10.000	20.000	30.000
2	80.000	8.000	20.000	28.000
3	60.000	6.000	20.000	26.000
4	40.000	4.000	20.000	24.000
5	20.000	2.000	20.000	22.000
6	0			

Man sieht, dass sich die jährliche Belastung (Annuität) verringert, da die Restschuld kontinuierlich abnimmt.

6.6.5   Annuitätentilgung

Bei der Annuitätentilgung wird in jeder Periode eine Annuität derselben Höhe bezahlt. (Eventuell erfolgt in der letzten Periode nur noch eine geringere Restzahlung.) Der Anteil von Zins- und Tilgungszahlung verändert sich allerdings während der Laufzeit: Anfangs werden mehr Zinsen bezahlt, später steigt der Tilgungsanteil.

Bei der Annuitätentilgung muss man nicht unbedingt einen vollständigen Tilgungsplan aufstellen. Hier kann man direkt die Restschuld zum Ende der Periode m (bzw. zu Beginn der Periode m + 1) berechnen:

Wichtig 72

Am Ende jeder Periode m gilt:

$$K_m = K_0 \cdot q^m - A \cdot \frac{q^m - 1}{q - 1}$$

Insbesondere gilt somit zum Schluss der Laufzeit (Zeitpunkt n):

$$0 = K_0 \cdot q^n - A \cdot \frac{q^n - 1}{q - 1}$$

Diese Gleichung wird oft als Äquivalenzgleichung bezeichnet. Man kann sie umformen, um die Annuität bzw. die Laufzeit zu ermitteln:

$$A = K_0 \cdot \frac{q^n(q - 1)}{q^n - 1}$$

$$n = \frac{\log(A) - \log\big(A - K_0(q - 1)\big)}{\log(q)}$$

Beispiel 87

Wir betrachten einen Kredit in Höhe von 100.000€ mit einer jährlichen Annuität von 27.000€ zu 10%.

Zuerst muss die Laufzeit berechnet werden: Diese beträgt

$$n = \frac{\log(27.000) - \log(27.000 - 100.000 \cdot 0,1)}{\log(1,1)} = 4,8538.$$

Wir brauchen also 5 Zeilen in unserem Tilgungsplan, im 5. Jahr wird aber nicht mehr die vollständige Annuität von 27.000€ gezahlt, sondern nur noch ein Restbetrag, den wir im Tilgungsplan berechnen.

t	K_{t-1}	Z_t	T_t	A_t
1	100.000	10.000	17.000	27.000
2	83.000	8.300	18.700	27.000
3	64.300	6.430	20.570	27.000
4	43.730	4.373	22.627	27.000
5	21.103	2.110,30	21.103	23.213,30
6	0			

Beim Aufstellen eines Tilgungsplans bei Annuitätentilgung geht man in etwas anderer Reihenfolge als bisher vor: Man berechnet die fälligen Zinsen und zieht den Betrag von der feststehenden Annuität ab. Das Ergebnis ist der Tilgungsbetrag der Periode. Wenn man in der letzten Periode wie im vorliegenden Fall feststellt, dass die Restschuld geringer ist als die Annuität, besteht der Tilgungsbetrag nur noch aus der Restschuld. Wir schenken unseren Gläubigern schließlich nix!

Die Annuitätentilgung ist übrigens das Modell zur Baufinanzierung. Wenn Sie sich also mit dem Gedanken tragen, einmal eine Immobilie zu kaufen, sollten Sie die Berechnungen hier dringendst verstehen.[88]

6.6.6   Anmerkungen zur Tilgungsrechnung

Jetzt kommen drei Anmerkungen. Zwei sind mathematischer Natur, eine ist eher inhaltlich:

Erstens:
Es wird ein bisschen komplizierter, wenn Raten- und Zinsperiode auseinanderfallen. Dann muss man zuerst mit ISMA-Methode oder US-Methode den der Ratenperiode entsprechenden Zinssatz berechnen und kann dann den Tilgungsplanaufstellen.

Zweitens:
Es gibt ein paar Möglichkeiten zu checken, ob man sich verrechnet hat. Wir haben in den Beispielen immer die Restschuld zu Beginn der Folgeperiode der Laufzeit berechnet, die 0 sein muss. Zusätzlich kann man überprüfen, ob die Summe der Tilgungen dem Kreditbetrag K_0 entspricht, der soll ja schließlich genau getilgt werden. Man kann auch (wenn man viel Zeit hat) die Annuitäten abzinsen und aufaddieren: Auch hier muss dann der Kreditbetrag rauskommen.

Drittens:
Wenn Sie in die Situation kommen, dass Sie einen Kredit oder eine Hypothek aufnehmen, prüfen Sie genau, welche Art von Tilgung Sie vereinbaren und wählen Sie die, die Ihren Bedürfnissen (gleich bleibende Belastung, abnehmende Belastung, Tilgung mit einem Schlag etc.) am ehesten entgegen kommt.

---

[88] Diese Anmerkung richtet sich nicht nur, aber auch an die Studierenden des kleinsten, aber nach herrschender Meinung der Einheimischen schönsten Flächenbundeslandes der Republik.☺

6.7   Effektivzinsberechnung

Den Begriff des Effektivzinses haben wir bereits in Abschnitt 6.3 kennen gelernt. Er bezeichnet den „echten" Zins. Im Rahmen der Tilgungsrechnung fallen Nominal- und Effektivzins deswegen auseinander, weil man oft als Kreditnehmer einen Abschlag (das Disagio[89]) zahlen muss, also gar nicht den vollen Kreditbetrag erhält. Klar erhöht sich dadurch der tatsächliche Zinssatz für den Kreditnehmer. Die genaue Definition des Effektivzinses halten wir sofort fest:

Bezeichnung 31

Effektivzins

Unter dem Effektivzins einer Zahlungsreihe versteht man denjenigen nachschüssigen Jahreszinssatz, bei dessen Anwendung Leistungen und Gegenleistungen finanzmathematisch äquivalent sind.

Als Beispiel betrachten wir einen Standard-Annuitätenkredit. In diesem Beispiel lernen Sie direkt eine Schreibweise kennen, an der Sie die Annuitätentilgung sofort erkennen können.

Beispiel 88

Es soll der Effektivzins des folgenden Kredits berechnet werden:

Kreditsumme (nominell):   100.000€

Auszahlung: 94% (6% Disagio)

Zins (nominell):   10% p. a.

Tilgung: 2% p. a. zzgl. ersparter Zinsen

An den Worten zzgl. ersparter Zinsen erkennt man die Annuitätentilgung. Die Höhe der Annuität ergibt sich wie immer aus der Addition von Zinsen und Tilgung: 10%+ 2% =12% von 100.000€ ergeben 12.000€

Zudem benötigen wir die Laufzeit:

$$n = \frac{log(12.000) - log(12.000 - 100.000 \cdot 0,01)}{log(1,1)} = 18,7992455$$

---

[89] Hier muss der Welt schlechtester Disagio-Witz hin: Kommt ein BWL-Student zu einem Professor in die mündliche Prüfung. Dieser fragt ihn: „Was versteht man unter einem Agio?" Der Student weiß die Antwort nicht. „O.K.," sagt der Professor, „Zweite Frage: Was versteht man unter dem Disagio?" Auch hier muss der Student passen und ist damit durchgefallen. „Moment!" wirft der Student ein, „Nach Prüfungsordnung steht mir eine dritte Frage zu!" „Kein Problem," sagt der Professor, „dann erklären Sie mir doch mal den Unterschied zwischen Agio und Disagio!"

Der Effektivzins i_{eff} wird immer mit Hilfe der exakten Laufzeit berechnet. Wie bereits gesagt gilt für i_{eff}, dass Leistung und Gegenleistung identisch sind. Also darf man auch nur den Kreditbetrag berücksichtigen, den der Kreditnehmer tatsächlich erhalten hat. Hier sind das 94.000€, da ja ein Abschlag in Höhe von 6% der Kreditsumme (also 6.000€) einbehalten wird.

Nun können wir die Äquivalenzgleichung aus Abschnitt 6.6.5 aufstellen:

$$0 = 94.000 \cdot \left(1 + i_{eff}\right)^{18,7992455} - \frac{12.000 \left(\left(1 + i_{eff}\right)^{18,7992455} - 1\right)}{i_{eff}}$$

Diese Gleichung hat einen ziemlich unangenehmen Nachteil: Man kann sie nicht lösen – jedenfalls nicht direkt. Mit Hilfe eines Iterationsverfahrens, wie es z. B. der Solver von MS Excel beherrscht, kann man die Lösung aber zumindest annähern.

Im vorliegenden Fall ergibt sich

$$i_{eff} = 0,10958497 = 10,958497\%$$

6.8   Übungsaufgaben

Aufgabe 31

Ein Sparer legt ein Kapital von 50.000€ zu einem Zinssatz von 5% pro Jahr an.

a) Er lässt sich die Zinsen jährlich auszahlen. Wie hoch sind die gesamten Zinszahlungen in drei Jahren?

b) Die Zinsen werden nicht abgehoben und dementsprechend mit verzinst. Wieviel Geld kann der Sparer nach den drei Jahren abheben?

c) Auf welche Höhe ist das Kapital bei einer monatlichen Verzinsung mit dem Zinssatz von $\frac{5}{12}$% bei Mitverzinsung der monatlich anfallenden Zinsen nach drei Jahren angewachsen?

d) Das Kapital wird zum Zinssatz 0,0125 pro Quartal angelegt. Wie lautet der effektive Jahreszinssatz, zu dem dieser Quartalszinssatz konform ist?

Aufgabe 32

a) Bei welchem Jahreszinssatz verdoppelt sich ein Startkapital K_0 nach 5 Jahren?

b) Wie viele volle Jahre muss man mindestens warten, bis bei einer monatlichen Verzinsung von $\frac{3}{12}$% ein Startkapital von 2.000€ auf 8.000€ angewachsen ist?

c) Ein Kapital wurde zu einem monatlichen Zinssatz von $\frac{3}{12}$% angelegt. Wie hoch ist der effektive Jahreszinssatz?

Aufgabe 33

Ein Kapital von 10.000€ wird zwei Jahre lang mit 5%, danach drei Jahre mit 6% und anschließend fünf Jahre mit 4% p. a. verzinst.

a)   Auf welchen Betrag ist es angewachsen?

b)   Wie hoch ist der durchschnittliche Jahreszinssatz, zu dem das Geld angelegt war?

Aufgabe 34

Ein Sparer will – beginnend am 01. 01. 2010 – jährlich einen Betrag in Höhe von 12.000€ sparen (insgesamt 10 Jahre lang).

Seine Hausbank bietet ihm mehrere unterschiedliche Anlagealternativen an, wobei eine jährliche Verzinsung unterstellt wird.

1.   i = 4% p. a., zusätzlich erhält er 3% jeder Sparrate ein Jahr nach der jeweiligen Ra tenzahlung auf das Sparkonto.

2.   i = 5% p. a., zusätzlich erhält der Sparer am Tag der letzten Rate einen Bonus in Höhe von 20% der letzten Rate

3.   6% Zinsen p. a., der Sparer erhält keine weiteren Leistungen

Welche Anlagealternative ist für den Sparer am günstigsten, wenn er am 01. 01. 2020 ein möglichst großes Endvermögen besitzen will?

Aufgabe 35

Die Hai-Kredit GmbH verleiht Kapital zu nominell 18% p. a. Dabei erfolgt der Zinszuschlag allerdings alle zwei Monate.

a)   Herr Hai berechnet für die Zwei-Monats-Zinsperiode den relativen Zins, (also 1/6 des (nominellen) Jahreszinses). Wie hoch ist dann der effektive Jahreszinssatz?

b)   Welchen Zwei-Monats-Zins müsste Herr Hai fordern, damit seine Kunden effektiv 18% p. a. bezahlen? Wie hoch ist dann der nominelle Jahreszinssatz, den Herr Hai fordern müsste?

Aufgabe 36

a)   Ermitteln Sie den äquivalenten nominellen stetigen Jahreszinssatz bei folgenden diskreten Verzinsungsmodalitäten:

   i.   jährlicher Zinszuschlag mit 5% p. a.

   ii.   monatlicher Zinszuschlag mit 1% p. m.

b) Ermitteln Sie den diskreten effektiven Jahreszinssatz bei Vorliegen eines nominellen stetigen Zinssatzes von 6% p. a.

Aufgabe 37

Nach seiner Scheidung muss Herr Müller seiner Ex-Gattin 20 Jahresraten zu je 50.000€ (beginnend am 01. 01. 2010) zahlen (Zinssatz 5% p. a.).

a) Über welchen Betrag aus diesen Zahlungen verfügt seine Ex-Gattin ein Jahr nach der letzten Ratenzahlung, wenn sie alle Beträge verzinslich angelegt hat?

b) Welchen Einmalbetrag könnte Herr Müller am 01. 01. 2010 an seine Ex-Gattin bezahlen, damit alle Raten auf einmal bezahlt sind?

c) Herr Müller möchte statt der vereinbarten Raten lieber drei nominell gleichhohe Beträge am 31. 12. 2011, 01. 01. 2020 und am 31. 12. 2025 zahlen. Wie hoch müssen die drei Zahlungen jeweils sein?

Aufgabe 38

Ein Sparer zahlt —beginnend am 01. 01. 2010— 6 Jahresraten zu je 10.000€ auf ein Konto ein. Beginnend am 01. 01. 2018 zahlt er weitere fünf Jahresraten zu je 14.000€ ein und beginnend am 01. 01. 2025 weitere drei Jahresraten zu 16.000€.

Der Zinssatz beträgt 3% p. a. bis 31. 12. 2014, danach 5% p. a. bis zum 31. 12. 2019, danach 4% p. a. bis 31. 12. 2025, danach 6% p. a.

a) Ermitteln Sie den Gesamtwert aller Zahlungen drei Jahre nach der letzten Zahlung.

b) Welchen Betrag hätte der Sparer am Tag der ersten Zahlung leisten müssen, um damit sämtliche Zahlungen äquivalent ersetzen zu können?

Aufgabe 39

Ein Bachelor-Studium dauert durchschnittlich drei Jahre. Es wird angenommen, dass ein durchschnittlicher Student während dieser Zeit monatlich 1.400€ benötigt.

Wie hoch muss der Betrag sein, der zu Beginn des Studiums auf einem Konto bereitstehen müsste, damit ein Student aus dieser Summe — bei 4% p. a.— sein Studium genau finanzieren kann?

Zur Vereinfachung werden hierbei folgende Bedingungen unterstellt:

Der Beginn des Studiums fällt mit einem Zinszuschlagstermin zusammen.

Die monatlichen Beträge fließen jeweils zu Monatsbeginn.

Berechnen Sie den Betrag

a)   mit der ISMA-Methode

b)   mit der US-Methode.

Aufgabe 40

a)   Welche „ewige" Rente kann man (bei 5% p. a.) ab 01. 01. 2015 ausschütten, wenn das hierfür zur Verfügung stehende Kapital am 01. 01. 2010 einen Wert von 3,5Mio.€ hat?

b)   Wie groß ist am 01. 01. 2010 der äquivalente Wert einer am 01. 01. 2022 einsetzenden ewigen Rente von 200.000€/Jahr (4% p. a.)?

Aufgabe 41

Ein Kredit (K_0= 400.000€) soll mit 6% p. a. verzinst werden. Folgende Tilgungen werden vereinbart:

Ende Jahr 1: 50.000€

Ende Jahr 3: 80.000€

Ende Jahr 6: 230.000€

Ende Jahr 8: Resttilgung

Am Ende des vierten und fünften Jahres erfolgen keinerlei Zahlungen des Schuldners, vielmehr erfolgt Ende des vierten Jahres eine Neuverschuldung in Höhe von 250.000€. In allen anderen Jahren (außer dem vierten und fünften Jahr) werden neben den vereinbarten Tilgungen zusätzlich die fälligen Zinsen bezahlt.

Stellen Sie einen Tilgungsplan auf.

Aufgabe 42

Ein Kredit von 200.000€ soll mit zehn gleich hohen Annuitäten, Kreditzinssatz 6% p. a., verzinst und getilgt werden. Die erste Annuität wird (wie üblich) ein Jahr nach Kreditaufnahme fällig.

Ermitteln Sie (ohne Tilgungsplan)

a)   die Annuität,

b)   die Tilgung zum Ende des letzten Jahres,

c)   die Restschuld nach sechs Jahren,

d)   die Tilgung am Ende des siebten Jahres,

e)   die Gesamtlaufzeit, wenn die Annuität mit 15.000€ p. a. vorgegeben ist,

f)   die Gesamtlaufzeitbei einer Annuität von 10.000€ p. a.

Aufgabe 43

Gegeben ist die letzte Zeile eines Tilgungsplans für einen Standard-Annuitätenkredit (Annuität in den ersten 19 Jahren 20.000€/Jahr).

Periode t	Restschuld K_{t-1}	Z_t	T_t	A_t
...	...	...	...	20.000
20	8.322,72	416,14	8.322,72	8.738,86

Wie hoch war der Kreditbetrag, der zu Beginn der Laufzeit aufgenommen wurde?

Aufgabe 44

Ein Häuslebauer hat sich ein Fertighaus gekauft und dafür eine Hypothek in Höhe von 250.000€ aufgenommen. Die Hypothekenbank verlangt eine Verzinsung von 6% und eine Tilgung von 1% (zuzüglich ersparter Zinsen).

a)   Ermitteln Sie den Betrag, den der Häuslebauer jährlich zu zahlen hat.

b)   Nach welcher Zeit ist die Hypothekenschuld getilgt?

c)   Geben Sie die beiden ersten und die beiden letzten Zeilen des Tilgungsplans an.

d)   Lösen Sie die Aufgabenteile a) bis c) für den Fall, dass die Bank eine zusätzliche Bearbeitungsgebühr von 5% der Kreditsumme fordert.

Aufgabe 45

Ein Kreditnehmer leiht sich 100.000€. Das Disagio beträgt 4%. Die Bank fordert 6% p. a. Zinsen, die Tilgung soll in fünf gleichen Tilgungsjahresraten, beginnend ein Jahr nach Kreditaufnahme erfolgen.

a)   Stellen Sie einen Tilgungsplan auf.

b)   Welche Effektivverzinsung hat dieser Kredit?

c)   Welche Effektivverzinsung hat der Kredit, wenn im ersten Jahr keine Rückzahlung erfolgt und die entstandene Restschuld in den nächsten vier Jahren durch gleiche Tilgungsraten (d. h. wiederum Ratentilgung) beglichen wird?

7 Lineare Algebra

7.1 Lineare Gleichungssysteme

Lineare Gleichungssysteme kennen Sie aller Wahrscheinlichkeit nach noch aus der Schule. Dort werden Sie diese Gleichungssysteme mit Verfahren wie z.B. dem Additions-, dem Subtraktions- oder dem Einsetzungsverfahren gelöst haben. Wenn dem so ist, erinnern Sie sich wohl auch schmerzlich an stundenlange Umformungen, die in der glorreichen Aussage 0=0 gipfelten und alle Bemühungen als wertlos identifizierten. Es gibt ein Verfahren, das das Risiko solcher Fehlleistungen minimiert. Für die Durchführung dieses Verfahrens muss ich Ihnen einige Vorkenntnisse vermitteln.

7.1.1 Matrix-Schreibweise eines linearen Gleichungssystems

Wenn man sich bei der Schreibweise eines linearen Gleichungssystems an die Konvention hält, dass alle Variablen untereinander geschrieben werden, kann man feststellen, dass ein Gleichungssystem viele redundante[90] und somit überflüssige Informationen enthält:

- Man muss die Variablennamen eigentlich nicht jedes Mal aufschreiben.

- Man braucht die Pluszeichen eigentlich nicht.

- Man braucht die Gleichheitszeichen streng genommen auch nicht jedes Mal.

Aus diesem Grund gibt es eine abkürzende Schreibweise für Gleichungssysteme: die Matrix-Schreibweise. Bei dieser Schreibweise lässt man die Variablenbezeichnungen und Pluszeichen weg, statt der Gleichheitszeichen wird ein großer Strich gezogen. Um das Gleichungssystem zusammen zu halten, wird das Gebilde in Klammern gesetzt.

Ein Beispiel soll die Schreibweise verdeutlichen:

Beispiel 89

Das lineare Gleichungssystem

$$5x_1 + 2x_2 + 1x_3 = 12$$
$$1x_1 + 3x_3 = 10$$
$$1x_1 + 1x_2 - 1x_3 = 0$$

---

[90] Das bedeutet mehrfach genannt oder „doppelt gemoppelt".

lautet in Matrix-Schreibweise:

$$\begin{pmatrix} 5 & 2 & 1 & | & 12 \\ 1 & 0 & 3 & | & 10 \\ 1 & 1 & -1 & | & 0 \end{pmatrix}$$

Wichtig 73
Matrix-Schreibweise

Allgemein schreibt man also ein lineares Gleichungssystem

$$a_{11}x_1 + a_{12}x_2 + \cdots + a_{1n}x_n = b_1$$
$$a_{21}x_1 + a_{22}x_2 + \cdots + a_{2n}x_n = b_2$$
$$\ldots$$
$$a_{m1}x_1 + a_{m2}x_2 + \ldots + a_{mn}x_n = b_n$$

in Matrix- Schreibweise als

$$\begin{pmatrix} a_{11} & a_{12} & \cdots & a_{1n} & | & b_1 \\ a_{21} & a_{22} & \cdots & a_{2n} & | & b_2 \\ \vdots & \vdots & \vdots & \vdots & & \ldots \\ a_{m1} & a_{m2} & \cdots & a_{mn} & | & b_m \end{pmatrix}$$

bzw. in Kurzform als $(A|b)$

Bezeichnung 32

Die Matrix A heißt *Koeffizientenmatrix* des linearen Gleichungssystems. Jeder Eintrag der Matrix a_{ij} heißt *Koeffizient*. Der Vektor b heißt *Vektor der rechten Seiten*. Die Matrix $(A|b)$, bei der rechts als Spalte der Lösungsvektor b mit Strich abgetrennt wird, heißt *erweiterte Matrix des linearen Gleichungssystems.*

Eventuell erinnern Sie sich, dass man mit Gleichungssystemen bestimmte Operationen durchführen konnte, ohne dass sich die Lösung verändert. Zum Beispiel durften Sie Gleichungen vertauschen. Natürlich darf man diese Operationen auch in Matrix-Schreibweise durchführen. Es sieht nur etwas anders aus.

Wichtig 74
Elementare Zeilenumformungen

Man darf bei einem linearen Gleichungssystem in Matrix-Schreibweise folgende Operationen (elementare Zeilenumformungen) durchführen:
- Man darf eine Zeile mit einer Zahl $\neq 0$ multiplizieren, d.h. jeder Eintrag der Zeile wird mit dieser Zahl multipliziert.
- Man darf zwei Zeilen addieren, d.h. Einträge an der gleichen Position werden zueinander addiert.
- Man darf zwei (komplette) Zeilen vertauschen.

7.1.2   Gauß-Verfahren

Um ein Gleichungssystem effizient[91] zu lösen, muss man eigentlich nur diszipliniert und „stur nach Schema" vorgehen, wobei die Matrix-Schreibweise sehr hilft. Dann wendet man das Gauß-Verfahren an, das ich gleich erkläre. Vorab benötigen wir hierzu zwei kleine Bezeichnungen, die ich an einem Beispiel verdeutliche:

Bezeichnung 33
- Die Elemente a_{11}, a_{22}, a_{33}, ... einer Matrix A heißen *Diagonale der Matrix* A, die einzelnen Elemente heißen *Diagonalelemente*.
- Eine Matrix besitzt *Treppengestalt*, wenn ab der zweiten Zeile die Einträge mit mindestens einer Null beginnen und die Anzahl der Nullen vor dem ersten *Nicht-Null-Eintrag* in jeder Zeile um mindestens Eins höher ist als in der Zeile darüber.

Beispiel 90

$$Die\ Matrix\ (A|b) = \begin{pmatrix} 5 & 2 & 1 & 12 \\ 0 & 2 & -14 & -38 \\ 0 & 0 & -30 & -90 \end{pmatrix}\ besitzt\ Treppengestalt.$$

Die Diagonale dieser Matrix besteht aus den Elementen 5, 2 und -30

Jetzt kann es mit dem Gauß-Verfahren losgehen!

Vorgehensweise 10

Gauß-Verfahren
1. *Gleichungssystem in Matrix-Schreibweise aufschreiben.*
2. *Matrix auf Treppengestalt bringen, d.h. unterhalb der Diagonalen mit elementaren Zeilenumformungen Nullen erzeugen, und zwar spaltenweise von links nach rechts![92]*
3. *Rückwärts Einsetzen.*

---

[91] Es gibt ca. 1.000.000 unterschiedliche Interpretationen des Wortes „effizient". Wer sich dafür interessiert, sei auf Dyckhoff, H. & Ahn, H."Kernaufgaben des Controlling-Grundlegende Anmerkungen im Hinblick auf die Sicherstellung der Effektivität und Effizienz" S. 113-122 in Weber, J. & Hirsch, B. (Hrsg.)"Controlling als akademische Disziplin" Wiesbaden (2002) verwiesen. Wer diese theoretische, aber nicht unspannende Diskussion keinesfalls führen möchte, kann sich unter Effizienz vorstellen, Verschwendung zu vermeiden.

[92] Hieran müssen Sie sich auf jeden Fall halten, da Sie ansonsten Nullen zerstören könnten, die Sie vorher erzeugt haben, und wir wollten das Gleichungssystem ja mit so wenigen Schritten wie möglich lösen.

Hierunter versteht man, dass man die letzte Zeile betrachtet. Aus dieser Zeile kann man mindestens eine Variable berechnen. Mit dem Ergebnis geht man in die vorletzte Zeile, kann eine weitere Variable berechnen usw., bis man nach Lösen der ersten Gleichung alle Variablen benennen kann.

Diese Vorgehensweise wenden wir nun direkt auf unser Beispielgleichungssystem von vorhin an:

Beispiel 91

$$\begin{pmatrix} 5 & 2 & 1 & | & 12 \\ 1 & 0 & 3 & | & 10 \\ 1 & 1 & -1 & | & 0 \end{pmatrix} \cdot (-5) + Zeile\ 1 \Rightarrow \begin{pmatrix} 5 & 2 & 1 & | & 12 \\ 0 & 2 & -14 & | & -38 \\ 1 & 1 & -1 & | & 0 \end{pmatrix} \cdot (-5) + Zeile\ 1$$

$$\Rightarrow \begin{pmatrix} 5 & 2 & 1 & | & 12 \\ 0 & 2 & -14 & | & -38 \\ 0 & -3 & 6 & | & 12 \end{pmatrix} \cdot 2 + (3 \cdot Zeile\ 2)$$

$$\Rightarrow \begin{pmatrix} 5 & 2 & 1 & | & 12 \\ 0 & 2 & -14 & | & -38 \\ 0 & 0 & -30 & | & -90 \end{pmatrix}$$

Rückwärts Einsetzen liefert:

Zeile 3: $-30x_3 = -90 \Rightarrow x_3 = 3$

Zeile 2: $2x_2 - 14 \cdot \underset{x_3}{3} = -38 \Rightarrow x_2 = 2$

Zeile 1: $5_{x1} + 2 \cdot \underset{x_2}{2} + 1 \cdot \underset{x_3}{3} = 12 \Rightarrow x_1 = 1$

Erfahrungsgemäß lieben Studenten das Gauß-Verfahren, weil man nichts verstehen, sondern das Verfahren einfach nur durchführen muss. Blöd ist, dass man sich prinzipiell und eigentlich auch immer verrechnet. Machen Sie sich nichts draus, Sie befinden sich in allerbester Gesellschaft.

Gut, das Gauß-Verfahren scheint wirklich einen Nutzen zu bieten. Aber da war doch noch etwas mit Gleichungssystemen?! Richtig, manche Gleichungssysteme sind nicht oder zumindest nicht eindeutig lösbar. Auch hier ist das Gauß-Verfahren extrem praktisch. Es hilft nämlich zu erkennen, ob ein Gleichungssystem nicht lösbar ist und kann auch für Gleichungssysteme mit mehreren Lösungen angewendet werden. Hierzu brauchen wir zuerst eine neue Bezeichnung:

Bezeichnung 34

Rang und reguläre Matrix

– Die Anzahl der Zeilen einer Matrix A in Treppengestalt, die nicht nur aus Nullen besteht, heißt *Rang der Matrix* A bzw. *rg* (A).

- Eine Matrix, deren Rang genau so groß ist wie die Anzahl ihrer Zeilen und genau so groß wie die Anzahl ihrer Spalten, heißt *regulär*.

Dann gilt Folgendes:

Wichtig 75
- Ein Gleichungssystem ist nicht lösbar, wenn der Rang der erweiterten Matrix (A|b) größer als der Rang der Koeffizientenmatrix A ist, d.h. wenn rg (A|b) > rg (A).
- Ein lineares Gleichungssystem ist lösbar, wenn der Rang der erweiterten Matrix (A|b) gleich dem Rang der Koeffizientenmatrix A ist, d.h. wenn rg (A|b) = rg (A).
   1. Es ist genau dann eindeutig lösbar, wenn der Rang der erweiterten Matrix (A|b) gleich dem Rang der Koeffizientenmatrix gleich der Anzahl der Variablen ist, d.h. wenn rg (A|b) = rg (A) = # der Variablen.
   2. Anderenfalls ist es nicht eindeutig lösbar und es können/müssen Variablen gewählt werden:
   - Es müssen genau # der Variablen - rg (A) Variablen gewählt werden, d.h. als Wert einen Buchstaben zugewiesen bekommen.
   - Es dürfen nur solche Variablen frei gewählt werden, die in keiner Zeile Stufenvariable sind, d.h. in keiner Zeile erster von Null verschiedener Eintrag sind.

Das sehen wir uns direkt an einigen Gleichungssystemen als Beispiel an:

Beispiel 92

$$\begin{pmatrix} 1 & 2 & 3 & 4 & | & -1 \\ 2 & 3 & 4 & 1 & | & 1 \\ 3 & 4 & 1 & 2 & | & 7 \end{pmatrix} \to \ldots \to \begin{pmatrix} 1 & 2 & 3 & 4 & | & -1 \\ 0 & 1 & 2 & 7 & | & -3 \\ 0 & 0 & 1 & -1 & | & -1 \end{pmatrix}$$

Dieses Gleichungssystem besitzt folgende Eigenschaften: rg (A|b)=3, denn die erweiterte Matrix hat in Treppengestalt drei Zeilen, die nicht nur aus Nullen bestehen.

rg(A)=3, denn auch wenn man den Vektor der rechten Seiten mit dem Daumen zuhält, bleiben in Treppengestalt drei Zeilen, die nicht nur aus Nullen bestehen. Somit ist das Gleichungssystem lösbar.

Da die Anzahl der Variablen (zu erkennen an der Anzahl der Spalten vor dem senkrechten Strich) aber vier beträgt, können wir schlussfolgern, dass das Gleichungssystem nicht eindeutig lösbar ist: Es müssen 4 − 3 = 1 Variable gewählt werden.

Man erkennt, dass nur x_4 frei gewählt werden darf, da alle anderen Variablen in irgendeiner Zeile Stufenvariable sind (x_1 in der ersten Zeile, x_2 in der zweiten und x_3 in der dritten). Also gilt: $x_4 = t$.

Damit starten wir das rückwärts Einsetzen:

Zeile 3: $x_3 - \underbrace{t}_{x_4} = -1 \Rightarrow x_3 = -1 + t$

Zeile 2: $x_2 - 2\underbrace{(-1+t)}_{x_3} + 7\underbrace{t}_{x_4} = -3 \Rightarrow x_2 = -1 - 9t$

Zeile 1: $x_1 - 2\underbrace{(-1-9t)}_{x_2} + 3\underbrace{(-1+t)}_{x_3} + 4\underbrace{t}_{x_4} = -1 \Rightarrow x_1 = 4 + 11t$

Bei nicht-eindeutigen Lösungen ist es unbedingt notwendig, die gesamte Lösungsmenge anzugeben:

$$\mathcal{L} = \{(4+11t, -1-9t, -1+t, t)\,|\,t \in \mathbb{R}\}$$

$$\begin{pmatrix} 1 & 2 & 3 & -1 \\ 2 & 3 & 4 & 1 \\ 3 & 5 & 7 & 7 \end{pmatrix} \to \ldots \to \begin{pmatrix} 1 & 2 & 3 & -1 \\ 0 & 1 & 2 & -3 \\ 0 & 0 & 0 & 7 \end{pmatrix}$$

Dieses Gleichungssystem besitzt folgende Eigenschaften: rg (A|b)=3, denn die erweiterte Matrix hat in Treppengestalt drei Zeilen, die nicht nur aus Nullen bestehen.

rg(A)=2, denn wenn man den Vektor der rechten Seite mit dem Daumen zuhält, bleiben in Treppengestalt nur zwei Zeilen, die nicht nur aus Nullen bestehen. Somit ist das Gleichungssystem nicht lösbar, da rg(A|b)>rg(A).

7.2   Vektoren und Matrizen

Bislang haben wir Vektoren und Matrizen für das Lösen linearer Gleichungssysteme benutzt. Man kann diese Gebilde aber weitreichender einsetzen. Dazu muss man aber einige Rechenregeln beherrschen. Wir beginnen mit den Vektoren.

7.2.1   Vektoren

Bezeichnung 35

Vektor

Seien $x_1, x_2, \ldots, x_n \in \mathbb{R}, n \in \mathbb{N}$

Jedes Element $x = \begin{pmatrix} x_1 \\ x_2 \\ \vdots \\ x_n \end{pmatrix}$ heißt Spaltenvektor.

Zur Abgrenzung wird ein Element $x = (x_1, x_2, \ldots, x_n)$ als Zeilenvektor bezeichnet.

xi heißt i. Komponente des Vektors x.

n heißt Dimension des Vektors x.

Man kann mit Vektoren ebenso rechnen wie mit Zahlen, man muss nur wissen wie. Die wichtigsten Rechenregeln lauten:

Wichtig 76
Rechenregeln für Vektoren

Seien $\alpha, \beta \in \mathbb{R}, x = \begin{pmatrix} x_1 \\ x_2 \\ \vdots \\ x_n \end{pmatrix}, y = \begin{pmatrix} y_1 \\ y_2 \\ \vdots \\ y_n \end{pmatrix}, z = \begin{pmatrix} z_1 \\ z_2 \\ \vdots \\ z_n \end{pmatrix} \in \mathbb{R}^n$. **Dann gilt Folgendes:**

- $x + y = \begin{pmatrix} x_1 + y_1 \\ x_2 + y_2 \\ \vdots \\ x_n + y_n \end{pmatrix}$ **ist die Summe von x und y.**

- $\alpha x = \begin{pmatrix} \alpha x_1 \\ \alpha x_2 \\ \vdots \\ \alpha x_n \end{pmatrix}$ **ist das Produkt eines Vektors mit einer Zahl (Skalar).**

- $x^T = (x_1, x_2, \ldots, x_n)$ **ist der zu x transponierte Vektor.**
- **Zwei Vektoren sind gleich, d.h. x = y, wenn alle Komponenten übereinstimmen, d.h. $x_i = y_i$ für alle $i \in \{1, \ldots, n\}$.**
- **Für Vektoren gilt das Kommutativgesetz der Addition, d.h. x + y = y + x**
- **Genau so gilt bei der Addition von Vektoren das Assoziativgesetz, d.h. x + (y + z) = (x + y) + z**
- **Auch bei der Multiplikation mit Skalaren[93] gilt das Assoziativgesetz, d.h. $\alpha(\beta x) = (\alpha\beta)x$.**
- **Es gilt das Distributivgesetz für die Addition von Vektoren, d.h. $\alpha(x + y) = \alpha x + \alpha y$.**
- **Ebenso gilt das Distributivgesetz bei der Addition von Skalaren, d.h. $(\alpha + \beta)x = \alpha x + \beta x$.**

Die folgenden Beispiele zeigen vielleicht, wie man mit Vektoren rechnet:

Beispiel 93

1) $\begin{pmatrix} 3 \\ 2 \\ 5 \\ 4 \end{pmatrix} + \begin{pmatrix} 1 \\ 4 \\ 2 \\ 3 \end{pmatrix} = \begin{pmatrix} 4 \\ 6 \\ 7 \\ 7 \end{pmatrix}$

2) $5 \cdot \begin{pmatrix} 3 \\ 2 \\ 5 \\ 4 \end{pmatrix} = \begin{pmatrix} 15 \\ 10 \\ 25 \\ 20 \end{pmatrix}$

---

[93] Ein Skalar ist einfach eine Zahl

$$3) \quad \begin{pmatrix} 3 \\ 2 \\ 5 \\ 4 \end{pmatrix}^{T} = (3,2,5,4)$$

Einige Vektoren sind so wichtig, dass sie einen eigenen Namen bekommen haben:

Bezeichnung 36
Spezielle Vektoren

- $0_n = \begin{pmatrix} 0 \\ 0 \\ \vdots \\ 0 \end{pmatrix}$ heißt Nullvektor des $\mathbb{R}^n$.

- $1_n = \begin{pmatrix} 1 \\ 1 \\ \vdots \\ 1 \end{pmatrix}$ heißt Einsvektor des $\mathbb{R}^n$.

- $e_i = \begin{pmatrix} 0 \\ \vdots \\ 0 \\ 1 \\ 0 \\ \vdots \\ 0 \end{pmatrix} \rightarrow i.\,Komponente$ heißt i. Einheitsvektor des $\mathbb{R}^n$.

Neben diesen wichtigen Vektoren brauchen wir noch einige weitere Bezeichnungen:

Bezeichnung 37
Seien $\alpha_1, \dots, \alpha_k \in \mathbb{R}, x_1, \dots, x_k \in \mathbb{R}^n$

- $\sum_{i=1}^{k} \alpha_i x_i = \alpha_1 x_1 + \alpha_2 x_2 + \dots + \alpha_k x_k$ heißt Linearkombination der Vektoren $x_1, \dots, x_k$.
- Jede kleinstmögliche Menge an Vektoren, durch deren Linearkombination jeder Vektor des $\mathbb{R}^n$ gebildet werden kann, heißt Basis des $\mathbb{R}^n$.
- Die Vektoren $x_1, \dots, x_k \in \mathbb{R}^n$ heißen linear unabhängig, falls die Gleichung $\alpha_1 x_1 + \alpha_2 x_2 + \dots + \alpha_k x_k = 0_n$ (Achtung, damit ist der Nullvektor gemeint) als einzige Lösung $\alpha_1 = 0, \alpha_2 = 0, \dots, \alpha_k = 0$ besitzt.
  Diese Lösung gibt es natürlich immer (Null mal irgendwas gibt ja immer Null). Wichtiger ist, ob es noch weitere Lösungen gibt. Denn falls es noch weitere Lösungen gibt, heißen die Vektoren linear abhängig.

Bevor wir uns das an einigen Beispielen ansehen, benötigen wir noch eine Vorgehensweise, wie man Vektoren auf lineare Unabhängigkeit überprüft. Falls Sie also schon auf ein Beispiel brennen, haben Sie noch etwas Geduld!

Vorgehensweise 11

Prüfen auf lineare Unabhängigkeit

Zur Überprüfung der linearen Unabhängigkeit löst man die Gleichung

$$\alpha_1 \cdot \begin{pmatrix} x_{11} \\ x_{12} \\ \vdots \\ x_{1n} \end{pmatrix} + \alpha_2 \cdot \begin{pmatrix} x_{21} \\ x_{22} \\ \vdots \\ x_{2n} \end{pmatrix} + \ldots + \alpha_k \cdot \begin{pmatrix} x_{k1} \\ x_{k2} \\ \vdots \\ x_{kn} \end{pmatrix} = \begin{pmatrix} 0 \\ 0 \\ \vdots \\ 0 \end{pmatrix}$$

Das lässt sich einfacher durch das folgende lineare Gleichungssystem darstellen:

$$\left(\begin{array}{cccc|c} x_{11} & x_{21} & \cdots & x_{k1} & 0 \\ x_{12} & x_{22} & \cdots & x_{k2} & 0 \\ \vdots & \vdots & \vdots & \vdots & \vdots \\ x_{1n} & x_{2n} & \cdots & x_{kn} & 0 \end{array} \right)$$

Dieses Gleichungssystem löst man ganz normal mit dem Gaußverfahren. Wenn es eine eindeutige Lösung gibt (die ist dann immer $\alpha_1 = 0, \alpha_2 = 0, \ldots, \alpha_k = 0$), sind die Vektoren linear unabhängig. Wenn es mehrere Lösungen gibt und man Variablen wählen muss, sind die Vektoren linear abhängig.

Jetzt können wir einige Beispiele betrachten:

Beispiel 94

- _Der Vektor_ $\begin{pmatrix} 3 \\ 2 \\ 5 \\ 4 \end{pmatrix}$ _lässt sich als Linearkombination der Vektoren_ $\begin{pmatrix} 1 \\ 0 \\ 0 \\ 0 \end{pmatrix}, \begin{pmatrix} 0 \\ 1 \\ 0 \\ 0 \end{pmatrix}, \begin{pmatrix} 0 \\ 0 \\ 1 \\ 0 \end{pmatrix}$ _und_

  $\begin{pmatrix} 0 \\ 0 \\ 0 \\ 1 \end{pmatrix}$ _schreiben:_

  $$\begin{pmatrix} 3 \\ 2 \\ 5 \\ 4 \end{pmatrix} = 3 \cdot \begin{pmatrix} 1 \\ 0 \\ 0 \\ 0 \end{pmatrix} + 2 \cdot \begin{pmatrix} 0 \\ 1 \\ 0 \\ 0 \end{pmatrix} + 5 \cdot \begin{pmatrix} 0 \\ 0 \\ 1 \\ 0 \end{pmatrix} + 4 \cdot \begin{pmatrix} 0 \\ 0 \\ 0 \\ 1 \end{pmatrix}$$

- _Die Vektoren_ $\begin{pmatrix} 1 \\ 0 \end{pmatrix}$ _und_ $\begin{pmatrix} 0 \\ 1 \end{pmatrix}$ _bilden eine Basis des $\mathbb{R}^2$, da sich jeder Vektor des $\mathbb{R}^2$ als Linearkombination der beiden Vektoren schreiben lässt, aber keiner der Vektoren weggelassen werden kann._

- _Die Vektoren_ $\begin{pmatrix} 1 \\ 1 \\ 1 \end{pmatrix}, \begin{pmatrix} 1 \\ 1 \\ 0 \end{pmatrix}$ _und_ $\begin{pmatrix} 1 \\ 0 \\ 0 \end{pmatrix}$ _sind linear unabhängig, denn das lineare Gleichungssystem_

  $$\left(\begin{array}{ccc|c} 1 & 1 & 1 & 0 \\ 1 & 1 & 0 & 0 \\ 1 & 0 & 0 & 0 \end{array} \right) \begin{array}{l} \\ \cdot (-1) + Zeile\ 1 \\ \cdot (-1) + Zeile\ 1 \end{array} \Rightarrow \left(\begin{array}{ccc|c} 1 & 1 & 1 & 0 \\ 0 & 0 & 1 & 0 \\ 0 & 1 & 0 & 0 \end{array} \right) \begin{array}{l} \\ \downarrow Zeilen\ vertauschen \\ \uparrow \end{array}$$

$$\Rightarrow \begin{pmatrix} 1 & 1 & 1 & | & 0 \\ 0 & 1 & 0 & | & 0 \\ 0 & 0 & 1 & | & 0 \end{pmatrix}$$

hat als eindeutige Lösung $\alpha_1 = 0, \alpha_2 = 0, \alpha_3 = 0$.

Bei manchen Vektoren kann man direkt entscheiden, ob sie linear unabhängig sind, bzw. es gibt eine einheitliche Regelung (Konvention). Auch die sollte man kennen, dann kann man sich manchmal Arbeit ersparen:

Wichtig 77
- **Der Nullvektor ist immer linear abhängig.**
- **Ansonsten ist ein Vektor allein immer linear unabhängig.**
- **Sind mehr Vektoren auf lineare Unabhängigkeit zu überprüfen, als die Vektoren Einträge haben, dann sind die Vektoren immer linear abhängig. Denn: Im $\mathbb{R}^n$ sind mehr als n Vektoren immer linear abhängig.**
- **Sind zwei Vektoren auf lineare Unabhängigkeit zu prüfen, so sollte man zuerst prüfen, ob der eine Vektor ein Vielfaches des anderen Vektors ist. In dem Fall sind die beiden nämlich linear abhängig. Sonst sind sie linear unabhängig.**

Auch das sehen wir uns an einigen Beispielen an:

Beispiel 95
- $x_1 = \begin{pmatrix} 1 \\ 2 \end{pmatrix}, x_2 = \begin{pmatrix} 2 \\ 4 \end{pmatrix}, x_3 = \begin{pmatrix} 3 \\ 8 \end{pmatrix}$, *sind linear abhängig, denn im $\mathbb{R}^2$ sind 3 Vektoren immer linear abhängig.*

- $x_1 = \begin{pmatrix} 1 \\ 2 \end{pmatrix}, x_2 = \begin{pmatrix} 2 \\ 4 \end{pmatrix}$ *sind linear abhängig, denn* $\begin{pmatrix} 2 \\ 4 \end{pmatrix} = 2 \cdot \begin{pmatrix} 1 \\ 2 \end{pmatrix}$.

Es gibt noch einige weitere Rechenoperationen, die man mit Vektoren durchführen kann. Da Vektoren aber streng genommen nichts als „verkrüppelte" Matrizen sind, lernen Sie diese Operationen hier erst kennen, wenn wir uns ein bisschen mit Matrizen auseinander gesetzt haben.

7.2.2   Matrizen

Eigentlich wissen Sie schon längst, was eine Matrix ist: Eine Tabelle mit unterschiedlichen geordnet aufgelisteten Einträgen. Das kann man natürlich ein bisschen formaler ausdrücken:

Bezeichnung 38

Matrix

$$A = \begin{pmatrix} a_{11} & a_{12} & \cdots & a_{1j} & \cdots & a_{1n} \\ a_{21} & a_{22} & \cdots & a_{2j} & \cdots & a_{2n} \\ \vdots & \vdots & \vdots & \vdots & \vdots & \vdots \\ a_{i1} & a_{i2} & \cdots & a_{ij} & \cdots & a_{in} \\ \vdots & \vdots & \vdots & \vdots & \vdots & \vdots \\ a_{m1} & a_{m2} & \cdots & a_{mj} & \cdots & a_{mn} \end{pmatrix} \in \mathbb{R}^{m \times n}$$

heißt Matrix mit m Zeilen und n Spalten.
i heißt Zeilenindex, j heißt Spaltenindex des Eintrags aij.

Der Vektor $\begin{pmatrix} a_{1j} \\ a_{2j} \\ \vdots \\ a_{ij} \\ \vdots \\ a_{mj} \end{pmatrix}$ heißt j. Spaltenvektor der Matrix A.

Der Vektor$(a_{i1}, a_{i2}, \ldots, a_{ij}, a_{in})$ heißt i. Zeilenvektor von A.

Es gibt einige spezielle Arten von Matrizen, deren Namen man kennen muss:

Bezeichnung 39

Spezielle Matrizen
- A heißt *Nullmatrix* bzw. $0_{m \times n}$, falls $a_{ij}=0$ für alle Zeilen i und Spalten j.
- A heißt *quadratische Matrix* falls A genau so viele Zeilen wie Spalten hat, bzw. "auf Mathe" falls $A \in \mathbb{R}^{n \times n}$.
- A heißt *Einheitsmatrix* des $\mathbb{R}^{n \times n}$ bzw. I_n, falls A quadratisch ist, auf der Diagonalen nur Einsen stehen und alle anderen Einträge Null sind.
- A heißt *Diagonalmatrix*, falls nur auf der Diagonalen von Null verschiedene Einträge stehen, d.h. alle anderen Einträge Null sind.
- A heißt *obere Dreiecksmatrix*, falls unterhalb der Diagonalen alle Einträge Null sind.
- A heißt *untere Dreiecksmatrix*, falls oberhalb der Diagonalen alle Einträge Null sind.
- A heißt *Blockmatrix*, falls man die Matrix durch waagerechte und senkrechte Striche in Bereiche aufteilen kann, so dass ganze Bereiche nur aus Nullen bestehen.

Zum besseren Verständnis schieße ich gleich ein paar Beispiele nach:

Beispiel 96

- So sieht die Einheitsmatrix des $\mathbb{R}^{3\times3}$ aus: $I_3 = \begin{pmatrix} 1 & 0 & 0 \\ 0 & 1 & 0 \\ 0 & 0 & 1 \end{pmatrix}$

- Hier sehen wir eine untere Dreiecksmatrix: $A = \begin{pmatrix} 2 & 0 & 0 \\ 3 & 8 & 0 \\ 6 & 5 & 1 \end{pmatrix}$

- Und hier eine Diagonalmatrix: $B = \begin{pmatrix} -5 & 0 & 0 \\ 0 & 3 & 0 \\ 0 & 0 & 6 \end{pmatrix}$

- Bei der folgenden Matrix handelt es sich um eine Blockmatrix:[94]

$$C = \begin{pmatrix} 0 & 0 & |1| & 0 & 0 & 0 \\ 0 & 0 & |2| & 0 & 0 & 0 \\ 1 & 2 & |0| & 3 & 5 & 6 \\ 3 & 4 & |0| & 1 & 2 & 3 \end{pmatrix}$$

Wie bereits angedroht, sind Vektoren eigentlich nichts anderes als Matrizen, nur besonders kleine, nämlich Matrizen mit entweder nur einer Zeile oder nur einer Spalte.[95]

Dementsprechend gibt es für Matrizen auch Rechenregeln, die allerdings ein wenig komplizierter aussehen als die Rechenregeln für Vektoren. Beherrschen muss man sie aber natürlich trotzdem:

Wichtig 78
Rechenregeln für Matrizen

- Matrizen, die addiert oder subtrahiert werden sollen, müssen jeweils dieselbe Anzahl Zeilen und Spalten besitzen. Dann werden Elemente an derselben Position addiert bzw. subtrahiert. Die Ergebnismatrix hat dementsprechend genau so viele Zeilen und Spalten wie die beiden Ausgangsmatrizen. Also:

$$A = \begin{pmatrix} a_{11} & a_{12} & \cdots & a_{1j} & \cdots & a_{1n} \\ a_{21} & a_{22} & \cdots & a_{2j} & \cdots & a_{2n} \\ \vdots & \vdots & \vdots & \vdots & \vdots & \vdots \\ a_{i1} & a_{i2} & \cdots & a_{ij} & \cdots & a_{in} \\ \vdots & \vdots & \vdots & \vdots & \vdots & \vdots \\ a_{m1} & a_{m2} & \cdots & a_{mj} & \cdots & a_{mn} \end{pmatrix} \in \mathbb{R}^{m \times n}$$

---

[94] Die Linien dienen nur der Verdeutlichung der Blöcke

[95] Eine Matrix mit nur einer Zeile und nur einer Spalte besteht übrigens einfach nur aus einer Zahl.

$$B = \begin{pmatrix} b_{11} & b_{12} & \cdots & b_{1j} & \cdots & b_{1n} \\ b_{21} & b_{22} & \cdots & b_{2j} & \cdots & b_{2n} \\ \vdots & \vdots & \vdots & \vdots & \vdots & \vdots \\ b_{i1} & b_{i2} & \cdots & b_{ij} & \cdots & b_{in} \\ \vdots & \vdots & \vdots & \vdots & \vdots & \vdots \\ b_{m1} & b_{m2} & \cdots & b_{mj} & \cdots & b_{mn} \end{pmatrix} \in \mathbb{R}^{m \times n}$$

$$A + B = \begin{pmatrix} a_{11} & a_{12} & \cdots & a_{1j} & \cdots & a_{1n} \\ a_{21} & a_{22} & \cdots & a_{2j} & \cdots & a_{2n} \\ \vdots & \vdots & \vdots & \vdots & \vdots & \vdots \\ a_{i1} & a_{i2} & \cdots & a_{ij} & \cdots & a_{in} \\ \vdots & \vdots & \vdots & \vdots & \vdots & \vdots \\ a_{m1} & a_{m2} & \cdots & a_{mj} & \cdots & a_{mn} \end{pmatrix} + \begin{pmatrix} b_{11} & b_{12} & \cdots & b_{1j} & \cdots & b_{1n} \\ b_{21} & b_{22} & \cdots & b_{2j} & \cdots & b_{2n} \\ \vdots & \vdots & \vdots & \vdots & \vdots & \vdots \\ b_{i1} & b_{i2} & \cdots & b_{ij} & \cdots & b_{in} \\ \vdots & \vdots & \vdots & \vdots & \vdots & \vdots \\ b_{m1} & b_{m2} & \cdots & b_{mj} & \cdots & b_{mn} \end{pmatrix}$$

$$= \begin{pmatrix} a_{11}+b_{11} & a_{12}+b_{12} & \cdots & a_{1j}+b_{1j} & \cdots & a_{1n}+b_{1n} \\ a_{21}+b_{21} & a_{22}+b_{22} & \cdots & a_{2j}+b_{2j} & \cdots & a_{2n}+b_{2n} \\ \vdots & \vdots & \vdots & \vdots & \vdots & \vdots \\ a_{i1}+b_{i1} & a_{i2}+b_{i2} & \cdots & a_{ij}+b_{ij} & \cdots & a_{in}+b_{in} \\ \vdots & \vdots & \vdots & \vdots & \vdots & \vdots \\ a_{m1}+b_{m1} & a_{m2}+b_{m2} & \cdots & a_{mj}+b_{mj} & \cdots & a_{mn}+b_{mn} \end{pmatrix}$$

- Eine Matrix wird mit einer Zahl multipliziert, indem man jeden Eintrag mit dieser Zahl multipliziert, „auf Mathe":

$$\alpha \cdot A = \alpha \cdot \begin{pmatrix} a_{11} & a_{12} & \cdots & a_{1j} & \cdots & a_{1n} \\ a_{21} & a_{22} & \cdots & a_{2j} & \cdots & a_{2n} \\ \vdots & \vdots & \vdots & \vdots & \vdots & \vdots \\ a_{i1} & a_{i2} & \cdots & a_{ij} & \cdots & a_{in} \\ \vdots & \vdots & \vdots & \vdots & \vdots & \vdots \\ a_{m1} & a_{m2} & \cdots & a_{mj} & \cdots & a_{mn} \end{pmatrix}$$

$$= \begin{pmatrix} \alpha \cdot a_{11} & \alpha \cdot a_{12} & \cdots & \alpha \cdot a_{1j} & \cdots & \alpha \cdot a_{1n} \\ \alpha \cdot a_{21} & \alpha \cdot a_{22} & \cdots & \alpha \cdot a_{2j} & \cdots & \alpha \cdot a_{2n} \\ \vdots & \vdots & \vdots & \vdots & \vdots & \vdots \\ \alpha \cdot a_{i1} & \alpha \cdot a_{i2} & \cdots & \alpha \cdot a_{ij} & \cdots & \alpha \cdot a_{in} \\ \vdots & \vdots & \vdots & \vdots & \vdots & \vdots \\ \alpha \cdot a_{m1} & \alpha \cdot a_{m2} & \cdots & \alpha \cdot a_{mj} & \cdots & \alpha \cdot a_{mn} \end{pmatrix}$$

- Zwei Matrizen A und B können nur dann miteinander multipliziert werden, wenn die Anzahl der Spalten der ersten Matrix A gleich der Anzahl der Zeilen der zweiten Matrix B ist. d.h. ist A eine $m \times n$-Matrix, wobei m für die Zeilenanzahl und n für die Spaltenanzahl steht, dann muss B eine $n \times z$-Matrix sein, wobei m und z übereinstimmen können aber nicht müssen. Heraus kommt dann als Produkt eine $m \times z$-Matrix.

Das Element c_{ij} der Produktmatrix $C = A \cdot B$ erhält man, indem man Zeile i der Matrix A mit Spalte j der Matrix B multipliziert, das bedeutet, Elemente, die in der jeweiligen Zeile bzw. Spalte an der gleichen Stelle stehen, werden multipliziert und die Produkte aufsummiert. (Man merkt sich immer die Daumenregel „Zeile mal Spalte").

Die mathematische Schreibweise hierfür schenke ich mir. Erstens sieht es so wüst aus, dass es eh niemand, der kein Mathematiker werden will, lesen kann, und zweitens hilft das Beispiel, das gleich folgt, sowieso mehr als 1.000 Formeln.

- Die Transponierte A^T einer Matrix A erhält man, indem man die Zeilen und Spalten der Matrix A miteinander vertauscht.[96] Das bedeutet, die erste Zeile wird zu ersten Spalte, die zweite Zeile zur zweiten Spalte usw. Daher gilt, wenn $A \in \mathbb{R}^{m \times n}$, dann ist $A^T \in \mathbb{R}^{n \times m}$

Hurra, geschafft. Sofort ein paar Beispiele hinterher:

Beispiel 97

- $$\begin{pmatrix} 1 & 2 \\ 2 & 3 \\ 3 & 4 \end{pmatrix} + \begin{pmatrix} 1 & 2 \\ 2 & 3 \\ 3 & 4 \end{pmatrix} = \begin{pmatrix} 2 & 4 \\ 4 & 6 \\ 6 & 8 \end{pmatrix}$$

- $$\begin{pmatrix} 1 & 2 \\ 2 & 3 \\ 3 & 4 \end{pmatrix}^T = \begin{pmatrix} 1 & 2 & 3 \\ 2 & 3 & 4 \end{pmatrix}$$

- $$\begin{pmatrix} 1 & 2 & 3 \\ 2 & 3 & 4 \end{pmatrix} \cdot \begin{pmatrix} 1 & 2 \\ 2 & 3 \\ 3 & 4 \end{pmatrix} = \begin{pmatrix} 1 \cdot 1 + 2 \cdot 2 + 3 \cdot 3 & 1 \cdot 2 + 2 \cdot 3 + 3 \cdot 4 \\ 2 \cdot 1 + 3 \cdot 2 + 4 \cdot 3 & 2 \cdot 2 + 3 \cdot 3 + 4 \cdot 4 \end{pmatrix} = \begin{pmatrix} 14 & 20 \\ 20 & 29 \end{pmatrix}$$

Wichtig 79

Man muss akzeptieren, dass Matrizen etwas anders als Zahlen sind. Insbesondere die Matrixmultiplikation erscheint ja schon etwas merkwürdig. Man muss aber noch zwei weitere Dinge über Matrizen wissen:
- Man kann und darf nie nie nie durch eine Matrix dividieren![97]
- Die Matrixmultiplikation ist nicht kommutativ, d.h. $A \cdot B \neq B \cdot A$. Es kommt also darauf an, dass man genau weiß, was man berechnen möchte, sonst kommt was völlig anderes heraus!

---

[96] Das ist kein Druckfehler, man nennt es wirklich transponieren und nicht etwa transformieren. Gewöhnen Sie sich an das Wort. Ich habe es nicht erfunden!

[97] Wir lernen gleich eine Operation kennen, die als Ersatz dient.

Bevor wir dazu kommen, was man machen muss, wenn man eigentlich durch eine Matrix dividieren möchte, müssen wir noch zwei neue Worte kennenlernen, die wir nun erklären können:

Bezeichnung 40
- Eine Matrix, die gleich ihrer Transponierten ist, also mit der Eigenschaft $A = A^T$ heißt *symmetrische Matrix*.
- Zwei Vektoren x und y, deren Produkt 0 ist (also $x \cdot y = 0$), heißen orthogonal.

So jetzt aber endlich zum „ Dividieren", was aber Invertieren heißt.

Bezeichnung 41
Inverse Matrix
Sei A eine quadratische Matrix, d.h. $A \in \mathbb{R}^{n \times n}$.
$A^{-1} \in \mathbb{R}^{n \times n}$ heißt Inverse von A, falls gilt:
$$A \cdot A^{-1} = A^{-1} \cdot A = I_n$$

Wenn man sich diesen Zusammenhang ein bisschen im Gehirn zergehen lässt und es mit den Zahlen vergleicht, erkennt man gewisse Parallelen zum Kehrwert einer Zahl a, der ja auch oft als a^{-1} bezeichnet wird. Bei Zahlen kommt 1 heraus, wenn man eine Zahl mit ihrem Kehrwert multipliziert, bei Matrizen eben die Einheitsmatrix. Und genau wie bei Zahlengleichungen, wo man mit dem Kehrwert multipliziert, um durch eine Zahl zu teilen, multipliziert man bei Gleichungen mit Matrizen[98] mit der Inversen, also quasi „dem Kehrwert" der Matrix, um „durch sie zu teilen".

Gut, bevor wir uns ansehen, wozu man die Inverse einer Matrix braucht, lernen wir erst einmal, wie man sie berechnet:

Vorgehensweise 12

Inverse berechnen
Man ermittelt die Inverse A^{-1} zu einer Matrix A, indem man die Matrix $(A \mid I_n)$ bildet, also aufschreibt, und solange elementare Zeilenumformungen auf die gesamte Matrix anwendet, bis links vom Strich die Einheitsmatrix entsteht. Rechts vom Strich steht dann – wie durch Zauberhand – A^{-1}.
Wie immer wenden wir die elementaren Zeilenumformungen nicht einfach irgendwie an, sondern wieder schön strukturiert:
1. *Zuerst werden unterhalb der Diagonalen Nullen erzeugt, wie immer von vorne nach hinten.*

---

[98] Keine Panik, das sehen wir uns gleich noch im Detail an!

2. *Dann werden oberhalb der Diagonalen Nullen erzeugt, und zwar von hinten nach vorne, also zuerst in der letzten Spalte, dann in der vorletzten usw.*
3. *Zuletzt wird jede Zeile durch ihr Diagonalelement geteilt (sofern es nicht bereits 1 ist).*

Ein Beispiel sagt mehr als 1.000 Worte und 10.000 Formeln:

Beispiel 98

Die Inverse zu $A = \begin{pmatrix} 1 & 2 \\ 3 & 4 \end{pmatrix}$ *wird wie folgt ermittelt:*

$$\left(\begin{array}{cc|cc} 1 & 2 & 1 & 0 \\ 3 & 4 & 0 & 1 \end{array}\right) {}_{+(-3)\cdot Zeile\ 1} \Rightarrow \left(\begin{array}{cc|cc} 1 & 2 & 1 & 0 \\ 0 & -2 & -3 & 1 \end{array}\right) {}_{+Zeile\ 2}$$

$$\Rightarrow \left(\begin{array}{cc|cc} 1 & 0 & -2 & 1 \\ 0 & -2 & -3 & 1 \end{array}\right) {}_{:(-2)}$$

$$\Rightarrow \left(\begin{array}{cc|cc} 1 & 0 & -2 & 1 \\ 0 & 1 & 1{,}5 & -0{,}5 \end{array}\right)$$

Also ist die Inverse zu A

$$A^{-1} = \begin{pmatrix} -2 & 1 \\ 1{,}5 & -0{,}5 \end{pmatrix}$$

Invertieren dauert manchmal ganz schön lange, je nachdem, wie viele Einträge die Matrix hat. Daher kommen jetzt ein paar Spezialfälle und Tricks, wie man sich das Leben einfacher machen kann.

Wichtig 80

1. **Für 2×2-Matrizen gilt:**
   Ist $A = \begin{pmatrix} a & b \\ c & d \end{pmatrix} \Rightarrow A^{-1} = \frac{1}{ad-bc} \begin{pmatrix} d & -b \\ -c & a \end{pmatrix}$

2. **Bei Blockmatrizen werden die Blöcke jeweils einzeln invertiert und hinterher wieder zu einer Blockmatrix zusammengesetzt.**

Auch das versteht man leichter mit einem Beispiel:

Beispiel 99

Die Inverse zu $A = \begin{pmatrix} 1 & 2 \\ 3 & 4 \end{pmatrix}$ *ist*[99]

$$A^{-1} = \frac{1}{1 \cdot 4 - 2 \cdot 3} \begin{pmatrix} 4 & -2 \\ -3 & 1 \end{pmatrix} = -\frac{1}{2} \begin{pmatrix} 4 & -2 \\ -3 & 1 \end{pmatrix} = \begin{pmatrix} -2 & 1 \\ \frac{3}{2} & -\frac{1}{2} \end{pmatrix}$$

---

[99] Natürlich muss da dieselbe Inverse rauskommen wie gerade beim allgemeinen Verfahren.

Die Inverse zu
$$A = \begin{pmatrix} 1 & 2 & 0 & 0 \\ 3 & 4 & 0 & 0 \\ 0 & 0 & 1 & 2 \\ 0 & 0 & 3 & 4 \end{pmatrix} \text{ ist}$$

$$A^{-1} = \begin{pmatrix} -2 & 1 & 0 & 0 \\ \dfrac{3}{2} & -\dfrac{1}{2} & 0 & 0 \\ 0 & 0 & -2 & 1 \\ 0 & 0 & \dfrac{3}{2} & -\dfrac{1}{2} \end{pmatrix}$$

Das Invertierungsverfahren kann sogar noch etwas mehr. Es zeigt auch an, wenn eine Matrix nicht invertierbar ist.[100] In diesem Fall bricht das Verfahren ab, indem eine komplette Nullzeile bis zum senkrechten Strich entsteht. Dann können Sie die Matrix als nicht invertierbar identifizieren und mit der Berechnung aufhören! So wie in dem folgenden Beispiel:

Beispiel 100

$A = \begin{pmatrix} 1 & 2 \\ 2 & 4 \end{pmatrix}$ soll invertiert werden:

$$A = \begin{pmatrix} 1 & 2 & | & 1 & 0 \\ 2 & 4 & | & 0 & 1 \end{pmatrix} {}_{+(-2)\,\cdot\,\text{Zeile 1}} \Rightarrow \begin{pmatrix} 1 & 2 & | & 1 & 0 \\ 0 & 0 & | & -2 & 1 \end{pmatrix}$$

Diese Matrix werden Sie nie und nimmer zu einer Einheitsmatrix bekommen, also können Sie sagen, dass die Matrix nicht invertierbar ist!

7.3   Lineare Gleichungssysteme und Matrizen

Da Sie nun etwas geübter im Umgang mit Matrizen sind, kann ich Ihr Gehirn noch einmal fordern und Ihnen einen weiteren Zusammenhang offenbaren. Erinnern Sie sich an die neue abkürzende Schreibweise für Gleichungssysteme, die wir in Abschnitt 7.1 besprochen haben? Wir haben damals schon gesagt, dass die Schreibweise Matrix-Schreibweise genannt wird, nun können wir erläutern warum:

---

[100] Das ist immer dann der Fall, wenn die Spalten- bzw. die Zeilenvektoren linear abhängig sind bzw. der Rang der Matrix nicht voll ist.

Wichtig 81

Jedes lineare Gleichungssystem

$$a_{11}x_1 + a_{12}x_2 + \cdots + a_{1n}x_n = b_1$$
$$a_{21}x_1 + a_{22}x_2 + \cdots + a_{2n}x_n = b_2$$
$$\cdots$$
$$a_{m1}x_1 + a_{m2}x_2 + \ldots + a_{mn}x_n = b_n$$

Lässt sich schreiben als:

$$\begin{pmatrix} a_{11} & a_{12} & \cdots & a_{1n} \\ a_{21} & a_{22} & \cdots & a_{2n} \\ \vdots & \vdots & \cdots & \vdots \\ a_{m1} & a_{m2} & \cdots & a_{mn} \end{pmatrix} \cdot \begin{pmatrix} x_1 \\ x_2 \\ \vdots \\ x_n \end{pmatrix} = \begin{pmatrix} b_1 \\ b_2 \\ \vdots \\ b_m \end{pmatrix}$$

bzw. in Kurzschreibweise $A \cdot x = b$[101]

Wenn Sie akzeptiert haben, dass ein Gleichungssystem immer als $A \cdot x = b$ geschrieben werden kann, ist es nur ein kleiner Gedanke, auf den Sie kommen müssen, um so ein Gleichungssystem auf eine andere Weise als mit dem Gauß-Verfahren zu lösen:

Wichtig 82

Ein Gleichungssystem $A \cdot x = b$ hat als Lösung $x = A^{-1} \cdot b$, falls A invertierbar ist.

Hierbei ist es wichtig, dass Sie berücksichtigen, dass die Matrixmultiplikation ja nicht kommutativ ist, d.h. es ist wichtig, ob Sie „von links" oder „von rechts" mit A^{-1} multiplizieren.

Wenn Sie von rechts multipliziert hätten: $A \cdot x = b \quad | \cdot A^{-1}$ hätten Sie folgende Gleichung erhalten: $A \cdot x \cdot A^{-1} = b \cdot A^{-1}$. Da Sie nichts vertauschen dürfen, wären Sie in einer Sackgasse gelandet!

Wenn Sie aber von links multiplizieren: $A \cdot x = b \quad |A^{-1} \cdot$, erhalten Sie die Gleichung $\underbrace{A^{-1} \cdot A}_{I_n} \cdot x = A^{-1} \cdot b$, also ergibt sich $I_n \cdot x = A^{-1} \cdot b$.

Das Schöne an der Einheitsmatrix ist aber, dass man Vektoren und Matrizen so lange mit ihr von rechts und von links multiplizieren darf, wie man möchte, verändern tun sie sich nicht![102]

Also lautet die Lösung tatsächlich: $x = A^{-1} \cdot b$

Strapazieren wir noch einmal die schon so oft invertierte Matrix und sehen uns ein Beispiel an:

---

[101] Multiplizieren Sie die Matrixgleichung ruhig einmal aus, wenn Sie es nicht glauben. Sie werden staunen!

[102] Versuchen Sie es ruhig einmal!

Beispiel 101

Das folgende Gleichungssystem soll gelöst werden:

$$1x_1 + 2x_2 = 1$$
$$3x_1 + 4x_2 = 7$$

In der ausführlichen Matrix-Schreibweise lautet das Gleichungssystem dann:

$$\begin{pmatrix} 1 & 2 \\ 3 & 4 \end{pmatrix} \cdot \begin{pmatrix} x_1 \\ x_2 \end{pmatrix} = \begin{pmatrix} 1 \\ 7 \end{pmatrix}$$

Da wir schon wissen, wie die Inverse lautet, können wir die Lösung des Gleichungssystems festhalten:

$$\begin{pmatrix} x_1 \\ x_2 \end{pmatrix} = \begin{pmatrix} -2 & 1 \\ \frac{3}{2} & -\frac{1}{2} \end{pmatrix} \cdot \begin{pmatrix} 1 \\ 7 \end{pmatrix} = \begin{pmatrix} 5 \\ -2 \end{pmatrix}$$

Sie werden sehr schnell merken, dass die Lösung über Invertieren viel aufwändiger als das Gauß-Verfahren ist und dass es nur dann funktioniert, wenn das Gleichungssystem eindeutig lösbar ist. Daher sollten Sie dieses Verfahren nur anwenden, wenn es entweder explizit gefordert wird oder wenn Sie bereits die benötigte Inverse, z.B. für eine andere Klausuraufgabe, berechnet haben.

7.4 Betriebswirtschaftliche Anwendung von Matrizen

Erfahrungsgemäß haben Studenten so ihre Probleme mit Matrizen. Sie rechnen und invertieren die kleinen Tabellen, weil sie es müssen, aber Sinn und Zweck dieser Operationen ist ihnen oftmals nicht klar. Daher kommt jetzt eine Anwendung für Matrixoperationen, die hohe praktische Relevanz besitzt.

Dazu betrachten wir eine so genannte _inputlimitationale_[103] Produktion:

---

[103] Das bedeutet schlichtweg, dass durch die Anzahl der Produkte bereits festgelegt ist, welche Teile und Vorprodukte man braucht. Es gibt nur eine Möglichkeit, das Produkt herzustellen. Eine andere Bezeichnung hierfür lautet auch mehrstufiges Leontief-Modell. Aber so tief wollen wir in die Produktionstheorie gar nicht einsteigen. Wenn Sie sich dafür interessieren, müssen Sie unbedingt in das Lehrbuch Dyckhoff, H. Grundzüge der Produktionswirtschaft: Einführung in die Theorie betrieblicher Wertschöpfung (2003) schauen. Da steht es sehr ausführlich drin.

Beispiel 102

Eine Schreinerei fertigt Stühle.

Für jeden Stuhl werden 4 Stuhlbeine, 1 Rückenlehne, 1 Sitzfläche und 20 Schrauben benötigt.

Die Einzelteile fertigt die Schreinerei selbst: Für die Stuhlbeine werden je 0,2 m^2 Holz, für die Rückenlehne 0,3 m^2 Holz und für die Sitzfläche 0,1 m^2 Holz verarbeitet.

Die Schreinerei erhält nun einen Auftrag über 25 Stühle. Der Geschäftsführer will Folgendes wissen:

- _Wie viel Holz, wie viele Stuhlbeine und wie viele Schrauben werden insgesamt benötigt?_

- _Im Lager befinden sich momentan 20 Schrauben, 10 m^2 Holz und 3 Stuhlbeine._

Wie viel von den Einsatzstoffen muss noch hinzu gekauft werden?

Üblicherweise stellt man solche Produktionen graphisch dar, um sich einen Überblick zu verschaffen. Diese Darstellungen heißen Gozintographen.[104]

In **Abbildung 28** ist der Gozintograph für das Schreinerei-Beispiel abgebildet.

Abbildung 28   Gozintograph des Schreinerei-Beispiels

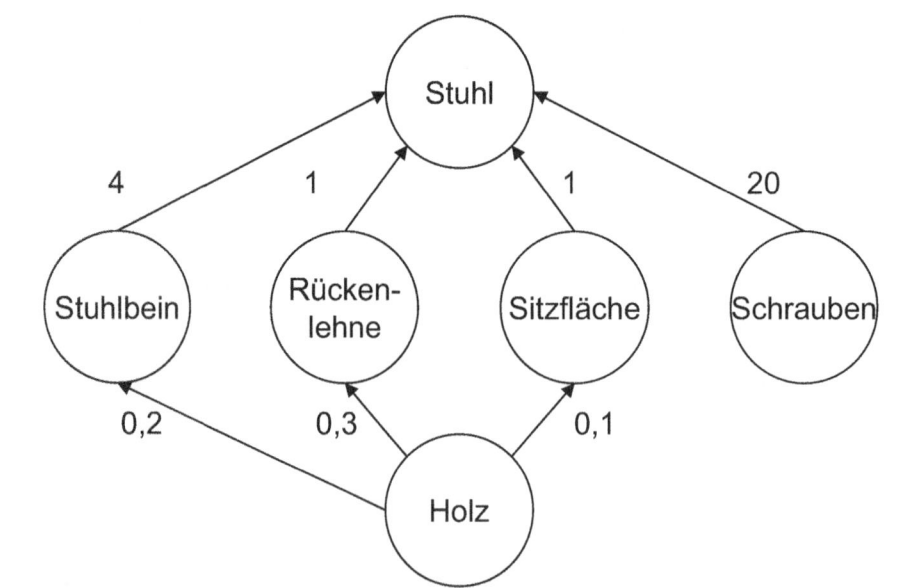

---

[104] Witzige Geschichte, dieses Wort ist künstlich und kommt von „goes into".

Um uns im Folgenden vernünftig ausdrücken zu können, brauchen wir noch einige Bezeichnungen:

Bezeichnung 42

Bedarfsarten

- Der *Primärbedarf* eines Zwischen- oder Endprodukts gibt die Menge der Zwischen- oder Endprodukte an, die direkt benötigt werden.
- Unter dem *Sekundärbedarf* eines Zwischenprodukts versteht man den Bedarf des Zwischenprodukts, den man zusätzlich zum Primärbedarf zur Weiterverarbeitung benötigt.
- Der *Brutto* – oder *Gesamtbedarf* ist die Summe aus *Primär-* und *Sekundärbedarf*.
- Der *Nettobedarf* entspricht dem *Bruttobedarf* abzüglich des Lagerbestands.

Dann lassen sich viele der Informationen in Matrixform aufschreiben.

Bezeichnung 43

Direktbedarfsmatrix

Die Direktbedarfsmatrix A gibt für jeden Rohstoff, jedes Zwischen- und jedes Endprodukt an, wie viele Einheiten direkt für die anderen Produkte gebraucht werden.

Wenn man in Zeilen und Spalten die (identische) Reihenfolge von Rohstoffen, Zwischenprodukten und Endprodukte einhält, so ist die *Direktbedarfsmatrix* immer eine obere Dreiecksmatrix, die auf der Diagonalen nur Nullen aufweist.

Beispiel 103

In unserem Beispiel lautet die Direktbedarfsmatrix in der Reihenfolge Holz, Stuhlbeine, Rückenlehnen, Sitzflächen, Schrauben und Stühle:

$$A = \begin{pmatrix} 0 & 0,2 & 0,3 & 0,1 & 0 & 0 \\ 0 & 0 & 0 & 0 & 0 & 4 \\ 0 & 0 & 0 & 0 & 0 & 1 \\ 0 & 0 & 0 & 0 & 0 & 1 \\ 0 & 0 & 0 & 0 & 0 & 20 \\ 0 & 0 & 0 & 0 & 0 & 0 \end{pmatrix}$$

Bezeichnung 44

- $T = I - A$ heißt technologische Matrix.
- $G = (I - A)^{-1}$ heißt Gesamtbedarfsmatrix.

Beispiel 104

In unserem Beispiel lauten technologische und Gesamtbedarfsmatrix also:

$$
T = \begin{pmatrix}
1 & -0,2 & -0,3 & -0,1 & 0 & 0 \\
0 & 1 & 0 & 0 & 0 & -4 \\
0 & 0 & 1 & 0 & 0 & -1 \\
0 & 0 & 0 & 1 & 0 & -1 \\
0 & 0 & 0 & 0 & 1 & -20 \\
0 & 0 & 0 & 0 & 0 & 1
\end{pmatrix}
$$

und

$$
G = \begin{pmatrix}
1 & 0,2 & 0,3 & 0,1 & 0 & 1,2 \\
0 & 1 & 0 & 0 & 0 & 4 \\
0 & 0 & 1 & 0 & 0 & 1 \\
0 & 0 & 0 & 1 & 0 & 1 \\
0 & 0 & 0 & 0 & 1 & 20 \\
0 & 0 & 0 & 0 & 0 & 1
\end{pmatrix}
$$

Durch Multiplikation der Gesamtbedarfsmatrix mit dem Vektor der Bestellungen erhält man den Vektor der (Brutto-)Bedarfsmengen.

Beispiel 105

Nun können die Fragen des Geschäftsführers beantwortet werden:

$$
\begin{pmatrix}
Holz \\
Stuhlbeine \\
Rückenlehnen \\
Sitzflächen \\
Schrauben \\
Stühle
\end{pmatrix}
=
\begin{pmatrix}
1 & 0,2 & 0,3 & 0,1 & 0 & 1,2 \\
0 & 1 & 0 & 0 & 0 & 4 \\
0 & 0 & 1 & 0 & 0 & 1 \\
0 & 0 & 0 & 1 & 0 & 1 \\
0 & 0 & 0 & 0 & 1 & 20 \\
0 & 0 & 0 & 0 & 0 & 1
\end{pmatrix}
\cdot
\begin{pmatrix}
0 \\
0 \\
0 \\
0 \\
0 \\
25
\end{pmatrix}
=
\begin{pmatrix}
30 \\
100 \\
25 \\
25 \\
500 \\
25
\end{pmatrix}
$$

Wenn man nun noch die Lagerbestände subtrahiert, erhält man die benötigten Bestellmengen:

$$
\begin{pmatrix}
Holz \\
Stuhlbeine \\
Rückenlehnen \\
Sitzflächen \\
Schrauben \\
Stühle
\end{pmatrix}
=
\begin{pmatrix}
30 \\
100 \\
25 \\
25 \\
500 \\
25
\end{pmatrix}
-
\begin{pmatrix}
10 \\
3 \\
0 \\
0 \\
20 \\
0
\end{pmatrix}
=
\begin{pmatrix}
20 \\
97 \\
25 \\
25 \\
480 \\
25
\end{pmatrix}
$$

Obwohl dieses Beispiel so einfach ist, dass Sie sicher durch logisches Denken auf die gleiche Lösung gekommen sind, können Sie sich vielleicht vorstellen, dass es bei komplexeren (und realistischeren) Produktionen sinnvoll ist, solche Berechnungen durchzuführen.

7.5   Übungsaufgaben

Aufgabe 46

Lösen Sie die folgenden Gleichungssysteme.

a) $1x_1 + 4x_2 + 3x_3 = 1$

$2x_1 + 5x_2 + 4x_3 = 4$

$1x_1 - 3x_2 - 2x_3 = 5$

b) $1x_1 + 2x_2 - 3x_3 = 6$

$2x_1 + 1x_2 + 1x_3 = 1$

$3x_1 - 2x_2 - 2x_3 = 12$

c) $x_1 + x_3 + x_4 = 1$

$x_1 + x_2 + x_4 = 2$

$x_1 + x_2 + x_3 = 3$

$x_2 + x_3 + x_4 = 4$

Aufgabe 47

Untersuchen Sie die folgenden Gleichungssysteme auf Lösbarkeit und geben Sie die Lösungsmengen an.

a) $2x_1 - 4x_2 + 3x_3 - 1x_4 = 1x_5 + 1$

$6x_1 - 3x_2 - 1x_3 + 2x_4 = x_6 - 1$

b) $1y_1 - 4y_2 + 3y_3 = 16$

$-2y_1 + y_2 - 5y_3 = -12$

$4y_1 + 5y_2 + 9y_3 = 4$

$7y_2 - 1y_3 = -20$

c) $-u_1 - 2u_2 + 1u_3 = 8$

$2u_1 + 3u_2 - 1u_3 = -10$

$-u_1 - 4u_2 + 3u_3 = 10$

Aufgabe 48

Untersuchen Sie, ob die folgenden Vektoren linear unabhängig sind.

a) $\quad v_1 = \begin{pmatrix} 1 \\ 1 \\ 0 \end{pmatrix}, v_2 = \begin{pmatrix} 0 \\ 1 \\ 0 \end{pmatrix}, v_3 = \begin{pmatrix} 2 \\ 0 \\ 2 \end{pmatrix}$

b) $\quad v_1 = \begin{pmatrix} 1 \\ 3 \\ 4 \end{pmatrix}, v_2 = \begin{pmatrix} 0 \\ 2 \\ 6 \end{pmatrix}, v_3 = \begin{pmatrix} 1 \\ 2 \\ 2 \end{pmatrix}$

c) $\quad v_1 = \begin{pmatrix} 3 \\ 5 \\ 7 \end{pmatrix}, v_2 = \begin{pmatrix} 1 \\ 3 \\ 2 \end{pmatrix}, v_3 = \begin{pmatrix} 3 \\ 1 \\ 8 \end{pmatrix}$

Aufgabe 49

Berechnen Sie für die Matrizen

$$A = \begin{pmatrix} 2 & -1 & 4 \\ 1 & 2 & -1 \\ 3 & 1 & -2 \end{pmatrix}, B = \begin{pmatrix} 3 & -2 & 7 \\ 1 & 16 & -6 \\ 5 & 5 & -5 \end{pmatrix}, C = (1,2,3)^T, D = \begin{pmatrix} -1 & 1 \\ 2 & 0 \\ 1 & 2 \end{pmatrix}$$

die folgenden Ausdrücke, sofern sie definiert sind:

a) $\quad A + B$

b) $\quad A^T + (B^T)^T$

c) $\quad AB$

d) $\quad CD$

e) $\quad C^T D$

f) $\quad D + C$

Aufgabe 50

Invertieren Sie folgende Matrizen oder begründen Sie, warum die Matrix nicht invertierbar ist.

a) $\quad A = \begin{pmatrix} 5 & 4 & 7 \\ 3 & 6 & 5 \\ 1 & 4 & 3 \end{pmatrix}$

b) $\quad B = \begin{pmatrix} 3 & 2 & 5 \\ 4 & 6 & 2 \\ 5 & 5 & 6 \end{pmatrix}$

8   Lineare Optimierung

Das wichtigste Thema der Wirtschaftsmathematik überhaupt stellt die Optimierung dar. Schließlich ist es das Hauptanliegen eines Betriebswirts, mit den gegebenen Ressourcen das beste (=optimale) Ergebnis zu erzielen. Dummerweise ist die Optimierung mit Nebenbedingungen auch eines der schwierigsten Themengebiete. Daher beschäftigen wir uns in diesem Buch nur mit einem speziellen Teilgebiet, nämlich der linearen Optimierung. Aber ehrlich gesagt, kann man damit schon eine Menge anfangen. Und für die nichtlinearen Probleme sucht man sich dann einen Mathematiker.

Es gibt in der Betriebswirtschaft zwei Arten von Optimierungsproblemen: Entweder man möchte etwas maximieren, z.B. Gewinne oder Deckungsbeiträge, oder man möchte etwas minimieren, z.B. Kosten oder Durchlaufzeiten. Wir beschäftigen uns zuerst mit Maximierungsproblemen, bevor in Abschnitt 8.4 die Lösung von Minimierungsproblemen erklärt wird.

8.1   Maximierungsprobleme

Ich will Ihnen die unterschiedlichen Vorgehensweisen und Bezeichnungen bei einem linearen Maximierungsproblem an einem durchgehenden Beispiel verdeutlichen. Das Beispiel beginnt hier:

Beispiel 106

Ein Unternehmen produziert zwei Produkte A und B. Beide Produkte müssen drei Fertigungsstufen durchlaufen: die Teilefertigung, die Vormontage und die Endmontage.

In den drei Fertigungsstufen stehen folgende Kapazitäten zur Verfügung:

Teilefertigung: 80 Maschinenstunden

Vormontage: 100 Maschinenstunden

Endmontage: 75 Maschinenstunden

Die einzelnen Produkte benötigen folgende Fertigungszeiten:

Produkt A:

Teilefertigung: 4 Maschinenstunden/Stück

Vormontage: 2 Maschinenstunden/Stück

Endmontage: 5 Maschinenstunden/Stück

Produkt B:

Teilefertigung: *2 Maschinenstunden/Stück*

Vormontage: *3 Maschinenstunden/Stück*

Endmontage: *1 Maschinenstunden/Stück*

Mit Produkt A wird ein Deckungsbeitrag von 12 €/Stück, mit Produkt B ein Deckungsbeitrag von 8€/Stück erzielt.

Der Geschäftsführer des Unternehmens ist daran interessiert zu erfahren, wie viele Stücke von Produkt A und B er jeweils herstellen soll, um seinen gesamten Deckungsbeitrag zu maximieren. (Er unterstellt hierbei, dass er alle gefertigten Produkte auch verkaufen kann.)

Um ein solches Problem zu lösen, muss man zuerst die relevanten Informationen mathematisch darstellen.[105] Eine sinnvolle Modellierung ist die Darstellung als Standard-Maximierungsproblem (SMP):

Bezeichnung 45
Standard-Maximierungsproblem

Das Standard-Maximierungsproblem (SMP) der linearen Optimierung besteht aus einer linearen *Zielfunktion* (ZF), mehreren linearen *Nebenbedingungen* (NB) und den *Nicht-Negativitätsbedingungen*(NNB).
Es lautet:

max $\quad z = c_1 x_1 + c_2 x_2 + \ldots + c_n x_n (+d)$

s.d.[106] $\quad a_{11} x_1 + a_{12} x_2 + \cdots + a_{1n} x_n \leq b_1$
$\qquad a_{21} x_1 + a_{22} x_2 + \cdots + a_{2n} x_n \leq b_2$
$\qquad \ldots$
$\qquad a_{m1} x_1 + a_{m2} x_2 + \cdots + a_{mn} x_n \leq b_m$

$x_i \geq 0$

bzw. in der Kurzschreibweise:
max $\quad z = c^T x (+d)$
s.d. $\quad Ax \leq b$

---

[105] Man nennt das auch: ein Modell bilden.

[106] „s.d." ist die Abkürzung für „so dass" und leitet die Nebenbedingungen ein. Oft liest man auch „s.t." was dann für „subjecto" steht und das gleiche bedeutet!

$x \geq 0$

Auch unser Beispiel lässt sich als SMP formulieren:

Beispiel 107

Sei x_1 die Anzahl der herzustellen Produkte A, x_2 die Anzahl der herzustellenden Produkte B. Dann lautet das SMP zum obigen Beispiel:

$max \quad z = 12x_1 + 8x_2$

$s.d. \quad 4x_1 + 2x_2 \leq 80$
$2x_1 + 3x_2 \leq 100$
$5x_1 + 1x_2 \leq 75$

$x_1, x_2 \geq 0$

Es gibt noch eine weitere Art, Maximierungsprobleme zu modellieren: das Kanonische Maximierungsproblem (KMP).

Das KMP braucht man, um ein Maximierungsproblem rechnerisch zu lösen. Hier die mathematische Erklärung:

Bezeichnung 46

Kanonisches Maximierungsproblem

Um ein Kanonisches Maximierungsproblem zu formulieren, erweitert man das Standard-Maximierungsproblem um sogenannte *Schlupfvariablen*, die man in jede Nebenbedingung einfügt, so dass diese zu Gleichungsrestriktionen werden.

Das KMP sieht also wie folgt aus:

$max \quad z = c_1x_1 + c_2x_2 + \cdots + c_nx_n(+d)$

$s.d. \quad a_{11}x_1 + a_{12}x_2 + \cdots + a_{1n}x_n + y_1 = b_1$
$a_{21}x_1 + a_{22}x_2 + \cdots + a_{2n}x_n + y_2 = b_2$
$\cdots$
$a_{m1}x_1 + a_{m2}x_2 + \ldots + a_{mn}x_n + y_m = b_m$

$x_i, y_i \geq 0$

bzw. in der Kurzschreibweise:
$max \quad z = c^Tx(+d)$
$s.d. \quad Ax + y = b$
$\quad\quad x, y \geq 0$

Im obigen Beispiel sieht das wie folgt aus:

Beispiel 108

Sei x_1 die Anzahl der herzustellen Produkte A, x_2 die Anzahl der herzustellenden Produkte B. Dann lautet das KMP zum obigen SMP

$$max \quad z = 12x_1 + 8x_2$$

$$s.d. \quad 4x_1 + 2x_2 + y_1 = 80$$
$$2x_1 + 3x_2 + y_2 = 100$$
$$5x_1 + 1x_2 + y_3 = 75$$

$$x_1, x_2, y_1, y_2, y_3 \geq 0$$

8.2   Graphische Lösung eines linearen Optimierungsproblems

Ein SMP, das nur zwei Entscheidungsvariablen x_1, x_2 besitzt, kann man graphisch lösen.

Dazu erstellt man ein x_1,x_2-Koordinatendiagramm, in das man alle Nebenbedingungen und die Zielfunktion einzeichnet, und verschiebt die Zielfunktion.

8.2.1   Nebenbedingungen zeichnen

Man zeichnet eine lineare Nebenbedingung, indem man so tut, als wäre es eine Gleichung,[107] sich zwei Punkte sucht, die die Gleichung erfüllen und diese Punkte mit dem Lineal verbindet.[108]

Diese zwei Punkte erhält man, indem man einmal x_1=0 setzt und den zugehörigen x_2-Wert berechnet und einmal x_2=0 setzt und den zugehörigen x_1-Wert berechnet.

Sollten beide Punkte identisch sein, sucht man sich einen anderen x_1-Wert, der in einem vernünftigen (zeichenbaren) Abstand zu 0 liegt, und berechnet den zugehörigen x_2-Wert. Schwups, hat man einen zweiten Punkt und kann nun die Gerade zeichnen.

Da es sich ja eigentlich um eine Ungleichung handelt, muss man abschließend herausfin-

---

[107] Der zeichnerische Unterschied zwischen einer Gleichung und einer Ungleichung besteht darin, dass eine Gleichung durch eine Kurve beschrieben wird, während eine Ungleichung immer eine Seite der Kurve darstellt.

[108] Na, erinnern Sie sich noch an Ihre Schulzeit und wissen, dass eine lineare Gleichung eine Gerade darstellt?!

den, welche Seite der gezeichneten Geraden der relevante Bereich ist. Dazu sucht man sich einen möglichst einfachen Punkt, der **nicht** auf der Geraden liegen darf und überprüft, ob dieser die Ungleichung erfüllt. Wenn er sie erfüllt, so ist die Seite der Geraden, auf der dieser Punkt liegt, die gesuchte Seite, anderenfalls ist es die gegenüberliegende Seite. Ein Standardpunkt, den man eigentlich immer ausprobiert, ist der Punkt (0,0).

Die entstehende Figur, die die Schnittmenge aus allen relevanten Bereichen darstellt, nennt man übrigens Lösungsraum.

Beispiel 109

In unserem Beispiel sieht der Lösungsraum wie folgt aus:

Abbildung 29   Beispiel Lösungsraum

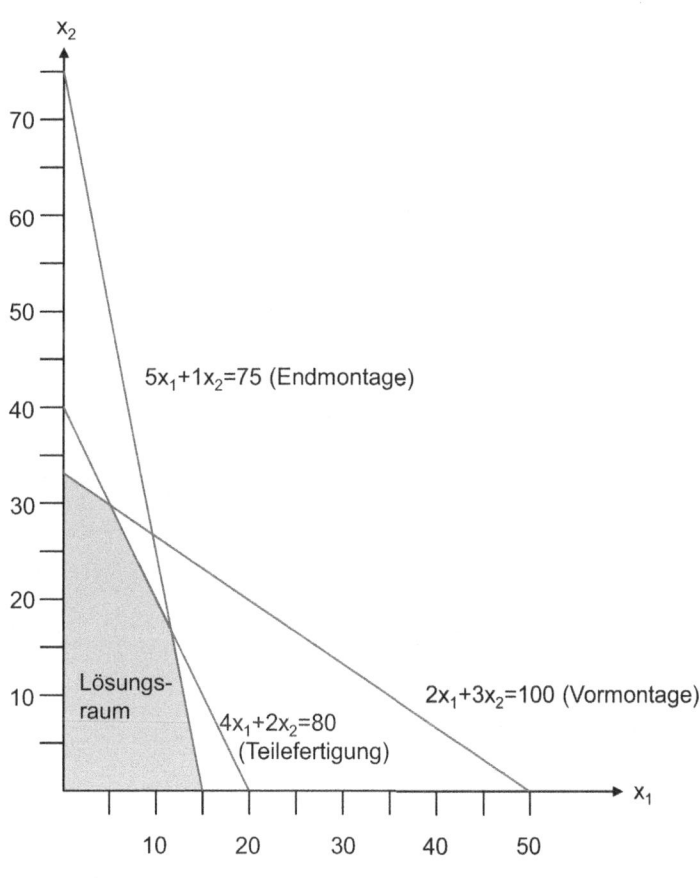

8.2.2   Zielfunktion einzeichnen

Wenn man sich die Zielfunktion näher anschaut, stellt man fest, dass es sich bei dieser Funktion eigentlich um ein dreidimensionales Gebilde handelt,[109] das man naturgemäß nur schwer auf ein zweidimensionales Blatt zeichnen kann. Deshalb setzt man die Zielfunktion =0 und zeichnet die Gerade, die dann entsteht, in das x_1, x_2-Koordinatensystem ein. Das Verfahren gestaltet sich analog zu den Nebenbedingungen, also zwei Punkte suchen und diese verbinden. Man kann übrigens die Zielfunktion auch gleich einem anderen Wert setzen, wenn das besser in das Bild passt.

8.2.3   Optimum bestimmen

Jetzt ist eigentlich alles eingezeichnet. Man muss nur noch mit Hilfe eines Geo-Dreiecks die Zielfunktion so lange parallel verschieben, bis die Gerade mit dem Lösungsraum nur noch einen Punkt gemeinsam hat. Das ist immer in einer Ecke der Fall. Die Koordinaten dieser Ecke stellen die optimalen Werte der Entscheidungsvariablen x_1 und x_2 dar. Je nachdem ob es sich um ein Maximierungs- oder um ein Minimierungsproblem handelt, ändert sich die Richtung, in die man die Zielfunktion verschieben muss. Bei Maximierungsproblemen muss man die nord-östlichste Ecke suchen, bei Minimierungsproblemen muss man die süd-westlichste Ecke suchen.

Wenn die Zielfunktion parallel zu einer Nebenbedingung verläuft, gibt es immer unendlich viele optimale Lösungen. Nämlich die beiden Eckpunkte und alle Punkte, die auf dem Geradenstück zwischen den beiden Punkten liegen. Man bezeichnet diese Punkte als Konvexkombination der beiden Eckpunkte. Es bedeutet, dass sich alle Punkte zwischen den beiden Eckpunkten als Linearkombination der beiden Eckpunkte ausdrücken lassen, wobei die „Gewichte" beide zwischen 0 und 1 liegen und in Summe genau 1 ergeben.

Man sollte nicht vergessen, den Zielfunktionswert der optimalen Lösung zu bestimmen, indem man die Werte in die Zielfunktion einsetzt.

Beispiel 110

In unserem Beispiel ermittelt man die optimale Lösung wie folgt:

---

[109] Es kommen nämlich drei Variablen vor: z, x_1 und x_2.

Abbildung 30   Finden der optimalen Lösung

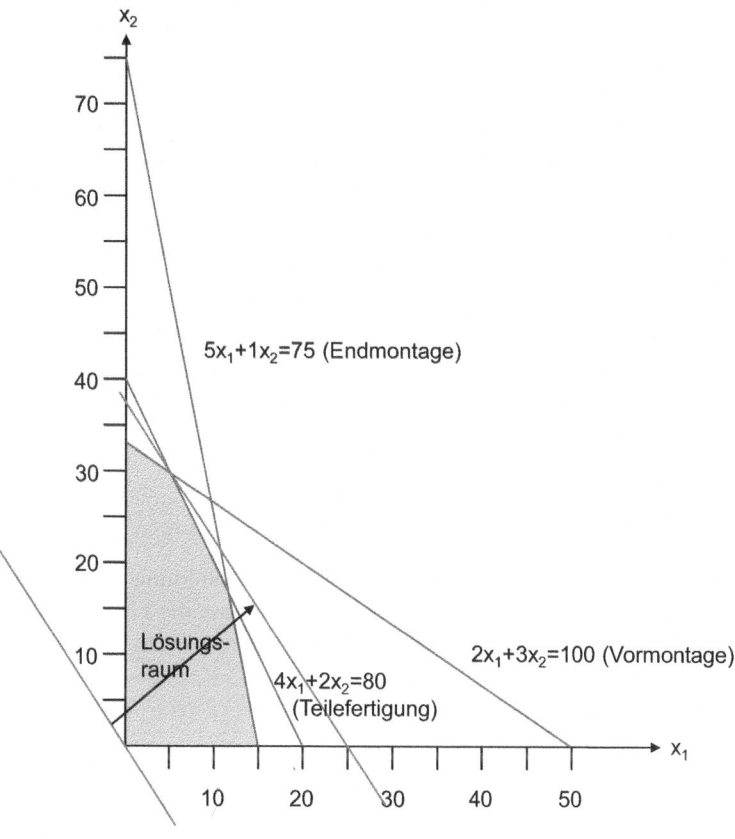

Man erkennt, dass die optimale Lösung bei $x_1=5$ und $x_2=30$ liegt. Der optimale Zielfunktionswert liegt dementsprechend bei $z = 12 \cdot 5 + 8 \cdot 30 = 300$.

Also sollte das Unternehmen 5 Produkte A und 30 Produkte B herstellen (und verkaufen). Damit lässt sich ein Gesamtdeckungsbeitrag von 300 € erzielen. Mehr geht nicht bei den gegebenen Kapazitäten.

Man kann aus der Grafik aber auch noch mehr Informationen ablesen: Der optimale Punkt liegt an der Stelle, wo sich die Nebenbedingungen der Vormontage und der Teilefertigung schneiden. Bei diesen beiden Produktionsschritten ist also die maximal zulässige Kapazität ausgeschöpft. Bezüglich der Endmontage liegt der optimale Punkt hingegen unterhalb der Restriktion. Hier ist also noch Kapazität frei (Nachrechnen zeigt, dass von den 75 Maschinenstunden nur $5 \cdot 5 + 1 \cdot 30 = 55$ Maschinenstunden benötigt werden, 20 bleiben also ungenutzt).

8.3   Simplex-Algorithmus

Wenn man das gegebene Problem nicht graphisch lösen will oder soll[110], muss man den Simplex-Algorithmus anwenden. Der Simplex-Algorithmus gehört zu den Lieblingsspielzeugen der Mathematiker bzw. den Vertretern der mathematisch-betriebswirtschaftlichen Forschungsrichtung Operations Research.[111] Das hat dazu geführt, dass es ungefähr 1.000.000 unterschiedlicher Varianten des Simplex-Algorithmus gibt.[112] Nach reiflicher Überlegung habe ich mich entschlossen, in diesem Buch den verkürzten Simplex-Algorithmus vorzustellen, da er ebenso schön zu interpretieren ist wie der ursprüngliche Algorithmus, aber eine Menge überflüssiger Schreibarbeit vermeidet.[113] Falls viele Leser die Notwendigkeit sehen, dass auch andere Simplex-Verfahren dargestellt werden, bitte ich um Benachrichtigung!

Nun zurück zum Simplex-Algorithmus: Hierzu muss man ein so genanntes Simplex-Tableau aufstellen, einige Simplex-Schritte (bzw. Austauschschritte) durchführen und kann dann die optimale Lösung ablesen. Ich gehe das mal Schritt für Schritt durch und wende das Verfahren auch direkt auf unser Ausgangsbeispiel an.

8.3.1   Ausgangstableau aufstellen

Aus dem KMP erstellt man wie in der nachfolgenden Abbildung beschrieben das sogenannte Ausgangstableau. Hierbei muss man beachten, dass die Elemente der ersten Nebenbedingung in die erste Spalte kommen, usw. Das bedeutet, man muss in das Innere der Tabelle die Matrix A^T eintragen.

---

[110] Was insbesondere dann der Fall ist, wenn es mehr als zwei Entscheidungsvariablen gibt.

[111] Falls sich jemand von Ihnen für Operations Research interessiert, sollten Sie unbedingt das Buch Zimmermann, H.-J. (2005): „Methoden und Modelle des Operations Research" lesen, dem auch das Beispiel in diesem Kapitel entlehnt wurde.

[112] Ich erinnere an den Simplex-Algorithmus, den verkürzten Simplex-Algorithmus, den revidierten Simplex-Algorithmus etc. pp.

[113] Für Kenner: Die Einheitsmatrix entfällt.

Abbildung 31   Ausgangstableau des Simplex-Algorithmus

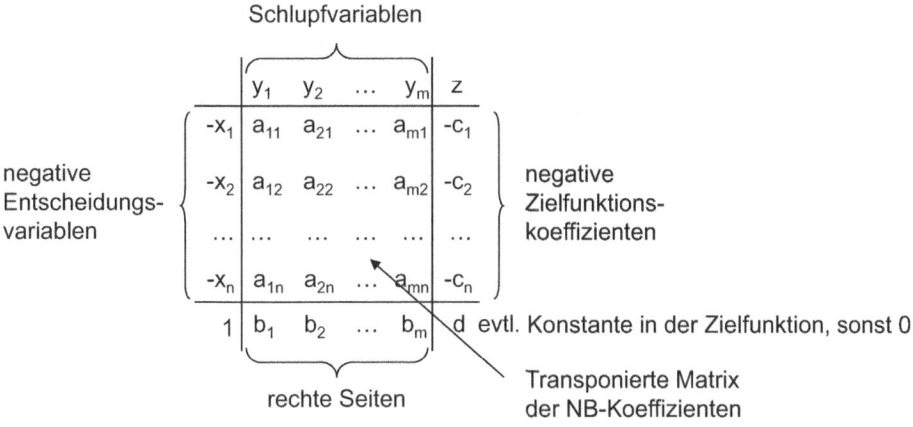

Wie sieht nun das Ausgangstableau für unser Beispiel aus? So:

Beispiel 111

	y_1	y_2	y_3	z
$-x_1$	4	2	5	-12
$-x_2$	2	3	1	-8
1	80	100	75	0

Schauen wir uns diese merkwürdige Tabelle etwas näher an. Wenn man spaltenweise liest, erkennt man, dass die Nebenbedingungen aufgeschrieben wurden. Oben drüber steht die zugehörige Schlupfvariable, links neben einem Eintrag steht, welche Entscheidungsvariable dazu gehört. Lustig ist die niedliche kleine 1 unten links, die auch immer da stehen bleibt und ansonsten für die Rechnung keinerlei Bedeutung hat. In der ganz rechten Spalte finden wir die Zielfunktion. Mal sehen, wie sich das gleich verändert.

Wichtig 83

Nun führt man die folgenden Schritte so lange durch, bis in der letzten Spalte nur positive Einträge (oder Nullen) stehen!

8.3.2   Pivotelement suchen

<u>Wichtig 84</u>

Es werden nur die Zeilen betrachtet, in denen das Element der letzten Spalte negativ ist!

Für jede dieser Zeilen ermittelt man die charakteristischen Quotienten (c.Q.), allerdings nur für das Innere des Tableaus. Die charakteristischen Quotienten berechnen sich wie folgt:

$$c.\,Q. = \frac{b_i}{a_{ij}} \quad \text{für } a_{ij} > 0$$

Falls der Eintrag in der Mitte also negativ oder Null ist, wird der c.Q. nicht berechnet, man macht an dieser Stelle einen Strich.

Für jede Zeile mit negativem Eintrag in der letzten Spalte bestimmt man nun den minimalen charakteristischen Quotienten und markiert das zugehörige a_{ij}, indem man es gestrichelt umkreist. Schauen wir uns das für unser Beispiel an:

Beispiel 112

	y_1	y_2	y_3	z	
$-x_1$	4	2	(5)	-12	c.Q. 20; 50; 15
$-x_2$	2	(3)	1	-8	c.Q. 40; 33,33; 75
1	80	100	75	0	

Für jedes dieser eingekreisten a_{ij} bestimmt man den Zuwachs δ:

$$\delta = -\frac{E.\,gleiche\ Zeile\ wie\ a_{ij}, letzte\ Spalte \cdot E.\,letzte\ Zeile, gleiche\ Spalte\ wie\ a_{ij}}{a_{ij}}$$

<u>Wichtig 85</u>

Das a_{ij} mit dem größten Zuwachs wird normal eingekreist und heißt Pivotelement (PE). Die Zeile und Spalte, in der es sich befindet, heißen Pivotzeile (PZ) und Pivotspalte (PS). Pivotzeile und -spalte werden mit einem Textmarker im Tableau gekennzeichnet.

OK, das machen wir jetzt mit unserem Beispiel:

Beispiel 113

	y_1	y_2	y_3	z
$-x_1$	4	2	5	-12
$-x_2$	2	3	1	-8
1	80	100	75	0

$$\delta = -\frac{-12 \cdot 75}{5} = 180$$

$$\delta = -\frac{-8 \cdot 100}{3} = 266{,}67$$

8.3.3 Neues Tableau bestimmen

Nun wird das nächste Tableau bestimmt:

Vorgehensweise 13

- *Zuerst wird ein leeres Tableau aufgemalt.*
- *Anschließend werden die 1 und das z eingetragen.*
- *Die Variablennamen aus Pivotzeile und Pivotspalte werden vertauscht, wobei das „–" immer in der ersten Spalte bleibt.*
- *Die übrigen Variablennamen werden abgeschrieben.*
- *An die Stelle des alten PE kommt der Eintrag $\frac{1}{PE}$.*
- *Der Rest der PS wird durch das PE geteilt.*
- *Der Rest der PZ wird durch –PE geteilt.*
- *Alle übrigen Einträge, auch der Eintrag unten rechts und die c_i, berechnen sich mit der Kreisregel:*

$$Eintrag^{neu} = Eintrag^{alt} - \frac{E.\,gleiche\,Z\,PS \cdot E.\,PZ\,gleiche\,Sp}{PE}$$

- *Wenn es nun noch Zeilen mit negativen Einträgen in der letzten Spalte gibt, sucht man wieder das PE und bestimmt das nächste Tableau, ansonsten hat man die optimale Lösung gefunden.*

Sehen wir uns die nötigen Umformungen bei unserem Beispiel an:

Beispiel 114

	y_1	x_2	y_3	z
$-x_1$	$\dfrac{8}{3}$	$\dfrac{2}{3}$	$\dfrac{13}{3}$	$-\dfrac{20}{3}$
$-y_2$	$-\dfrac{2}{3}$	$\dfrac{1}{3}$	$-\dfrac{1}{3}$	$\dfrac{8}{3}$
1	$\dfrac{40}{3}$	$\dfrac{100}{3}$	$\dfrac{125}{3}$	$\dfrac{800}{3}$

←— nicht optimal c.Q.: 5; 50; 125/13

Bei unserem Beispiel gibt es nur einen negativen Eintrag in der letzten Spalte. Daher ist es nicht notwendig, die Zuwächse zu berechnen. Die dienen ja nur der Entscheidung, welche Zeile genommen wird, und das ist ja in diesem Fall klar! Pivotelement wird das Element, das den kleinsten c.Q. besitzt.

Das neue Tableau wird nach den gleichen Regeln berechnet wie das alte und sollte wie folgt aussehen:

	x_1	x_2	y_3	z
$-y_1$	$\dfrac{3}{8}$	$-\dfrac{1}{4}$	$-\dfrac{13}{8}$	$\dfrac{5}{2}$
$-y_2$	$-\dfrac{1}{4}$	$\dfrac{1}{2}$	$\dfrac{3}{4}$	1
1	5	30	20	300

Wenn Sie bei den ersten Versuchen nicht einen Eintrag richtig berechnet haben, verzweifeln Sie nicht. Sie befinden sich in allerbester Gesellschaft![114]

Das neue Tableau ist das optimale Tableau: In der letzten Spalte stehen nur positive Einträge. Und nun?

8.3.4   Optimale Lösung ablesen

Die optimale Lösung liest man in der letzten Zeile ab. Unter den jeweiligen Variablennamen findet man ihre optimalen Werte. Variablen, deren Bezeichnungen nicht in der ersten

---

[114] Wie sagte doch einst ein Student: „Unfassbar, es ist nur Plus und Mal..."

Zeile erscheinen, haben den Wert 0. Man gibt als optimale Lösung üblicherweise nur die Werte der x_i und den optimalen Zielfunktionswert (ZFW, der Wert unten rechts) an.

Beispiel 115

Bei unserem Beispiel bedeutet das dann wohl das Folgende:

$x_1 = 5$, $x_2 = 30$, $z = 300$. *OK, das war keine große Überraschung. Bei der grafischen Lösung hatten wir schließlich schon das gleiche Ergebnis erhalten.*[115]

Aber jetzt können Sie es auch berechnen.

8.3.5   Weitere Informationen im Endtableau

In den Simplex-Tableaus stecken noch viele weitere Informationen, die sich auch lohnen zu wissen. Betrachten wir zunächst das optimale Endtableau genauer:

Die Werte der einzelnen Variablen (egal ob Entscheidungs- oder Schlupfvariable) findet man in der letzten Zeile. Variablen, die nicht in der ersten Zeile stehen, haben den Wert 0. Aber auch die Einträge in der letzten Spalte haben eine Bedeutung: Die entsprechenden Werte der Schlupfvariablen geben an, um wie viel der optimale Zielfunktionswert steigen würde, wenn die entsprechende Restriktion um eine Einheit gelockert wird. Bei den Entscheidungsvariablen besagt der Wert, um wie viel der optimale Zielfunktionswert steigen würde, wenn die entsprechende Entscheidungsvariable um eine Einheit gesteigert würde. Man nennt diesen Wert den **Schattenpreis** der Restriktion bzw. der Entscheidungsvariable.[116]

Natürlich haben nur solche Restriktionen einen Schattenpreis, die voll ausgeschöpft sind. Ansonsten würde eine Lockerung ja nichts bringen. Daher haben alle Variablen entweder einen positiven Schattenpreis oder einen positiven Wert, aber niemals beides gleichzeitig.

Das sehen wir uns nochmal an unserem Beispiel an:

Beispiel 116

Über die optimale Lösung haben wir ja schon geredet. Zusätzlich hat y_3 den Wert 20. Das bedeutet, dass bei der dritten Restriktion (der Endmontage) 20 Maschinenstunden ungenutzt bleiben.[117]

---

[115] Die Autorin bittet um Rückmeldung wenn sie zu oft das „Onkel-Doktor-wir" verwendet, also dieses „Wie geht's uns denn heute?".

[116] Streng genommen sind Entscheidungsvariablen auch Restriktionen, nämlich die NNB. Daher besteht eigentlich kein Unterschied zwischen den Schattenpreisen.

[117] Das hatten wir auch in der Grafik schon gesehen.

Alle anderen Schlupfvariablen haben den Wert 0, die zugehörigen Restriktionen sind also ausgeschöpft. Man nennt diese Restriktionen auch bindende Restriktionen. Die erste bindende Restriktion (Teilefertigung) hat einen Schattenpreis von 2,5. Das bedeutet, wenn die entsprechende Restriktion um 1 gelockert wird, also in der Teilefertigung 81 Maschinenstunden statt 80 Maschinenstunden zur Verfügung stünden, könnte ein Gesamtdeckungsbeitrag von 302,5€ erreicht werden.

Die zweite bindende Restriktion (Vormontage) hat einen Schattenpreis von 1. Das bedeutet, wenn die entsprechende Restriktion um 1 gelockert wird, also in der Vormontage 101 Maschinenstunden statt 100 Maschinenstunden zur Verfügung stehen, wird ein Gesamtdeckungsbeitrag von 301€ erzielt.

Und das ist jetzt echte Betriebswirtschaft: Wenn man also die Möglichkeit hat, eine zusätzliche Maschinenstunde zu kaufen, sollte man diese natürlich in der Teilefertigung einsetzen. Dort erzielt man den höchsten zusätzlichen Nutzen. Allerdings sollte man nicht mehr als 2,50€ dafür bezahlen, sonst lohnt es sich nicht!

8.3.6   Vorgehensweise des Simplex-Algorithmus

Auch die nicht-optimalen Tableaus stecken voller interessanter Informationen. Hier kann man nämlich sehen, wie der Simplex-Algorithmus vorgeht: In jedem Zwischentableau kann man die Zwischenlösungen genau so ablesen wie im Endtableau. Also stehen in der letzten Zeile die aktuellen Werte der Variablen, in der letzten Spalte die aktuellen Schattenpreise und unten rechts der aktuelle Zielfunktionswert.

Zusätzlich wissen wir bereits, dass negative Einträge in der letzten Spalte Nicht-Optimalität bedeuten. Genau so bedeuten auch negative Einträge in der letzten Zeile etwas, und zwar dass die aktuelle Lösung nicht zulässig ist, also außerhalb des Lösungsraums liegt.[118]

Der Simplex-Algorithmus startet immer in einer zulässigen Ecke. In den allermeisten Fällen handelt es sich um den Ursprung. Falls dieser nicht zulässig ist, wird es etwas komplizierter, eine zulässige Ausgangslösung zu ermitteln.

Durch die Berechnung der c.Q. und der Zuwächse entscheidet der Simplex-Algorithmus, zu welcher Ecke er als nächstes gehen soll. Hierbei gilt, dass es eine der Nachbarecken der aktuellen Ecke ist. Der Simplex-Algorithmus verwendet hierzu eine Heuristik: Er geht nämlich immer zu der Nachbarecke der aktuellen Ecke, die den höchsten Zuwachs in der

---

[118] Falls Sie während der Berechnung wider Erwarten einmal negative Einträge in der letzten Zeile erhalten, haben Sie sich entweder verrechnet oder das falsche Pivotelement gewählt!

Zielfunktion erreicht.[119] Das ist deswegen eine Heuristik, weil es sich bei dieser Vorgehensweise nicht notwendig um den schnellsten Weg handelt. Aber im Endeffekt macht das ja nichts!

Betrachten wir wieder einmal das Beispiel:

Beispiel 117

Dazu müssen Sie das Ausgangstableau und das Zwischentableau noch einmal betrachten und die grafische Lösung daneben legen.

Im Ausgangstableau haben x_1, x_2 und z den Wert 0, die Schlupfvariablen haben die Werte 80, 100 und 75. Das bedeutet die Ausgangslösung, mit der der Simplex-Algorithmus startet, ist der Ursprung. Hier ist der ZFW 0 und alle Restriktionen besitzen einen Schlupf in ihrem vollen Umfang. Diese Lösung ist zulässig, da alle Einträge in der letzten Zeile positiv sind.

Die δ betrugen 180 bzw. $\frac{800}{3}$. Da $\frac{800}{3}$ den größeren Zuwachs verspricht, geht der Simplex-Algorithmus den linken Weg, nämlich zur Ecke $x_1 = 0$, $x_2 = 33\frac{1}{3}$. Da vorher der ZFW 0 betrug, ergibt sich ein neuer ZFW in Höhe des Zuwachses, $z = \frac{800}{3}$

Da in der letzten Spalte noch ein negativer Eintrag steht, ist diese Ecke noch nicht optimal. Der Simplex-Algorithmus macht sich also auf die Suche nach der nächsten Nachbarecke, nämlich x_1 = 5, x_2 = 30. Der neue ZFW ist wieder der alte ZFW plus dem Zuwachs, also $z = \frac{800}{3} + \frac{100}{3} = \frac{900}{3} = 300$. Ok, ok, den Zuwachs hatten wir gar nicht berechnet, weil es unnötig war, aber wenn Sie ihn mal aus Spaß berechnen, werden Sie sehen, dass es stimmt.

Jetzt ist die Lösung optimal, denn in der letzten Spalte sind alle Einträge positiv.

8.3.7   Besonderheiten des Simplex-Algorithmus

Es gibt zwei Besonderheiten beim Simplex-Algorithmus, die man einfach kennen muss, um nicht während der Berechnung irritiert zu sein.

Manchmal erscheint in der letzten Spalte eine Null.[120] Normalerweise passiert dies im optimalen Tableau. Diese Null bedeutet, dass die Zielfunktion und die Nebenbedingung mit der Null parallel verlaufen. Jetzt müssen Sie die Aufgabenstellung genau lesen: Wenn Sie nur eine optimale Lösung angeben sollen, müssen Sie gar nichts mehr machen und lesen ganz normal die optimale Lösung ab.

---

[119] Aha, deswegen heißen die δ also Zuwächse.

[120] Man nennt das duale Entartung. Kein Spaß!

Wenn Sie **alle** optimalen Lösungen angeben sollen, müssen Sie noch einen Austauschschritt vornehmen, und zwar muss die Pivotzeile die Zeile mit der Null sein, die Pivotspalte finden Sie ganz normal mit Hilfe der c.Q. Nach dem Austauschschritt haben Sie die zweite Ecke gefunden, die auch optimal ist (natürlich hat sie denselben ZFW). Dann müssen Sie noch angeben, dass alle Punkte zwischen den beiden Ecken auch optimal sind und fertig.

Ebenso kann es passieren, dass in der letzten Zeile eine Null entsteht.[121] Das bedeutet, dass sich in der aktuellen Ecke mehr als zwei Restriktionen schneiden. Hierbei muss man berücksichtigen, dass man bei Nicht-Optimalität auch für diese Spalte das c.Q. berechnen muss, wenn das zugehörige a_{ij} positiv ist. Denn auch wenn man nicht durch Null teilen darf, Null kann problemlos durch eine positive Zahl geteilt werden, es kommt nur immer Null raus.

Zum Schluss noch ein paar Tipps und Tricks im Umgang mit dem Simplex-Algorithmus:

Wichtig 86
- Berechnen Sie immer zuerst die Einträge in der letzten Spalte. Wenn Sie merken, dass Sie im optimalen Tableau sind, brauchen Sie das Innere des Tableaus nicht mehr zu berechnen. Lediglich die letzte Zeile und die letzte Spalte müssen angegeben werden.
- Nullen in der Pivotzeile und -spalte sind extrem praktisch, denn die Einträge in der gesamten Spalte (bei einer Null in der Pivotzeile) bzw. in der gesamten Zeile (bei einer Null in der Pivotspalte) verändern sich nicht und können daher direkt abgeschrieben werden.[122]

8.4   Minimierungsprobleme

Gut, Maximierungsprobleme können Sie jetzt lösen, zumindest wenn man von den ganzen Sch... Rechenfehlern absieht. Bleibt die Frage, wie man denn dann Minimierungsprobleme löst. Denn der Simplex-Algorithmus kann tatsächlich nur Maximierungsprobleme lösen.

Aber keine Sorge, es gibt einen Ausweg: Man muss Minimierungsprobleme zuerst umformen, bevor man sie mit dem Simplex-Algorithmus lösen kann.

---

[121] Das nennt man dann primale Entartung.

[122] Insbesondere bei Transportproblemen (vgl. Kapitel 9) tritt das sehr häufig auf und erspart eine Menge Arbeit.

8.4.1   Arten von Minimierungsproblemen

Auch für Minimierungsprobleme gibt es zwei Standardformen, die wir zuerst vorstellen.

Bezeichnung 47

Standard-Minimierungsproblem

Das Standard-Minimierungsproblem (SMinP) der linearen Optimierung lautet:

$$
\begin{aligned}
\min \quad & z = c_1 y_1 + c_2 y_2 + \ldots + c_n y_n \; (+d) \\
\text{s. d.} \quad & a_{11} y_1 + a_{12} y_2 + \ldots + a_{1n} y_n \;\geq\; b_1 \\
& a_{21} y_1 + a_{22} y_2 + \ldots + a_{2n} y_n \;\geq\; b_2 \\
& \quad\ldots \\
& a_{m1} y_1 + a_{m2} y_2 + \ldots + a_{mn} y_n \;\geq\; bm \\
& y_i \;\geq\; 0
\end{aligned}
$$

bzw. in der Kurzschreibweise:

$$
\begin{aligned}
\min \quad & z = c^T y \; (+d) \\
\text{s. d.} \quad & A\,y \geq b \\
& y \geq 0
\end{aligned}
$$

Auch die Vorgehensweise bei der Minimierung stellen wir wieder an einem durchgehenden Beispiel dar:

Beispiel 118

In einem Produktionsprozess fallen drei zu entsorgende Abfallprodukte an. Die Entsorgung von Abfallprodukt 1 kostet 10€/kg, die von Abfallprodukt 2 kostet 8€/kg und die von Abfallprodukt 3 5€/kg.

Die Abfallprodukte entstehen bei der Gewinnung von zwei Rohstoffen: Je kg Abfallprodukt 1 entstehen 2 kg Rohstoff 1, je kg Abfallprodukt 2 entstehen 4 kg Rohstoff 1 und je kg Abfallprodukt 3 entsteht ein kg Rohstoff 1. Es sollen mindestens 12 kg Rohstoff 1 gewonnen werden.

Bei Rohstoff 2 sieht es ähnlich aus: Je kg Abfallprodukt 1 entstehen 3 kg Rohstoff 2, je kg Abfallprodukt 2 entstehen 2 kg Rohstoff 2 und je kg Abfallprodukt 3 entsteht ein kg Rohstoff 2. Es sollen ebenfalls mindestens 12 kg des Rohstoffs 2 hergestellt werden.

Gesucht ist ein Herstellungsprogramm, das die Entsorgungskosten minimiert. Das zugehörige SMinP lautet dann:

$$
\begin{aligned}
\min \quad & z = 10 y_1 + 8 y_2 + 5 y_3 \\[4pt]
\text{s. d.} \quad & 2 y_1 + 4 y_2 + y_3 \;\geq\; 12 \\[4pt]
& 3 y_1 + 2 y_2 + y_3 \;\geq\; 12
\end{aligned}
$$

$y_1, y_2, y_3 \geq \quad 0$

Ebenso wie bei den Maximierungsproblemen gibt es auch bei den Minimierungsproblemen eine Variante mit Schlupfvariablen:

Bezeichnung 48
Kanonisches Minimierungsproblem

Das Kanonische Minimierungsproblem (KMinP) ergibt sich analog zum KMP, jedoch werden hier die Schlupfvariablen subtrahiert:

min $z = c_1 y_1 + c_2 y_2 + \ldots + c_n y_n$ (+d)

s. d. $a_{11} y_1 + a_{12} y_2 + \ldots + a_{1n} y_n - x_1 \quad = \quad b_1$

$a_{21} y_1 + a_{22} y_2 + \ldots + a_{2n} y_n - x_2 \quad = \quad b_2$

$\ldots$

$a_{m1} y_1 + a_{m2} y_2 + \ldots + a_{mn} y_n - x_m = b_m$

$y_i, x_j \geq 0$

bzw. in der Kurzschreibweise:

min $z = c^T y$ (+d)

s. d. $A y - x = b$

$y, x \geq 0$

Beim Eingangsbeispiel sieht das KMinP dementsprechend wie folgt aus:

Beispiel 119

Das zugehörige KMinP lautet:

min $z = 10y_1 + 8y_2 + 5y_3$

s. d. $2y_1 + 4y_2 + y_3 - x_1 \quad = \quad 12$

$3y_1 + 2y_2 + y_3 - x_2 \quad = \quad 12$

$y_1, y_2, y_3, x_1, x_2 \quad \geq \quad 0$

8.4.2   Duales Maximierungsproblem

Zu jedem Minimierungsproblem gehört ein so genanntes **Duales Maximierungsproblem**, das man mit dem Simplex-Algorithmus lösen kann.

Vorgehensweise 14

Um das duale Standard-Maximierungsproblem aus dem Standard-Minimierungsproblem aufzustellen, muss man folgende Schritte durchführen:

- *aus dem min wird ein max*
- *die Zielfunktionskoeffizienten werden die rechten Seiten*
- *die rechten Seiten werden zu Zielfunktionskoeffizienten*
- *die y_i heißen x_j (die benötigte Anzahl ist durch die Koeffizienten der neuen Zielfunktion vorgegeben)*
- *$\geq$ wird zu $\leq$ (hier ist die benötigte Anzahl durch die Anzahl der neuen rechten Seiten vorgegeben)*
- *A wird zu A^T, d. h. die Koeffizienten der y_1 bilden die erste Restriktion usw.*
- *$y_i \geq 0$ wird zu $x_j \geq 0$*

Sehen wir uns das am obigen Beispiel einmal an:

Beispiel 120

Das duale Maximierungsproblem zu unserem Minimierungsproblem lautet dann:

$max \quad z = 12x_1 + 12x_2$

$$s.\,d. \quad 2x_1 + 3x_2 \leq \qquad 10$$

$$4x_1 + 2x_2 \leq \qquad 8$$

$$x_1 + x_2 \quad \leq \qquad 5$$

$$x_1, x_2 \quad \geq \qquad 0$$

8.4.3 Optimale Lösung des Minimierungsproblems

Und warum machen wir das nun? Deswegen:

Wichtig 87

Ein Minimierungsproblem und sein duales Maximierungsproblem haben denselben optimalen Zielfunktionswert. Die Schattenpreise der Maximierungsvariablen sind hierbei gleich den Werten der Minimierungsvariablen und umgekehrt.

Das ist schon erstaunlich, denn es bedeutet das Folgende:

Vorgehensweise 15

Minimierungsproblem lösen

Um ein Minimierungsproblem zu lösen, wird das duale Maximierungsproblem mit dem Simplex-Algorithmus bearbeitet. Die optimale Lösung des Minimierungsproblems liest man aber in der letzten Spalte ab, hierbei muss man die Minuszeichen vor den Variablennamen ignorieren. Die Schattenpreise des Minimierungsproblems stehen in der letzten Zeile des optimalen Tableaus.

Dann machen wir das doch mal mit unserem dualen Maximierungsproblem:

Beispiel 121

	y_1	y_2	y_3	z			
$-x_1$	2	(4)	1	-12	c.Q.	5; 2; 5	$\delta = -\dfrac{-12 \cdot 8}{4} = 24$
$-x_2$	(3)	2	1	-12	c.Q.	3,33; 4; 5	$\delta = -\dfrac{-12 \cdot 10}{3} = 40$
1	10	8	5	0			

	x_2	y_2	y_3	z	
$-x_1$	$\dfrac{2}{3}$	$\left(\dfrac{8}{3}\right)$	$\dfrac{1}{3}$	-4	← nicht optimal c.Q.: 5; 0,5; 5
$-y_1$	$\dfrac{1}{3}$	$-\dfrac{2}{3}$	$-\dfrac{1}{3}$	4	
1	$\dfrac{10}{3}$	$\dfrac{4}{3}$	$\dfrac{5}{3}$	40	

	x_2	x_1	y_3	z
$-y_2$	$-\dfrac{1}{4}$	$\dfrac{3}{8}$	$-\dfrac{1}{8}$	$\dfrac{3}{2}$
$-y_1$	$\dfrac{1}{2}$	$-\dfrac{1}{4}$	$-\dfrac{1}{4}$	3
1	3	$\dfrac{1}{2}$	$\dfrac{3}{2}$	42

Das bedeutet: $y_1 = 3$, $y_2 = \dfrac{3}{2}$, $y_3 = 0$, $z = 42$.

Falls jemand Interesse an der Lösung des Maximierungsproblems hat, diese lautet:

$$x_1 = \frac{1}{2}, \ x_2 = 3, \ z = 42.$$

8.5 Übungsaufgaben

Aufgabe 51

In einem Produktionsunternehmen werden zwei Arten Bleche hergestellt.

Die Produktion zerfällt in drei Teilbereiche: Stanzen, Schneiden und Polieren. Blech I entsteht durch Stanzen der Blechrollen, Blech II wird aus den Blechrollen geschnitten. Beide Bleche werden anschließend poliert.

Die Stanzmaschine steht pro Tag für höchstens 10h zur Verfügung, pro m^2 des Blechs I wird 1h benötigt. Die entsprechenden Daten für die Schneidemaschine lauten: 6h/Tag und 1h/m^2.

Zum Polieren stehen vier Arbeitskräfte mit jeweils täglich maximal 8 Arbeitsstunden zur Verfügung. Pro m^2 von Blech I werden 2h, pro m^2 von Blech II werden 4h zum Polieren benötigt.

Durch den (gesicherten) Absatz aller produzierten Bleche erzielt die Unternehmung die Stückdeckungsbeiträge 30€/m^2 für Blech I, 20€/m^2 für Blech II.

In welcher Mengenkombination soll die Unternehmung die beiden Bleche herstellen, damit sie den gesamten täglichen Deckungsbeitrag maximiert?

Erstellen Sie hierzu das SMP, das KMP und lösen Sie das Problem grafisch.

Aufgabe 52

Zu einer artgerechten Haltung benötigen Katzen täglich ein Minimum unterschiedlicher Nährstoffe. Unter anderem sind folgende Nährstoffe erforderlich: Eiweiß, Fett und Kohlenhydrate.

Prinzipiell besteht die Möglichkeit, Katzen entweder mit Nass- oder mit Trockenfutter zu versorgen. Die Preise der Katzenfuttersorten und ihre Nährstoffzusammensetzungen sind -ebenso wie die täglichen Nährstoff-Mindestmengen einer ausgewachsenen Hauskatze (EKH)[123] - aus der folgenden Tabelle ersichtlich:

		Nahrungsmitteltyp		täglicher Mindestbedarf
		I	II	
Eiweiß	(ME/100g)	3	1	15 ME

---

[123] Europäische Kurzhaar-Katze

Fett	(ME/100g)	1	1	11 ME
Kohlenhydrate	(ME/100g)	2	8	40 ME
Preis	(€/100g)	1,-	2,-	

Wie muss ein Katzenhalter[124] seinem Stubentiger das tägliche Menü zusammenstellen, damit die Katze einerseits genügend Nährstoffe enthält und andererseits die dafür aufzuwendenden Geldbeträge möglichst gering sind?

Stellen Sie das Optimierungsproblem auf und lösen Sie das Problem grafisch.

Aufgabe 53

Gegeben sei das folgende Restriktionensystem:

$$-1x_1 + 4x_2 \leq 24$$
$$1x_1 + 2x_2 \leq 30$$
$$2x_1 - 1x_2 \leq 30$$
$$1x_1 + 2x_2 \geq 12$$
$$1x_1 \geq 4$$
$$1x_2 \geq 2$$

a) Ermitteln Sie graphisch die optimalen Lösungen, wenn folgende Zielfunktionen gegeben sind:

1) $Z = 3x_1 + 3x_2 \rightarrow \max$

2) $Z = 3x_1 + 3x_2 \rightarrow \min$

3) $Z = 7x_1 + 14x_2 \rightarrow \max$

4) $Z = 7x_1 + 14x_2 \rightarrow \min$

b) Ermitteln Sie die optimalen Lösungen der obigen Fälle, wenn eine zusätzliche Restriktion $3x_1 + 4x_2 = 56$ eingefügt wird.

Aufgabe 54

Lösen Sie das Problem aus Aufgabe 51 mit Hilfe des Simplex-Algorithmus.

Aufgabe 55

Stellen Sie zu dem Problem aus Aufgabe 52 das zugehörige duale Maximierungsproblem auf und lösen Sie dieses mit dem Simplexverfahren. Lesen Sie die Lösung des ur-

---

[124] Oder um es mit den Worten von Francis, dem Katzendetektiv zu sagen: Dosenöffner.

sprünglichen Minimierungsproblems aus dem optimalen Tableau ab.

Aufgabe 56

Zur Finanzierung seines aufwändigen Lebensstils will ein Student in den Semesterferien 8 Wochen lang arbeiten. Hierzu stehen ihm zwei unterschiedliche Jobangebote zur Verfügung. Er kann bei einem Bauunternehmen auf einer Baustelle arbeiten, hat aber auch ein Angebot, in einer Fabrik am Fließband zu arbeiten.

Der Student weiß, dass er pro Woche 16 Stunden auf der Baustelle arbeiten muss und in dieser Zeit 130€ pro Woche verdient, während der Fließbandjob pro Woche 6 Stunden dauert, aber auch nur 80€ pro Woche bringt.

Außerdem muss S. bedenken, dass seine Studiensituation und Klausurvorbereitung nur eine Gesamtarbeitszeit von insgesamt höchstens 80 Stunden erlauben und dass er den Baustellenjob aufgrund seiner körperlichen Konstitution höchstens 4 Wochen durchhält.

Wie muss der Student seine Semesterferien gestalten, um sein Gesamteinkommen zu maximieren, d. h. wie viele Wochen muss er jeweils am Fließband bzw. auf der Baustelle arbeiten?

Stellen Sie das SMP und das KMP auf und lösen Sie das Problem mit dem Simplex- Verfahren.

Aufgabe 57

Lösen Sie das folgende Optimierungsproblem mit dem Simplexverfahren:

$$\max \quad z = x_1 + x_2 + 2x_3$$

$$\text{s. d.} \quad x_1 + 2x_2 - x_3 \quad \leq \quad 5$$

$$5x_1 - 4x_2 + x_3 \quad \leq \quad 2$$

$$x_1 + 4x_2 + 2x_3 \quad \leq \quad 10$$

$$x_1, x_2, x_3 \geq \quad 0$$

Geben Sie auch die Werte der Schlupfvariablen in Ihrer Lösung an.

Aufgabe 58

Geben Sie unter Verwendung des Simplexverfahrens alle optimalen Lösungen des folgenden Optimierungsproblems an:

$$\max \quad z = 3x_1 + 6x_2$$

s.d. $x_1 + 2x_2 \leq$ 6

      $x_1 + x_2 \leq$ 4

      $x_1 \leq$ 3

      $x_1, x_2 \geq$ 0

Aufgabe 59

Lösen Sie das folgende Optimierungsproblem mit dem Simplexverfahren:

min $z = 6y_1 + 4y_2 + 3y_3$

s. d. $y_1 + y_2 + y_3 \geq$ 3

       $2y_1 + y_2 \geq$ 4

       $y_1, y_2, y_3 \geq$ 0

Stellen Sie das zugehörige duale Maximierungsproblem auf und geben Sie dessen Lösung ebenfalls an.

9 Transportoptimierung

Ein wichtiges logistisches Problem, nämlich das so genannte **Transportproblem** besteht darin, einheitliche Waren aus einer bestimmten Anzahl von Lagern (oder Produktionsstätten) mit unterschiedlichen Lagerbeständen an eine weitere Anzahl von Auslieferungsstätten (z.B. Läden, Kunden etc.) mit unterschiedlichen Bedarfen zu liefern, wobei die Transportkosten je nach Lager und Laden differieren. Gesucht ist hierbei ein Transportplan, der die Transportkosten minimiert und alle Bedarfe erfüllt, ohne die vorhandenen Lagermengen zu überschreiten.

9.1 Formulierung und Darstellung des Transportproblems

Wir bezeichnen die Menge, die von Lager i zu Kunde j geliefert wird, als xij. Die Kosten, die entstehen, wenn man eine Einheit des Gutes von Lager i zu Kunde j liefert, heißen cij.

Der Vorrat eines Lagers i wird als a_i bezeichnet, der Bedarf des Kunden j soll b_j sein.

Ein Transportproblem besteht dann aus der zu minimierenden Kostenfunktion. Sie lautet prinzipiell[125]

$$\sum_{i=1}^{n}\sum_{j=1}^{m} c_{ij}x_{ij}$$

Zusätzlich gibt es eine Reihe von Lager- und Bedarfsgleichungen, die besagen, dass die Summe der jeweiligen Transportmengen gleich dem Lagerbestand bzw. gleich dem Bedarf sein muss:[126]

$\sum_{j=1}^{m} x_{ij} = a_i$ für jedes Lager i

$\sum_{i=1}^{n} x_{ij} = b_j$ für jeden Kunden j

---

[125] Auch wenn Ihnen die Doppelsumme evtl. Angst einflößt, behalten Sie Ruhe. Die Doppelsumme bedeutet nur, dass Sie alle Kosten und Mengen aufaddieren müssen. Schauen Sie doch noch einmal in Abschnitt „Doppelsummen" nach!

[126] Schon an dieser Stelle der Hinweis, dass in diesen Gleichungen die Kosten überhaupt nichts verloren haben!

Üblicherweise wird hierbei unterstellt, dass das Problem ausgeglichen ist. Das bedeutet, dass die Summe über alle Vorräte gleich der Summe aller Bedarfe ist, also $\sum_{i=1}^{n} a_i = \sum_{j=1}^{m} b_j$ [127]. Falls dem nicht so ist, muss man einen Dummy-Kunden bzw. ein Dummy-Lager hinzufügen (immer da, wo weniger vorliegt). Diesem Lager bzw. Kunden werden Transportkosten in Höhe von 0 zugeordnet. Dann löst man das Problem genau so, wie gleich beschrieben. Man muss nur bei der Ergebnisinterpretation berücksichtigen, dass die Mengen des Dummy-Elements gar nicht transportiert werden.

Natürlich müssen die Transportmengen positiv sein. Daher gibt es wie üblich NNB: $x_{ij} \geq 0$.

Üblicherweise werden die Informationen in einer Tabelle dargestellt, in der innen die Kosten und außen (=am Rand) die Lager- und Bedarfsmengen erfasst werden.

		Kunden				
		A_1	A_2	...	A_m	Vorräte
Lager	L_1	c_{11}	c_{12}	...	c_{1m}	a_1
	L_2	c_{21}	c_{22}	...	c_{2m}	a_2
	...	...	...	...	...	...
	L_n	c_{n1}	c_{n2}	...	c_{nm}	a_n
	Bedarfe	b_1	b_2	...	b_m	

Man muss mit dieser Darstellung vorsichtig sein. Streng genommen handelt es sich nämlich um zwei Tabellen, die nichts miteinander zu tun haben: die Kosten in der Mitte und die Mengen am Rand.

9.2   Transportalgorithmus

Um Transportprobleme optimal zu lösen, muss man den so genannten Transportalgorithmus durchführen. Die Idee der nun folgenden Umformungen besteht darin, das Transportproblem so umzuformulieren, dass es ein KMP wird. Das hat den Sinn, dass man ein KMP mit dem Simplex-Algorithmus lösen kann! Und das macht man dann auch. Im Detail läuft es wie folgt:

---

[127] Denn nur dann ist das Problem ohne Rest lösbar.

Vorgehensweise 16

Transportalgorithmus

* **Umbenennung der Transportmengenvariablen**
  Die Variablen, die die Transportmengen bezeichnen, heißen – wie gesehen – x_{ij}. Diese werden geordnet aufgeschrieben (also alle Mengen von einem Lagerort in eine Zeile und alle Mengen zu einem Kunden in eine Spalte und dann „künstlich" in Entscheidungs- und Schlupfvariablen unterschieden und zwar wie folgt:

$$
\begin{pmatrix}
x_{11} & x_{12} & \cdots & x_{1m} \\
x_{21} & x_{22} & \cdots & x_{2m} \\
\cdots & \cdots & \cdots & \cdots \\
x_{n1} & x_{n2} & \cdots & x_{nm}
\end{pmatrix}
\qquad
\begin{pmatrix}
x_1 & x_2 & \cdots & y_1 \\
x_m & x_{m+1} & \cdots & y_2 \\
\cdots & \cdots & \cdots & \cdots \\
y_n & y_{n+1} & \cdots & y_{n+m+1}
\end{pmatrix}
$$

  Man sieht also, dass die letzte Zeile und die letzte Spalte in y_i umbenannt werden, der Rest in x_i.

* **Umformung der Restriktionen**
  Anschließend werden die Kapazitätsbedingungen aller Lager und Kunden mit den neuen Variablennamen als Gleichungen aufgeschrieben. Das macht man für alle Lager und Kunden, das letzte Lager wird jedoch weggelassen![128] Die Restriktionen werden im nächsten Schritt nach y_i umgeformt, d. h. es muss stehen: $y_1 =$, $y_2 =$, usw. Pro Gleichung darf nur ein y_i auftauchen, daher muss in die Gleichung der letzten Spalte mehrfach für diverse y_i eingesetzt und anschließend zusammengefasst werden.

* **Umformung der Zielfunktion**
  Als letzte Gleichung wird die Kostenfunktion aufgestellt. Auch hier werden die neuen Variablennamen benutzt, aber zusätzlich müssen alle y_i durch Einsetzen eliminiert werden, schließlich sollen in der Zielfunktion keine Schlupfvariablen auftauchen. Nach einiger Umformarbeit sollte aber die Endfassung entstehen.[129]

* **Aufstellen des linearen Optimierungsproblems (KMP)**
  Die Kostenfunktion soll minimiert werden. Da der Simplex-Algorithmus nur maximieren kann, wird sie mit -1 multipliziert: Es gilt nämlich, dass das Minimum einer Funktion f immer an derselben Stelle sitzt wie das Maximum der Funktion $-f$.[130]

---

[128] Ein beliebter Anfängerfehler besteht darin, die Kosten mit in den Gleichungen zu „verwursten". Ist aber völliger Unfug, weil die Bedarfe und Vorräte ja mit den Kosten nichts zu tun haben!!

[129] Sie können hier übrigens nicht dualisieren, da das ja nur für SMinPs funktioniert. Sie haben aber schon Gleichungen, Sie müssen also irgendwie direkt auf ein KMP kommen!

[130] Falls Sie sich das nicht vorstellen können, überlegen Sie doch mal was die Multiplikation mit -1 bewirkt: Es spiegelt die Funktion an der x-Achse. Also liegt da, wo vorher ein Minimum lag, auf einmal ein Maximum!

Die Nebenbedingungen müssen noch einmal umgeformt werden, und zwar so, dass links alle Variablen (wieder jeweils nur ein y_i) stehen und rechts die Zahlen (Konstanten).

Achtung! Denken Sie daran, dass es im KMP immer $+y_i$ heißen muss. Sie müssen also alle Variablen so auf eine Seite bringen, dass die y_i addiert und nicht subtrahiert werden!

- *Aufstellen des Starttableaus*
  Wie groß das Simplextableau sein muss, sehen Sie an der Anzahl der Entscheidungsvariablen (Zeilen) und der Anzahl der Schlupfvariablen (Spalten des Tableauinneren).
  Dann tragen Sie die Nebenbedingungen spaltenweise in das Simplextableau ein, und zwar so, dass die einzelnen Koeffizienten in der Zeile der entsprechenden Entscheidungsvariablen stehen.
  In die letzte Spalte wird wie immer die Zielfunktion eingetragen. Denken Sie daran, dass unten rechts eine Konstante der Zielfunktion eingetragen wird. Dieser Eintrag wird genau so eingetragen, wie er in der Zielfunktion steht, also nicht mit Minus!
  Die rechten Seiten werden wie gehabt in die letzte Zeile eingetragen.

- *Durchführen des Simplex-Algorithmus*
  Anschließend wird der Simplex-Algorithmus, wie in Abschnitt 8.3 beschrieben, durchgeführt.
  Beim Transportproblem kann es passieren, dass in der letzten Zeile negative Einträge vorkommen. Wenn Sie aufgepasst haben, wissen Sie, dass das bedeutet, dass die Ausgangslösung nicht zulässig ist. Es gibt unterschiedliche Verfahren, wie man dann zu einer zulässigen Ausgangslösung kommt, das machen wir hier aber nicht. Üblicherweise wird in Prüfungen in dieser Situation der erste Austauschschritt des Simplex-Algorithmus vorgegeben.

- *Ablesen der optimalen Lösung*
  Den optimalen Transportplan erhält man, indem man alle Werte in der letzten Zeile abliest, also sowohl die x_i als auch die y_j.[131]
  Natürlich muss man wieder die ursprünglichen Bezeichnungen verwenden, um zu sehen, wie viel von wo nach wo transportiert werden muss. Alle Variablen, die nicht in der ersten Zeile vorkommen, haben – wie immer – den Wert 0.
  Die minimalen Kosten des Transportplans liest man wie immer unten rechts ab,

---

[131] Die Umbenennung geschah ja nur deswegen, damit wir die Struktur eines KMP erzeugen können. Bei Verwendung der Ursprungsbenennung sieht man aber, dass es sich bei beiden Variablentypen um Transportmengen handelt, also brauchen wir alle Werte.

jedoch muss man diese hier mit –1 multiplizieren, um die Kosten und nicht Minuskosten ablesen zu können.
Die optimalen Transportmengen kann man am einfachsten und schönsten tabellarisch angeben, also in der gleichen Form wie die Transportkosten und die Transportmengenvariablen.

Keine Frage, das war zum Abschluss noch mal ein hartes Stück Arbeit. Legen Sie am besten das folgende Beispiel direkt neben die Vorgehensweise, dann verstehen Sie es sicherlich viel besser!

Beispiel 122

Es ist folgendes Transportproblem gegeben:

	A_1	A_2	A_3	A_4	Vorräte
L_1	2	5	1	2	15
L_2	3	3	3	1	35
Bedarfe	10	10	10	20	

Das Transportproblem ist ausgeglichen, denn die Summe der Vorräte ist gleich der Summe der Bedarfe, nämlich 50.

Stellen wir zunächst das Transportproblem auf. Hierbei sei x_{ij} die Menge, die von Lager L_i zu Markt A_j transportiert wird. Dann lautet die Kostenfunktion:

min $K = 2x_{11} + 5x_{12} + x_{13} + 2x_{14} + 3x_{21} + 3x_{22} + 3x_{23} + x_{24}$

Nun müssen die Variablen umbenannt werden:

$$\begin{pmatrix} x_{11} & x_{12} & x_{13} & x_{14} \\ x_{21} & x_{22} & x_{23} & x_{24} \end{pmatrix} \qquad \begin{pmatrix} x_1 & x_2 & x_3 & y_1 \\ y_2 & y_3 & y_4 & y_5 \end{pmatrix}$$

Die neuen Variablen setzt man in die Lager- und Bedarfsgleichungen ein (letzte Zeile weglassen!):

$x_1 + x_2 + x_3 + y_1 =$ 15

$x_1 + y_2 \quad = \quad$ 10

$x_2 + y_3 \quad = \quad$ 10

$x_3 + y_4 \quad = \quad$ 10

$y_1 + y_5 \quad = \quad$ 20

Dann formt man nach den y_i um:

$$y_1 = 15 - x_1 - x_2 - x_3$$

$$y_2 = 10 - x_1$$

$$y_3 = 10 - x_2$$

$$y_4 = 10 - x_3$$

$$y_5 = 20 - y_1$$

Die letzte Gleichung müssen wir nochmal umformen, da ja nur ein y_i stehen bleiben darf.[132] *Das ist aber gar kein Problem, wir haben ja bereits eine Gleichung für das y_1 (die erste), so dass wir y_1 ersetzen können. Daher lautet das Restriktionensystem insgesamt:*

$$y_1 = 15 - x_1 - x_2 - x_3$$

$$y_2 = 10 - x_1$$

$$y_3 = 10 - x_2$$

$$y_4 = 10 - x_3$$

$$y_5 = 20 - 15 + x_1 + x_2 + x_3 = 5 + x_1 + x_2 + x_3$$

Als nächstes wird die Kostenfunktion umformuliert, hier werden alle y_i ersetzt:[133]

$$K = 2x_1 + 5x_2 + x_3 + 2\underbrace{(15 - x_1 - x_2 - x_3)}_{y_1} + 3\underbrace{(10 - x_1)}_{y_2} + 3\underbrace{(10 - x_2)}_{y_3} + 3\underbrace{(10 - x_3)}_{y_4}$$
$$+ \underbrace{5 + x_1 + x_2 + x_3}_{y_5} = -2x_1 + x_2 - 3x_3 + 125$$

Da wir die Kostenfunktion minimieren wollen, aber nur maximieren können, multiplizieren wir sie mit (−1):

$$-K = 2x_1 - x_2 + 3x_3 - 125$$

---

[132] Jede Restriktion in einem KMP besitzt ja nur eine Schlupfvariable.

[133] Schließlich tauchen in der Zielfunktion nie Schlupfvariablen auf!

Insgesamt lautet das KMP dann wie folgt:

$$\max \quad -K = 2x_1 - x_2 + 3x_3 - 125$$

$$
\begin{aligned}
\text{s. d.} \quad & x_1 & + & x_2 & + & x_3 & + & y_1 & & & & = & 15 \\
& x_1 & & & & & + & & y_2 & & & = & 10 \\
& & & x_2 & + & & & & & y_3 & & = & 10 \\
& & & & & x_3 & + & & & & y_4 & = & 10 \\
& -x_1 & - & x_2 & - & x_3 & + & & & & & y_5 & = & 5
\end{aligned}
$$

$$x_1, x_2, x_3, y_1, y_2, y_3, y_4, y_5 \geq 0$$

Jetzt können wir das Ausgangstableau für den Simplex-Algorithmus aufstellen:

	y_1	y_2	y_3	y_4	y_5	z
$-x_1$	1	1	0	0	−1	−2
$-x_2$	1	0	1	0	−1	1
$-x_3$	1	0	0	1	−1	−3
1	15	10	10	10	5	−125

c.Q. 15;10; - ; - ; - $\delta = -\dfrac{-2 \cdot 10}{1} = 20$

c.Q. 15; - ; - ; 10; - $\delta = -\dfrac{-3 \cdot 10}{1} = 30$

Es gibt keine negativen Einträge in der letzten Zeile, also kann ganz normal getauscht werden:

	y_1	y_2	y_3	x_3	y_5	z
$-x_1$	1	1	0	0	−1	−2
$-x_2$	1	0	1	0	−1	1
$-y_4$	−1	0	0	1	1	3
1	5	10	10	10	15	−95

c.Q. 5;10; - ; - ; -

Ein weiterer Austauschschritt liefert das optimale Tableau:

	x_1	y_2	y_3	x_3	y_5	z
$-y_1$	1	−1	0	0	1	2
$-x_2$	1	−1	1	0	0	3
$-y_4$	−1	1	0	1	0	1
1	5	5	10	10	20	−85

Nun muss die optimale Lösung abgelesen werden. Wie schon besprochen müssen alle Variablen angegeben werden:

$x_1 = 5$, $x_2 = 0$, $x_3 = 10$, $y_1 = 0$, $y_2 = 5$, $y_3 = 10$, $y_4 = 0$, $y_5 = 20$, $-K = -85$

Da diese Variablennamen völlig sinnentleert sind, verwenden wir lieber die Ursprungsbezeichnungen:

$x_{11} = 5$, $x_{12} = 0$, $x_{13} = 10$, $x_{14} = 0$, $x_{21} = 5$, $x_{22} = 10$, $x_{23} = 0$, $x_{24} = 20$

Die kann man schön in einer Tabelle aufschreiben:

	A_1	A_2	A_3	A_4
L_1	5	0	10	0
L_2	5	10	0	20

Die entstehenden Kosten betragen dann K = 85.

9.3 Heuristiken zum Auffinden eines zulässigen Transportplans

Manchmal ist man gar nicht so sehr daran interessiert, unbedingt die beste (=optimale) Lösung für ein Transportproblem zu finden, sondern es reicht schon, wenn man eine zulässige Lösung findet, es soll bloß schnell gehen.[134] In solchen Situationen wendet man Heuristiken (=Pi-mal-Daumen-Regeln) an.

Für Transportprobleme gibt es eine sehr schnelle und einfache Heuristik, die Nord-West-Ecken-Regel. Sie geht wie folgt:

Vorgehensweise 17

Nord-West-Ecken-Regel
Man beginnt in der linken oberen Ecke, die maximal mögliche Menge zu bestimmen, die von Lager 1 zu Markt 1 transportiert werden kann. „Auf Mathe" heißt das, wir bestimmen das Minimum min(a_1, b_1) und setzen es gleich x_{11}.
Da wo noch ein Rest ist (entweder im Lager oder im Markt), machen wir weiter und verteilen aus dem Nachbarlager bzw. in den Nachbarmarkt.
So hangelt man sich einmal quer durch das ganze Problem.

---

[134] Stellen Sie sich z.B. vor, Sie hätten es mit 1000 Lagern und 10.000 Kunden zu tun. Dann stoßen selbst moderne Rechenanlagen an ihre Grenzen!

Wichtig 88

Die so gefundene Lösung ist meistens nicht die billigste, aber sie funktioniert, und geht schnell!

In unserem Transportproblem erhält man dann die folgende Lösung:

Beispiel 123

	A_1	A_2	A_3	A_4	Vorräte
L_1	10	5	0	0	15
L_2	0	5	10	20	35
Bedarfe	10	10	10	20	

Die zugehörigen Kosten betragen

$K = 2 \cdot 10 + 5 \cdot 5 + 3 \cdot 5 + 3 \cdot 10 + 1 \cdot 20 = 110.$

OK, das ist schon nicht schlecht (optimal war ja K = 85.)

9.4   Übungsaufgaben

Aufgabe 60

Zwei Betriebe B_1 und B_2 liefern ein Produkt an drei Abnehmer A_1, A_2 und A_3. Die Lagerbestände der Betriebe betragen $b_1 = 37$ und $b_2 = 23$. Die Abnehmer haben den folgenden Bedarf: $a_1 = 15$, $a_2 = 20$, $a_3 = 25$ (jeweils in Mengeneinheiten).

Weiterhin ist die folgende Entfernungstabelle gegeben:

c_{ij}	A_1	A_2	A_3
B_1	10	12	15
B_2	11	14	20

Bestimmen Sie einen Transportplan, so dass die zurückgelegten Gesamtkilometer minimal sind.

Hinweis: Tauschen Sie im ersten Simplex-Tableau $y_4 \leftrightarrow x_2$ (bei Verwendung der Standardnummerierung).

Aufgabe 61

Ein Anbieter beliefert drei Kunden aus zwei Lagern. Die Vorräte in den einzelnen Lagern, die Bedarfe der einzelnen Kunden sowie die Transportkosten je Mengeneinheit können der folgenden Tabelle entnommen werden:

c_{ij}	B_1	B_2	B_3	a_i
A_1	1	4	4	30
A_2	3	1	2	30
b_j	30	20	30	

Geben Sie einen kostenoptimalen Transportplan für den Anbieter an.

Hinweis: Tauschen Sie im ersten Simplex-Tableau $y_5 \leftrightarrow x_1$ (bei Verwendung der Standardnummerierung).

10 Lösungen zu den Übungsaufgaben

Lösung zu Aufgabe 1

a) $\sqrt{(x+4)^2 + 2x^2 + 10x + 8 + (x+1)^2} - e^{2\ln(x-2)} = x+1$

$\Leftrightarrow \sqrt{x^2 + 8x + 16 + 2x^2 + 10x + 8 + x^2 + 2x + 1} - (e^{\ln(x-2)})^2 = x+1$

$\Leftrightarrow \sqrt{4x^2 + 20x + 25} - (x-2)^2 = x+1$

$\Leftrightarrow \sqrt{(2x+5)^2} - (x^2 - 4x + 4) = x+1$

$\Leftrightarrow 2x + 5 - x^2 + 4x - 4 = x+1$

$\Leftrightarrow x^2 - 5x = 0$

$\Leftrightarrow x = 0 \lor x = 5$

x=0 ist aber nicht definiert, weil ln(0) nicht definiert ist!!! Also gilt: $\mathcal{L} = \{5\}$.

b) $\ln(2x) - \ln\left(\frac{2}{3}\right) = 2\ln(x)$

$\Leftrightarrow \ln(2) + \ln(x) - (\ln(2) - \ln(3)) = 2\ln(x)$

$\Leftrightarrow \ln(2) + \ln(x) - \ln(2) + \ln(3) = 2\ln(x)$

$\Leftrightarrow \ln(3) = \ln(x)$

$\Leftrightarrow x = 3$

c) $)2^{5x+2} = 4^{15-x}$

$\Leftrightarrow 2^{5x+2} = 2^{2(15-x)}$

$\Leftrightarrow 5x + 2 = 30 - 2x$

$\Leftrightarrow x = 4$

Lösung zu Aufgabe 2

a) $\dfrac{a^p(2a)^{-3p}}{(a^2)^{2p}}$

$= \dfrac{a^p 2^{-3p} a^{-3p}}{a^{2 \cdot 2p}}$

$$= \frac{2^{-3p}a^{-2p}}{a^{4p}}$$

$$= 2^{-3p}a^{-6p}$$

b) $\sqrt[4]{b^2}\left(\frac{1}{\sqrt[3]{\sqrt[4]{b^6}}}\right)^5 + \frac{2b^{-2}}{b^{-1}}$

$$= b^{0,5} \cdot \frac{1}{b^{2,5}} + 2b^{-1}$$

$$= b^{-2} + 2b^{-1}$$

c) $\ln(a^2b) + \ln\left(\frac{c}{b}\right) - 2\ln(a)$

$$= \ln(a^2) + \ln(b) + \ln(c) - \ln(b) - 2\ln(a)$$

$$= 2\ln(a) + \ln(b) + \ln(c) - \ln(b) - 2\ln(a)$$

$$= \ln(c)$$

Lösung zu Aufgabe 3

c) $\frac{5}{ca+1} + \frac{20}{c^2a+2} + \frac{45}{c^3a+3} + \frac{80}{c^4a+4} + \frac{125}{c^5a+5} + \frac{180}{c^6a+6} = \sum_{i=1}^{6} \frac{5 \cdot i^2}{c^i \cdot a + i}$

d) $2b^2 + \frac{3b^2}{2} + \frac{4b^2}{3} = \sum_{i=1}^{3} \frac{(i+1)b^2}{i}$

e) $-a_{22} + a_{42} - a_{62} + a_{82} \pm \cdots = \sum_{i=2}^{\infty} (-1)^i a_{20 \cdot i + 2}$

f) $\frac{4}{3} \cdot \frac{8}{8} \cdot \frac{12}{15} \cdot \frac{16}{24} \cdot \frac{20}{35} = \prod_{i=1}^{5} \frac{4i}{(i+1)^2 - 1}$

Lösung zu Aufgabe 4

a) $\sum_{i=1}^{4} 7 \cdot (i^2 - 2)$

$$= 7 \sum_{i=1}^{4} (i^2 - 2)$$

$$= 7 \sum_{i=1}^{4} i^2 - 7 \sum_{i=1}^{4} 2$$

$$= 7 \cdot (1^2 + 2^2 + 3^2 + 4^2) - 7 \cdot 4 \cdot 2$$

$$= 210 - 56$$

$$= 154$$

b) $\sum_{i=4}^{8} i \cdot \ln(e^2) + 2^{i-3}$

$$= \ln(e^2) \sum_{i=4}^{8} i + \sum_{i=4}^{8} 2^{i-3}$$

$$= \ln(e^2) \cdot (4 + 5 + 6 + 7 + 8) + 2^1 + 2^2 + 2^3 + 2^4 + 2^5$$

$$= 2 \cdot 30 + 62$$

$$= 60 + 62$$

$$= 122$$

Lösung zu Aufgabe 5

a) $4! + 0! = 24 + 1 = 254$

b) $\binom{5}{3} = \frac{5!}{3!(5-3)!} = \frac{120}{6 \cdot 2} = 10$

c) $\binom{0}{0} = 1$

d) $\binom{2005}{2005} = \frac{2005!}{2005!(2005-2005)!} = \frac{2005!}{2005! \cdot 0!} = 1$

e) $\binom{200}{1} = \frac{200!}{1!(200-1)!} = \frac{200!}{199!} = 200$

f) $\binom{200}{199} = \frac{200!}{199!(200-199)!} = \frac{200!}{199!} = 200$

Lösung zu Aufgabe 6

a) $\binom{n}{0} = \frac{n!}{0!(n-0)!} = \frac{n!}{n!} = 1$

$\binom{n}{n} = \frac{n!}{n!(n-n)!} = \frac{n!}{n! \cdot 0!} = 1$

b) $\binom{n}{1} = \frac{n!}{1!(n-1)!} = \frac{n!}{(n-1)!} = n$

$\binom{n}{n-1} = \frac{n!}{(n-1)!(n-(n-1))!} = \frac{n!}{(n-1)!} = n$

c) $\binom{n}{n-k} = \frac{n!}{(n-k)!(n-(n-k))!} = \frac{n!}{(n-k)!k!} = \binom{n}{k}$

d) $\binom{n}{k-1} + \binom{n}{k}$

$= \frac{n!}{(k-1)!(n-(k-1))!} + \frac{n!}{k!(n-k)!}$

$= \frac{n! \cdot k}{(k-1)! \cdot k \cdot (n-k+1)!} + \frac{n!(n-k+1)}{k!(n-k)!(n-k+1)}$

$= \frac{n! \cdot k}{k!(n-k+1)!} + \frac{n!(n-k+1)}{k!(n-k+1)!}$

$$= \frac{n! \cdot k + n!(n-k+1)}{k!(n-k+1)!}$$

$$= \frac{n! \cdot k + n! \cdot n - n! \cdot k + n!}{k!(n-k+1)!}$$

$$= \frac{n!(n+1)}{k!(n-k+1)!}$$

$$= \frac{(n+1)!}{k!(n+1-k)!}$$

$$= \binom{n+1}{k}$$

Lösung zu Aufgabe 7

a) I.A.: $n = 1$

$$\sum_{i=1}^{1} i^2 = 1$$

$$\frac{1(1+1)(2 \cdot 1+1)}{6} = 1$$

I.V.:

$$\sum_{n=1}^{n} i^2 = \frac{n(n+1)(2n+1)}{6} \text{ gelte für ein } n \in \mathbb{N}$$

I.S.: $n \rightarrow n+1$

Ziel: $\sum_{n=1}^{n+1} i^2 = \frac{(n+1)((n+1)+1)(2(n+1)+1)}{6} = \frac{(n+1)(n+2)(2n+3)}{6}$

Dazu: $\sum_{n=1}^{n+1} i^2 = \sum_{n=1}^{n} i^2 + (n+1)^2$

$$\overset{(I.V.)}{=} \frac{n(n+1)(2n+1)}{6} + (n+1)^2$$

$$= \frac{n(n+1)(2n+1)}{6} + \frac{6(n+1)^2}{6}$$

$$= \frac{n(n+1)(2n+1) + 6(n+1)^2}{6}$$

$$= \frac{(n+1)(n(2n+1) + 6(n+1))}{6}$$

$$= \frac{(n+1)(2n^2 + n + 6n + 6)}{6}$$

$$= \frac{(n+1)(2n^2 + 7n + 6)}{6}$$

$$= \frac{(n+1)(n+2)(2n+3)}{6}$$

b) I.A.: $n = 1$

$$\sum_{i=1}^{1} i^3 = 1$$

$$\frac{1^2 \cdot (1+1)^2}{4} = \frac{1 \cdot 4}{4} = 1$$

I.V.:

$\sum_{i=1}^{n} i^3 = \frac{n^2(n+1)^2}{4}$ gelte für ein $n \in \mathbb{N}$

I.S.: n→n+1

Ziel: $\sum_{i=1}^{n+1} i^3 = \frac{(n+1)^2\left((n+1)+1\right)^2}{4} = \frac{(n+1)^2(n+2)^2}{4}$

Dazu: $\sum_{i=1}^{n+1} i^3 = \sum_{i=1}^{n} i^3 + (n+1)^3$

$\qquad = ^{(I.V.)} \frac{n^2(n+1)^2}{4} + (n+1)^3$

$\qquad = \frac{n^2(n+1)^2}{4} + \frac{4(n+1)^3}{4}$

$\qquad = \frac{n^2(n+1)^2 + 4(n+1)^3}{4}$

$\qquad = \frac{(n+1)^2(n^2 + 4(n+1))}{4}$

$\qquad = \frac{(n+1)^2(n^2 + 4n + 4)}{4}$

$\qquad = \frac{(n+1)^2(n+2)^2}{4}$

c) I.A.: n = 1

$\sum_{i=1}^{1} a^{i-1} = a^0 = 1$

$\frac{a^1 - 1}{a-1} = \frac{a-1}{a-1} = 1$

I.V.:

$\sum_{i=1}^{n} a^{i-1} = \frac{a^n - 1}{a-1}$ gelte für ein $n \in \mathbb{N}$

I.S.: n → n+1

Ziel: $\sum_{i=1}^{n+1} a^{i-1} = \frac{a^{n+1} - 1}{a-1}$

Dazu: $\sum_{i=1}^{n+1} a^{i-1} = \sum_{i=1}^{n} a^{i-1} + a^n$

$\qquad = ^{(I.V)} \frac{a^n - 1}{a-1} + a^n$

$\qquad = \frac{a^n - 1}{a-1} + \frac{a^n(a-1)}{a-1}$

$$= \frac{a^n - 1 + a^{n(a-1)}}{a-1}$$

$$= \frac{a^n - 1 + a^{n+1} - a^n}{a-1}$$

$$= \frac{a^{n+1} - 1}{a-1}$$

Lösung zu Aufgabe 8

a) $f'(x) = -2 \cdot \frac{1}{5} x^{-3} + \frac{9}{4} \cdot 2x$

$= -\frac{2}{5x^3} + \frac{9}{2} x$

b) $f'(x) = \frac{12x^6 + 84x^4 - 16x^6 - 56x^4}{(x^4 + 7x^2)^2}$

$= \frac{-4x^6 + 28x^4}{(x^4 + 7x^2)^2}$

c) $f'(x) = \ln(3) \cdot 3^{3\ln(x)+7} \cdot 3 \cdot \frac{1}{x}$

d) $f'(x) = \frac{40}{x} \cdot \ln(x) + \frac{40}{x} \cdot \ln(x) = \frac{80}{x} \cdot \ln(x)$

Lösung zu Aufgabe 9

a) $f'(x) = 50x + \frac{(17e^x)(x+2) - 17e^x}{(x+2)^2}$

b) $f(x) = (\ln(x) + 8x^2)(x - 4)$

c) $f'(x) = \left(\frac{1}{x} + 16x\right)(x - 4) + (\ln(x) + 8x^2)$

d) $f'(x) = 2,5 \cdot x^{1,5} - \left(2x \cdot (e^x - \ln(x^2)) + (x^2 - 5)\left(e^x - \frac{1}{x^2} \cdot 2x\right)\right)$

e) $f'(x) = -\sin(e^x) \cdot e^x$

f) $f'(x) = 2x \cdot \sin(x) + x^2 \cos(x)$

Lösung zu Aufgabe 10

a) $f(x) = \frac{-5x^2 + 5}{x^3}$

1)   *Definitionsbereich und Verhalten der Funktion an den Rändern des Definitionsbereichs*

Die Funktion besitzt eine Polstelle bei x = 0, da dort der Nenner Null wird. Also gilt: $D = \mathbb{R} \setminus \{0\}$. Betrachtet man den rechtsseitigen Limes bei x = 0, so sieht man, dass die Funktion positiv ist, sie geht also gegen $+\infty$. Ist x hingegen ein wenig kleiner als Null, so wird der Nenner negativ, während der Zähler positiv bleibt, die Funktion strebt also gegen $-\infty$.

Die Asymptote ist die x-Achse, da der Zählergrad kleiner als der Nennergrad ist und dementsprechend keine Polynomdivision „Zähler durch Nenner" möglich ist. Wenn x gegen ∞ strebt, wird die Funktion negativ, sie nähert sich dort also der Asymptote von unten. Wenn x gegen $-\infty$ strebt, wird die Funktion hingegen positiv, sie nähert sich dort also der Asymptote von oben.

2)   *Nullstellen der Funktion*

Die Funktion wird genau dann Null, wenn ihr Zähler Null wird. Das ist der Fall, wenn $-5x^2 + 5 = 0 \Leftrightarrow x^2 = 1 \Leftrightarrow x = 1 \vee x = -1$. Die Nullstellen liegen also bei +1 und -1.

3)   *y-Achsenabschnitt*

Da 0 nicht Element des Definitionsbereichs ist, besitzt die Funktion keinen y-Achsenabschnitt.

4)   *Berechnung der ersten zwei Ableitungen*

$$f'(x) = \frac{-10x^4 - 3x^2 \cdot (-5x^2 + 5)}{x^6} = \frac{5x^4 - 15x^2}{x^6} = \frac{5x^2 - 15}{x^4}$$

$$f''(x) = \frac{10x^5 - 4x^3 \cdot (5x^2 - 15)}{x^8} = \frac{-10x^5 + 60x^3}{x^8} = \frac{-10x^2 + 60}{x^5}$$

5)   *Monotonie und Extremwerte*

Wir betrachten wieder die erste Ableitung. Da der Nenner auf jeden Fall positiv ist (gerade Potenz), genügt es, den Zähler zu analysieren. Dieser lässt sich wie folgt faktorisieren: $z(x) = 5(x + \sqrt{3})(x - \sqrt{3})$. Daher gilt: Die erste Ableitung ist positiv, wenn $x < -\sqrt{3}$, hier steigt die Funktion also. Die erste Ableitung ist negativ für $-\sqrt{3} < x < \sqrt{3}$. In diesem Bereich fällt die Funktion also.[135] Für $x > \sqrt{3}$ ist die erste Ableitung wieder positiv, die Funktion steigt also wieder. Damit ist unmittelbar klar, dass die Funktion ein lokales Maximum bei $x = -\sqrt{3}$ besitzt. Der zugehörige Funktionswert lautet $f(-\sqrt{3}) = \frac{-15+5}{-3\sqrt{3}} \approx 1{,}92$. Bei $x = \sqrt{3}$ liegt hingegen ein lokales Minimum mit dem Funktionswert $f(\sqrt{3}) = \frac{-15+5}{3\sqrt{3}} \approx -1{,}92$. Globale Extremwerte besitzt die Funktion nicht.

---

[135] Wir denken natürlich an die Definitionslücke bei x=0!

6)   *Krümmungsverhalten und Wendepunkte*

Eine analoge Analyse der zweiten Ableitung ist komplizierter. Hier bietet sich ein Vorzeichendiagramm zur Analyse der einzelnen Faktoren der zweiten Ableitung an. Um das Faktorisieren kommt man aber wieder nicht herum:

$$f''(x) = \frac{-10x^2+60}{x^5} = -\frac{10(x^2-6)}{x^5} = -\frac{10(x-\sqrt{6})(x+\sqrt{6})}{x^5}$$

Abbildung 32   **Vorzeichendiagramm zum Krümmungsverhalten**

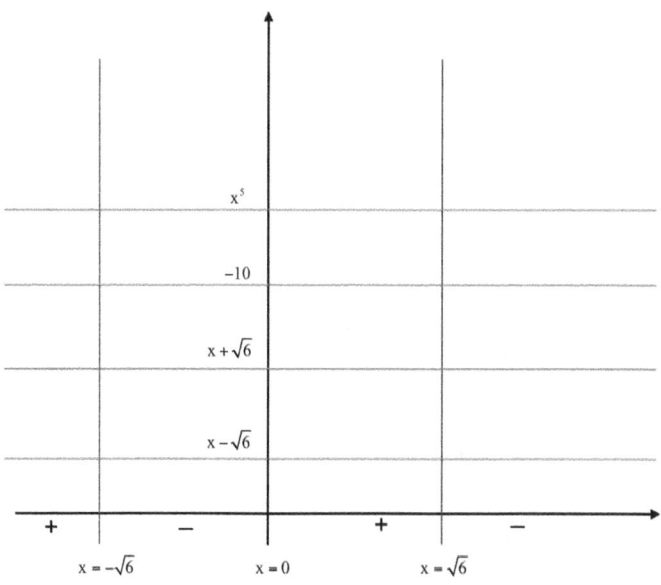

Die obige Abbildung zeigt das Vorzeichenverhalten der einzelnen Faktoren der Funktion. Man erkennt, dass die zweite Ableitung für $x < -\sqrt{6}$ positiv ist. Dort ist die Funktion also konvex. Bei $x = -\sqrt{6}$ liegt eine Wendestelle mit dem Funktionswert $f(-\sqrt{6}) = \frac{-5\cdot6+5}{-6\sqrt{6}} = \frac{25}{6\sqrt{6}} \approx 1{,}7$, die Funktion ändert ihr Krümmungsverhalten von konvex zu konkav. Das bleibt so bis x=0[136] Ab dort ist die Funktion konvex bis $x = \sqrt{6}$. Dort liegt wieder eine Wendestelle vor mit $f(\sqrt{6}) = \frac{-5\cdot6+5}{6\sqrt{6}} = -\frac{25}{6\sqrt{6}} \approx -1{,}7$, die Funktion ändert ihr Krümmungsverhalten von konvex zu konkav. Das bleibt sie bis zum Ende.

---

[136] Achtung. x=0 ist immer noch nicht definiert!

7) *Skizze*

Abbildung 33   Ergebnis der Kurvendiskussion

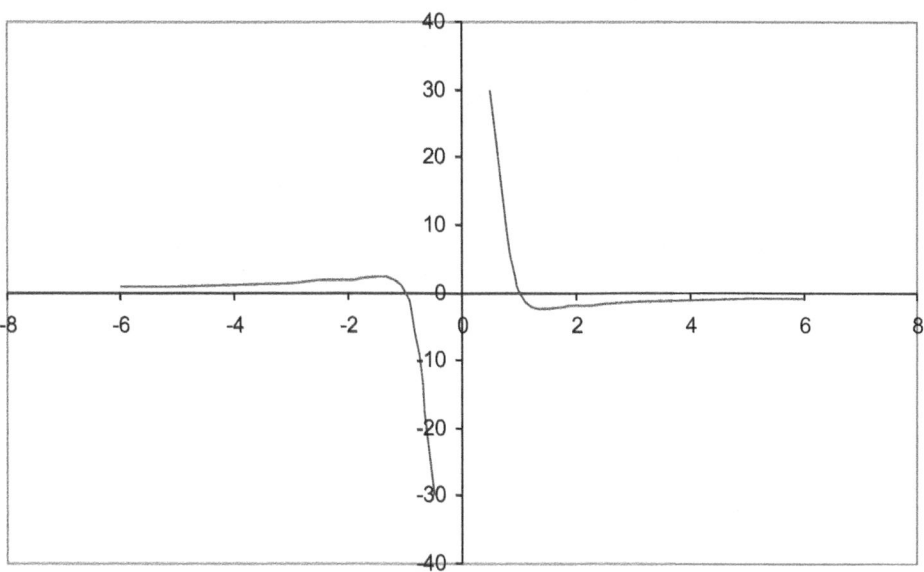

b) $f(x) = (x-1)^2 \cdot e^{-2x}$

1) *Definitionsbereich und Verhalten der Funktion an den Rändern des Definitionsbereichs*

Die Funktion besitzt keine Definitionslücken, da beide Faktoren auf ganz ℝ definiert sind. Generell gilt, dass die Funktion nur positive Werte annehmen kann.[137] Wenn x immer größer wird, wird der Funktionswert immer kleiner, die Funktion nähert sich immer mehr der Null. Setzt man hingegen für x sehr kleine (insb. negative) Werte ein, so werden die Funktionswerte immer größer, die Funktion nähert sich also +∞.

2) *Nullstellen der Funktion*

Die Funktion wird genau dann Null, wenn $(x-1)^2$ Null wird. Die e-Funktion kann schließlich nicht Null werden. Also liegt eine (doppelte) Nullstelle bei x=1.

---

[137] Achtung, damit ist der Wertebereich gemeint, nicht der Definitionsbereich!

3) *y-Achsenabschnitt*

$$f(0) = (0 - 1)^2 \cdot e^0 = 1$$

4) *Berechnung der ersten zwei Ableitungen*

$$f'(x) = (2x - 2) \cdot e^{-2x} + (x^2 - 2x + 1) \cdot e^{-2x} (-2)$$

$$= (6x - 4 - 2x^2) \cdot e^{-2x}$$

$$= 2(x - 1)(2 - x)e^{-2x}$$

$$f''(x) = (6 - 4x) \cdot e^{-2x} - 2(6x - 4 - 2x^2) \cdot e^{-2x}$$

$$= 2(7 - 8x + 2x^2) \cdot e^{-2x}$$

$$= 4\left(x - 2 - \sqrt{\tfrac{1}{2}}\right)\left(x - 2 + \sqrt{\tfrac{1}{2}}\right) \cdot e^{-2x}$$

5) *Monotonie und Extremwerte*

Wir betrachten wieder die erste Ableitung. Oben wurde bereits die erste Ableitung faktorisiert, so dass direkt ein Vorzeichendiagramm erstellt werden kann:

Abbildung 34   Vorzeichendiagramm zur Monotonie

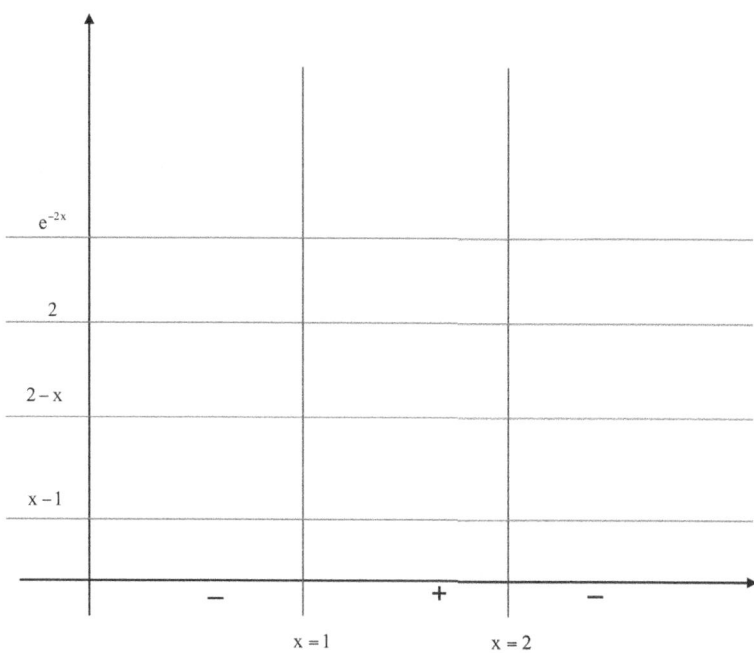

Daher gilt: Die erste Ableitung ist negativ, wenn x < 1, hier fällt die Funktion also. Die erste Ableitung ist positiv für 1 < x < 2. In diesem Bereich steigt die Funktion also. Für x > 2 ist die erste Ableitung wieder negativ, die Funktion fällt also wieder. Damit ist unmittelbar klar, dass die Funktion ein lokales Minimum bei x = 1 besitzt. Der zugehörige Funktionswert lautet f(1) = 0. Bei x = 2 liegt hingegen ein lokales Maximum mit dem Funktionswert $f(2) = 1^2 \cdot e^{-4} \approx 0{,}02$. Da die Funktion nur positive Werte annehmen kann, handelt es sich bei dem lokalen Minimum sogar um ein globales Minimum. Ein globales Maximum besitzt die Funktion hingegen nicht.

6) Krümmungsverhalten und Wendepunkte

Eine analoge Analyse der zweiten Ableitung ist geringfügig komplizierter, wie man an der obigen Faktorisierung sehen kann. Quadratische Ergänzung oder pq-Formel als Nebenrechnung helfen aber, das folgende Vorzeichendiagramm zu erstellen:

Abbildung 35   Vorzeichendiagramm zum Krümmungsverhalten

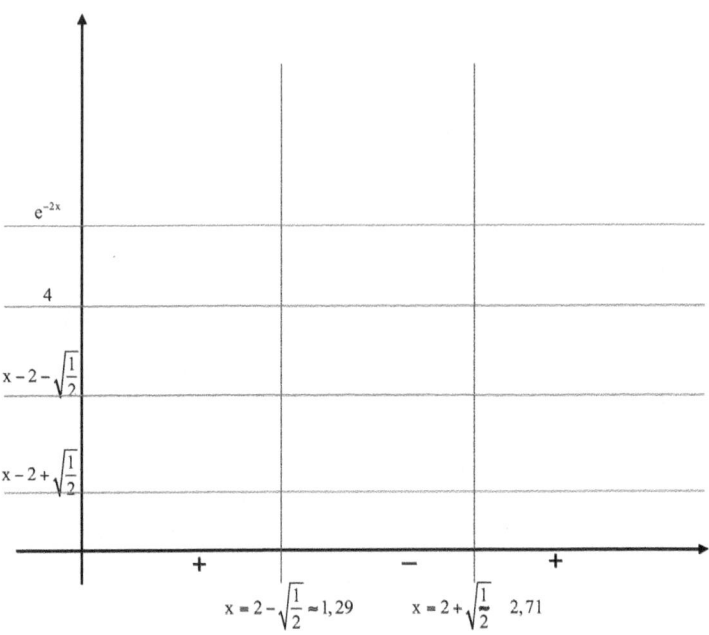

Die obige Abbildung zeigt das Vorzeichenverhalten der einzelnen Faktoren der Funktion. Man erkennt, dass die zweite Ableitung für $x < 2 - \sqrt{\frac{1}{2}}$ positiv ist. Dort ist die Funktion also konvex. Bei $x = 2 - \sqrt{\frac{1}{2}}$ liegt eine Wendestelle mit dem Funktionswert $f(2 - \sqrt{\frac{1}{2}}) \approx 0{,}006$, die Funktion ändert ihr Krümmungsverhalten von konvex zu konkav. Das bleibt so bis $x = 2 + \sqrt{\frac{1}{2}}$. Dort liegt wieder eine Wendestelle vor mit $f(2 + \sqrt{\frac{1}{2}}) \approx 0{,}01$, die Funktion ändert ihr Krümmungsverhalten von konvex zu konkav. Das bleibt sie bis zum Ende.

7) *Skizze*

Abbildung 36   Ergebnis der Kurvendiskussion

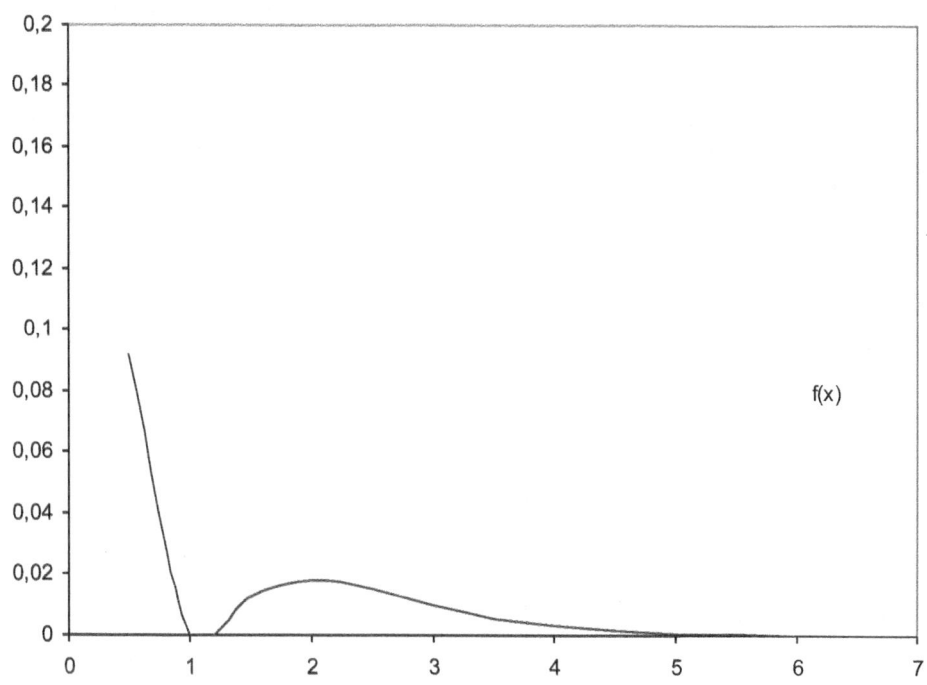

Lösung zu Aufgabe 11

Zunächst muss die Gewinnfunktion G(x) berechnet werden. Diese ergibt sich aus G(x) = E(x) − K(x). Daher brauchen wir zuerst die Erlösfunktion, die sich wiederum aus Preis mal Menge berechnet. In der Aufgabenstellung ist die Preis-Absatz-Funktion derart gegeben, dass der Preis die Entscheidungsvariable ist. Das interessiert uns hier weniger, wir benötigen die Abhängigkeit des Preises von der Absatzmenge. Wir müssen also aus x(p) p(x) berechnen. Das bedeutet nichts anderes, als dass wir die Gleichung nach p= umstellen müssen.

$$x = 125 - 1{,}25p$$
$$\Leftrightarrow x - 125 = -1{,}25p$$
$$\Leftrightarrow -0{,}8x + 100 = p$$

Also lautet die umgestellte Preis-Absatz-Funktion p(x) = −0,8x + 100. Um die Erlösfunktion zu erhalten, müssen wir p(x) mit x mal nehmen:

$E(x) = x \cdot p(x) = x \cdot (-0{,}8x + 100) = -0{,}8x^2 + 100x$. Die Kostenfunktion ist bereits angegeben, so dass wir direkt die Gewinnfunktion berechnen können: $G(x) = E(x) - K(x) = -0{,}8x^2 + 100x - (0{,}2x^2 + 4x + 704) = -x^2 + 96x - 704$

Gemäß Aufgabenstellung ist nun der Bereich gesucht, in dem $G(x)$ positiv ist. Wie immer gilt, dass wir das nur angeben können, wenn wir $G(x)$ faktorisieren. Da es sich um eine quadratische Funktion handelt, bietet sich die quadratische Ergänzung an:

$$
\begin{aligned}
G(x) &= -x^2 + 96x - 704 \\
&= -(x^2 - 96x + 704) \\
&= -((x - 48)^2 - 2304 + 704) \\
&= -((x - 48)^2 - 40^2) \\
&= -(x - 8)(x - 88)
\end{aligned}
$$

Das folgende Vorzeichendiagramm zeigt, dass $G(x)$ positiv ist, wenn x zwischen 8 und 88 liegt:

Abbildung 37   Vorzeichendiagramm zur Gewinnfunktion

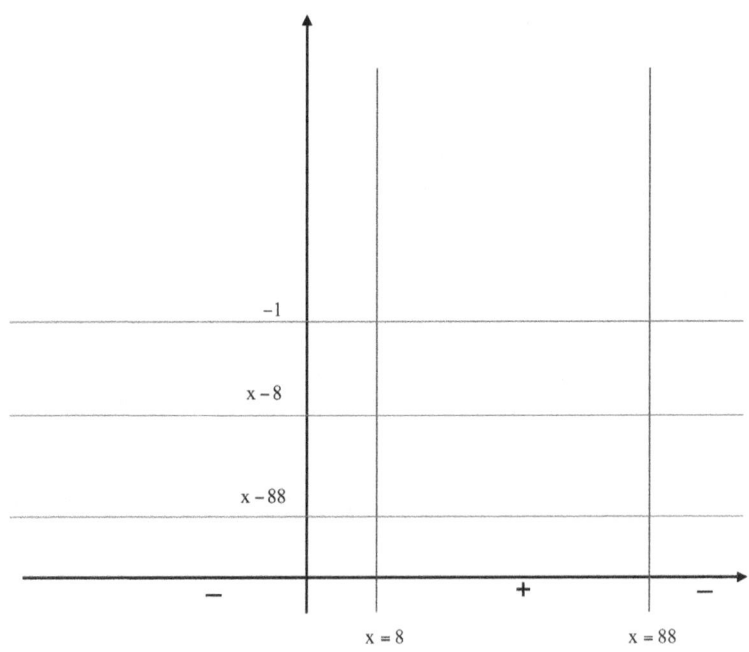

Insgesamt gilt also, dass das Unternehmen im Intervall]8;88[mit positivem Gewinn operiert.

Lösung zu Aufgabe 12

Durch die Produktionsfunktion ist der Zusammenhang zwischen Inputfaktor r und Outputfaktor x gegeben. Wir wissen, dass eine Einheit von r 2€ kostet. Um das in Kosten für x umzurechnen, müssen wir wiederum den Zusammenhang umdrehen, wir müssen r(x) kennen. Denn diese Funktion liefert uns die benötigte Anzahl des Inputfaktors zur Herstellung von x Einheiten des Outputfaktors.

$$x = \sqrt{2r - 200}$$
$$\Rightarrow x^2 = 2r - 200$$
$$\Leftrightarrow x^2 + 200 = 2r$$
$$\Leftrightarrow \frac{1}{2}x^2 + 100 = r$$

Also gilt: $r(x) = 0{,}5x^2 + 100$. Damit ist auch die Kostenfunktion von x bekannt: $K(x) = 2 \cdot (0{,}5x^2 + 100) = x^2 + 200$.

a) Zur Ermittlung der Gewinnfunktion muss zuerst die Erlösfunktion berechnet werden. Hierzu muss mal wieder Preis mal Menge gerechnet werden. Damit gilt: $E(x) = 30x$.

Insgesamt gilt Gewinn = Erlös minus Kosten, also gilt:

$$G(x) = 30x - (x^2 + 200) = -x^2 + 30x - 200.$$

b) Die Gewinnschwellen liegen dort, wo der Gewinn gerade Null beträgt. Mathematisch gesprochen suchen wir hier also die Nullstellen der Gewinnfunktion. Logischerweise faktorisieren wir hierzu G(x). Da wir keine Ungleichung lösen müssen, können wir gerne die pq-Formel benutzen:

$$-x^2 + 30x - 200 = 0$$
$$\Leftrightarrow x^2 - 30x + 200 = 0$$
$$x_{1,2} = 15 \pm \sqrt{225 - 200} = 15 \pm \sqrt{25} = 15 \pm 5$$
$$x_1 = 10 \lor x_2 = 20$$

Also liegen die Gewinnschwellen bei 10 bzw. 20 Outputeinheiten. Natürlich gilt das nur, wenn alle produzierten Einheiten auch verkauft werden.

c) Wir brauchen als erstes die Stückdeckungsbeitragsfunktion. Diese erhalten wir, indem wir die Deckungsbeitragsfunktion durch x dividieren. Die Deckungsbeitragsfunktion wiederum ergibt sich, indem wir die Erlösfunktion minus die variablen Kosten berechnen. Also, schießen wir los:

$$DB(x) = E(x) - K_v(x) = 30x - x^2$$

$$db(x) = \frac{DB(x)}{x} = \frac{30x - x^2}{x} = 30 - x$$

Um jetzt zu erfahren, wo der Stückdeckungsbeitrag positiv ist, müssen wir folgende Ungleichung lösen:

$$30 - x \geq 0$$
$$\Leftrightarrow x \leq 30$$

Also ist der Stückdeckungsbeitrag positiv, wenn weniger als 30 Stück produziert und verkauft werden.

Lösung zu Aufgabe 13

a) Die Fixkosten sind die Kosten, die entstehen, wenn nichts produziert wird, also K(0). Im vorliegenden Fall gilt:

$$K(0) = 200 \cdot e^{0,01 \cdot 0} + 400$$
$$= 200 + 400$$
$$= 600$$

b) Da die variablen Kosten die Gesamtkosten minus den Fixkosten sind, muss gelten:

$$K_{var}(x) = 200 \cdot e^{0,01 \cdot x} + 400 - 600$$
$$= 200 \cdot e^{0,01 \cdot x} - 200$$

Daher betragen die variablen Kosten bei einer Menge von 120 Stück:

$$K_{var}(120) = 200 \cdot e^{0,01 \cdot 120} - 200$$
$$= 200 \cdot e^{1,2} - 200$$
$$\approx 464,02$$

Damit betragen die durchschnittlichen variablen Kosten

$$k_{var}(120) = \frac{K_{var}(120)}{120}$$
$$= \frac{464,02}{120}$$
$$\approx 3,87$$

c) Der Gewinn ergibt sich aus Erlös minus Kosten, also gilt:

$$G(x) = E(x) - K(x)$$
$$= 30x - (200e^{0,01 \cdot x} + 400)$$
$$= 30x - 200e^{0,01 \cdot x} - 400$$

Lösung zu Aufgabe 14

a) Der Erlös berechnet sich aus Preis mal Menge, also gilt:

$$E(60) = 60 \cdot p(60)$$
$$= 60 \cdot \left(\frac{100}{\sqrt{60}} - 4\sqrt{60} + 20\right)$$
$$\approx 115,56$$

b) Um die Frage zu beantworten, muss die folgende Ungleichung gelöst werden:

$$p(x) = \frac{100}{\sqrt{x}} - 4\sqrt{x} + 20 > 0$$
$$\Leftrightarrow 100 - 4x + 20\sqrt{x} > 0$$
$$\Leftrightarrow -25 + x - 5\sqrt{x} < 0$$

Diese Ungleichung muss nun mit Hilfe einer Substitution umgeformt werden, denn wenn man statt $\sqrt{x}$ z einsetzt, ergibt sich eine wunderschöne quadratische Ungleichung, die man mit Hilfe der quadratischen Ergänzung erstklassig lösen kann:

$$z^2 - 5z - 25 < 0$$
$$(z - 2,5)^2 - 31,25 < 0$$
$$(z - 2,5 - \sqrt{31,25})(z - 2,5 + \sqrt{31,25}) < 0$$
$$(z - 8,09)(z + 3,09) < 0$$

Das folgende Vorzeichendiagramm zeigt, dass die obige Ungleichung für alle x zwischen -3,09 und 8,09 erfüllt ist.

Abbildung 38   Vorzeichendiagramm für die Substitution

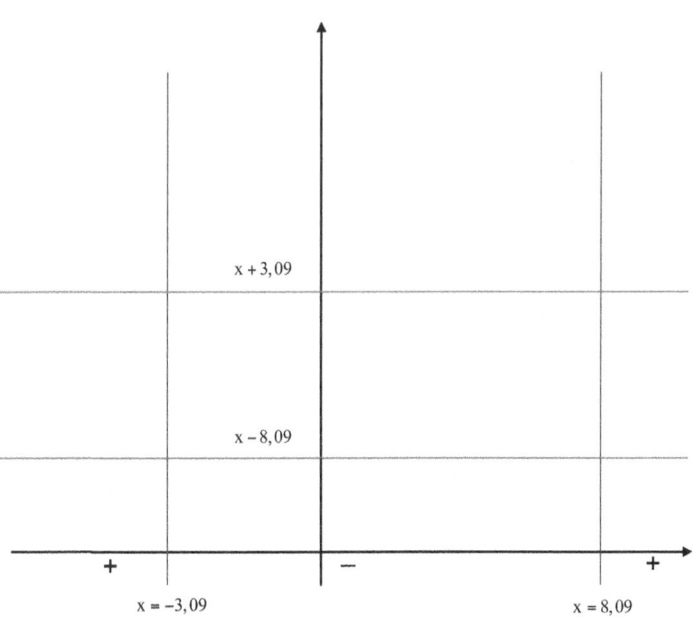

Bleibt noch die Rücksubstitution zu erledigen, denn kein Mensch will etwas über z wissen, wir wollten die relevanten Bereiche für x erhalten. Wir erhalten $-3{,}09 < \sqrt{x} < 8{,}09$. Da fällt natürlich direkt auf, dass die Werte zwischen -3,09 und 0 eh irrelevant sind, denn Wurzeln werden nicht negativ. Es bleibt also der folgende Bereich: $0 < \sqrt{x} < 8{,}09$. Quadrieren ergibt dann: $0 < x < 65{,}45$. Der Preis ist also für alle Mengen zwischen 0 und 65,45 positiv. Möchte man mehr verkaufen, muss man Geld dafür bezahlen☺.

Lösung zu Aufgabe 15

a) Hier muss man zwei Dinge beachten. Erstens, der Aufgabentext verlangt verklausuliert, dass man die Grenz-Preis-Absatz-Funktion betrachtet. Aber nicht genug damit, man muss sie auch erst einmal umformen, denn wir müssen nicht mit p(x) arbeiten, sondern mit x(p). Das liegt daran, dass in der Aufgabe nach dem Preis gesucht ist, der um eine Einheit erhöht wird, also ist p die unabhängige Variable:

$$p = 1044 - 0{,}3x$$
$$p - 1044 = -0{,}3x$$
$$-\frac{10}{3}p + \frac{10440}{3} = x$$

Also ist die gesuchte Preis-Absatz-Funktion $x(p) = -\frac{10}{3}p + \frac{10440}{3}$. Diese müssen wir nun nach p ableiten: $x'(p) = -\frac{10}{3}$. Das bedeutet, egal wie hoch der Preis ist, wird er um eine Einheit erhöht, verringert sich die Absatzmenge um 3,33 Einheiten. Also muss die Antwort auf die Frage lauten, dass es keinen Preis gibt, der die geforderte Bedingung erfüllt.

b) Zuerst muss die Funktion der variablen Kosten ermittelt werden. Dazu berechnen wir die Fixkosten und subtrahieren sie von der Gesamtkostenfunktion:

$$K_{fix} = K(0) = 4000$$

$$K_{var}(x) = 0{,}01x^3 - 1{,}5x^2 + 120x$$

Nun brauchen wir die variablen Stückkostenfunktion. Diese erhalten wir, indem wir die variable Kostenfunktion durch x dividieren:

$$k_{var}(x) = 0{,}01x^2 - 1{,}5x + 120$$

Diese Funktion dürfen wir nun endlich auf ihr globales Minimum untersuchen, sprich die erste Ableitung analysieren:

$$k_{var}'(x) = 0{,}02x - 1{,}5 = 0$$
$$0{,}02x = 1{,}5$$
$$x = 75$$

Die erste Ableitung ist eine lineare Funktion (sprich: der Graph ist eine Gerade) und zwar mit positiver Steigung. Also ist x=75 die einzige Nullstelle und links davon ist die erste Ableitung negativ, rechts davon positiv. Das bedeutet für die Ursprungsfunktion, dass sie bis x=75 fällt und ab da steigt. Damit ist ganz klar, dass x=75 das absolute Minimum der variablen Kostenfunktion ist.

c) Beginnen wir mit der Gewinnfunktion. Nach wie vor gilt:

$$G(x) = E(x) - K(x) = x \cdot p(x) - K(x), \text{ also}$$

$$\begin{aligned} G(x) &= x \cdot (1044 - 0{,}3x) - (0{,}01x^3 - 1{,}5x^2 + 120x + 4000) \\ &= 1044x - 0{,}3x^2 - 0{,}01x^3 + 1{,}5x^2 - 120x - 4000 \\ &= -0{,}01x^3 + 1{,}2x^2 + 924x - 4000 \end{aligned}$$

Um das Maximum zu finden, müssen wir uns wieder die Grenzfunktion ansehen:

$$\begin{aligned}
G'(x) &= -0{,}03x^2 + 2{,}4x + 924 \\
&= -0{,}03(x^2 - 80x - 30800) \\
&= -0{,}03((x - 40)^2 - 32400) \\
&= -0{,}03(x - 40 - 180)(x - 40 + 180) \\
&= -0{,}03(x - 220)(x + 140)
\end{aligned}$$

Das folgende Vorzeichendiagramm zeigt uns den Verlauf der ersten Ableitung.

Abbildung 39   Vorzeichendiagramm der Grenzgewinnfunktion

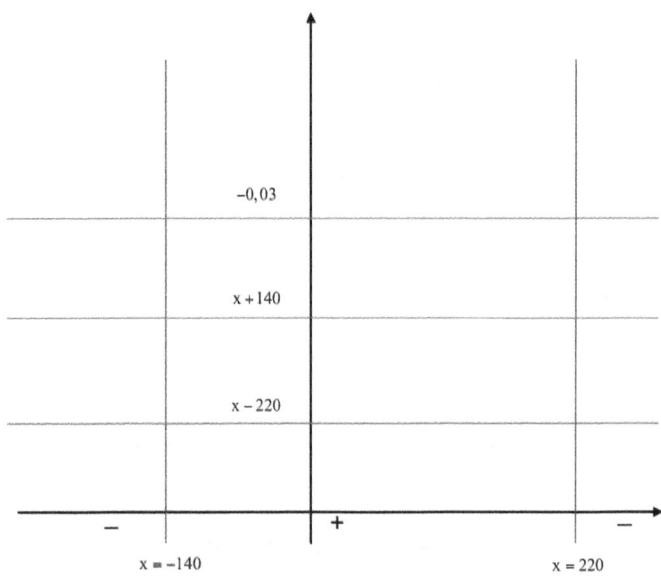

Da die Menge x ja mindestens Null sein muss, interessiert uns nur der Bereich ab der y-Achse. Das Vorzeichendiagramm zeigt, dass die Gewinnfunktion ab dort bis zu x = 220 steigt (da die Grenzgewinnfunktion positiv ist) und ab da fällt (die Grenzgewinnfunktion ist negativ). Daher muss es sich bei x = 220 um das globale Maximum handeln.

Wenn wir x=220 in die Preis- Absatz- Funktion einsetzen, erhalten wir den zugehörigen Preis p(220) = 1044 − 0,03 · 220 = 978.

Als nächstes untersuchen wir den Deckungsbeitrag. Dieser wird berechnet, indem der Erlös um die variablen Kosten verringert wird.

$DB(x) = -0,01x^3 + 1,2x^2 + 924x$. Die Grenzdeckungsbeitragsfunktion lautet dann: $DB'(x) = -0,03x^2 + 2,4x + 924$. Auch diese muss wieder faktorisiert werden, um zu entscheiden, wo das absolute Maximum der Deckungsbeitragsfunktion liegt:

$$DB'(x) = -0,03x^2 + 2,4x + 924$$
$$= -0,03(x^2 - 80x - 30800)$$
$$= -0,03((x - 40)^2 - 32400$$
$$= -0,03(x - 40 - 180)(x - 40 + 180)$$
$$= -0,03(x - 220)(x + 140)$$

Naja, wenig erstaunlich, dass sich das gleiche Bild wie beim Grenzgewinn ergibt. Schließlich unterscheiden sich Gewinn und Deckungsbeitrag ja nur um eine Konstante und die fällt beim Ableiten eh weg. Das folgende Vorzeichendiagramm zeigt uns den Verlauf der ersten Ableitung.

Abbildung 40   Vorzeichendiagramm der Grenzdeckungsbeitragsfunktion

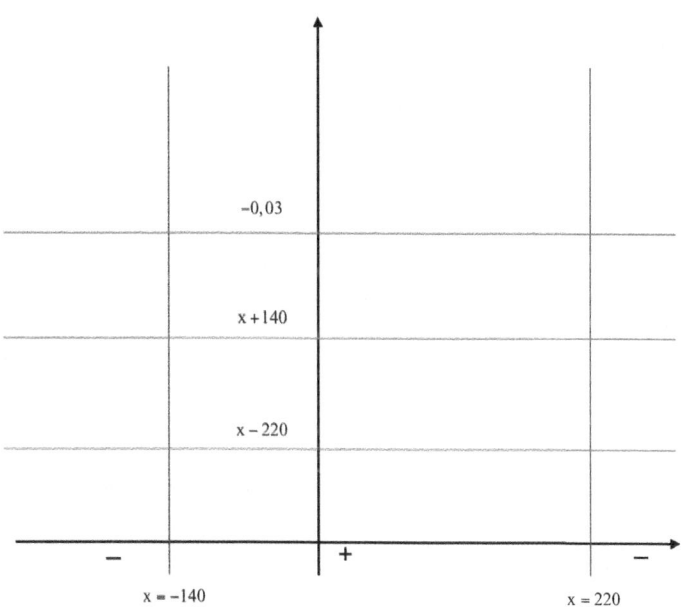

Da die Menge x ja immer noch mindestens Null sein muss, interessiert uns auch hier nur der Bereich ab der y-Achse. Das Vorzeichendiagramm zeigt, dass die Deckungsbeitragsfunktion ab dort bis zu x = 220 steigt (da die Grenzdeckungsbeitragsfunktion positiv ist) und ab da fällt (die Grenzdeckungsbeitragsfunktion ist negativ). Daher muss es sich bei x = 220 um das globale Maximum handeln.

Wenn wir x=220 in die Preis- Absatz- Funktion einsetzen, erhalten wir den zugehörigen Preis, der immer noch $p(220) = 1044 - 0,03 \cdot 220 = 978$ beträgt.

Die dritte zu berechnende Größe ist der maximale Stückdeckungsbeitrag.[138] Die Stückdeckungsbeitragsfunktion erhält man, indem man die Deckungsbeitrags funktion durch x dividiert:

$$db(x) = \frac{DB(x)}{x}$$
$$= \frac{-0,01x^3 + 1,2x^2 + 924x}{x}$$
$$= -0,01x^2 + 1,2x + 924$$

Die erste Ableitung beträgt dann

$$db'(x) = -0,02x + 1,2$$
$$-0,02x + 1,2 = 0$$
$$\Leftrightarrow -0,02x = -1,2$$
$$\Leftrightarrow x = 60$$

Die erste Ableitung ist eine lineare Funktion (sprich: der Graph ist eine Gerade) und zwar mit negativer Steigung. Also ist x = 60 die einzige Nullstelle und links davon ist die erste Ableitung positiv, rechts davon negativ. Das bedeutet für die Ursprungsfunktion, dass sie bis x = 60 steigt und ab da fällt. Damit ist ganz klar, dass x=60 das absolute Maximum der Stückdeckungsbeitragsfunktion ist. Der zu gehörige Preis lautet: $p(60) = 1044 - 0,4 \cdot 60 = 1026$

Als viertes analysieren wir den Gesamtumsatz bzw. den Erlös: $E(x)= x \cdot p(x)$, also

$$E(x) = x \cdot (1044 - 0,3x)$$
$$= 1044x - 0,3x^2$$

---

[138] Hier lernt man Worte kennen, mit denen man garantiert bei Galgenmännchen gewinnt!

Somit beträgt der Grenzerlös

$E'(x) = 1044 - 0,6x$

$1044 - 0,6x = 0$

$\Leftrightarrow 0,6x = 1044$

$\Leftrightarrow x = 1740$

Die erste Ableitung ist eine lineare Funktion (sprich: der Graph ist eine Gerade) und zwar mit negativer Steigung. Also ist x = 1740 die einzige Nullstelle und links davon ist die erste Ableitung positiv, rechts davon negativ. Das bedeutet für die Ursprungsfunktion, dass sie bis x = 1740 steigt und ab da fällt. Damit ist ganz klar, dass x = 1740 das absolute Maximum der Umsatzfunktion ist. Der zugehörige Preis lautet: p(1740) = 1044 − 0,3 · 1740 = 522.

Und zu guter Letzt kommt jetzt noch der Stückumsatz an die Reihe. Die Stückumsatzfunktion ergibt sich, indem die Erlösfunktion durch x dividiert wird: $e(x) = \frac{1044x - 0,3x^2}{x} = 1044 - 0,3x$. Sieh mal einer an, die Funktion kennen wir doch schon. Das ist ja exakt die Preis- Absatz- Funktion. Muss sie ja auch sein, schließlich ist Erlös ja Preis mal Menge, und soeben haben wir durch die Menge dividiert, bleibt logischerweise der Preis übrig. Mal schauen, diese Funktion ist linear und zwar mit negativer Steigung. Das bedeutet, sie fällt. Also liegt das globale Maximum am linken Rand des Definitionsbereichs und der ist logischerweise Null. Leider ist das nicht wirklich realistisch: Wir verkaufen nix und kriegen 1044 Euro? Niemals. Daher können wir nur sagen, dass wir so wenig wie möglich verkaufen sollten. Dann erzielen wir annähernd einen Preis von 1044 Euro.[139]

d)   Jetzt wird es von sprachlicher Seite her kompliziert: Grenzkosten sind schon die erste Ableitung der Kostenfunktion, und wenn von denen das Minimum gesucht wird, muss also die zweite Ableitung untersucht werden. Los geht's!

$K'(x) = 0,03x^2 - 3x + 120$

$K''(x) = 0,06x - 3$

$0,06x - 3 = 0$

$\Leftrightarrow 0,06x = 3$

$\Leftrightarrow x = 50$

---

[139] Das ist der Nachteil bei diesen ganzen Funktionen. Wenn man sich nicht genügend Gedanken über die Gestalt macht, kommen u.U. schwachsinnige Ergebnisse raus.

Die zweite Ableitung ist eine lineare Funktion (sprich: der Graph ist eine Gerade) und zwar mit positiver Steigung. Also ist x = 50 die einzige Nullstelle und links davon ist die zweite Ableitung negativ, rechts davon positiv. Das bedeutet für die Grenzkostenfunktion, dass sie bis x = 50 fällt und ab da steigt. Damit ist ganz klar, dass x = 50 das absolute Minimum der Grenzkostenfunktion ist. Der zugehörige Preis lautet: p(50) = 1044 − 0,03 · 50 = 1029.

Lösung zu Aufgabe 16

a) $F(x) = \int 4x^5 - 6x^3 + 8x^2 - 3x + 5\,dx$

$$= \frac{4}{6}x^6 - \frac{6}{4}x^4 + \frac{8}{3}x^3 - \frac{3}{2}x^2 + 5x + C$$

$$= \frac{2}{3}x^6 - \frac{3}{2}x^4 + \frac{8}{3}x^3 - \frac{3}{2}x^2 + 5x + C$$

b) $F(t) = \int 3\sin(t) - 4\cos(t)\,dt$

$$= 3\int \sin(t)\,dt - 4\int \cos(t)\,dt$$

$$= -3\cos(t) - 4\sin(t) + C$$

c) $F(t) = \int 2e^t - \frac{5}{t} + 1\,dt$

$$= \int 2e^t\,dt - \int \frac{5}{t}\,dt + \int 1\,dt$$

$$= 2\int e^t\,dt - 5\int \frac{1}{t}\,dt + \int 1\,dt$$

$$= 2e^t - 5\ln|t| + t + C$$

d) $F(x) = \int \frac{1 - 2x^2 - 4x^3}{2x} + 3\,dx$

$$= \int \frac{1}{2x}\,dx - \int \frac{2x^2}{2x}\,dx - \int \frac{4x^3}{2x}\,dx + \int 3\,dx$$

$$= \frac{1}{2}\int \frac{1}{x}\,dx - \int x\,dx - 2\int x^2\,dx + 3\int 1\,dx$$

$$= \frac{1}{2}\ln|x| - \frac{1}{2}x^2 - \frac{2}{3}x^3 + 3x + C$$

e) $F(z) = \int \frac{5}{3 + 3z^2} - \frac{1}{4}z^4\,dz$

$$= \int \frac{5}{3 + 3z^2}\,dz - \int \frac{1}{4}z^4\,dz$$

$$= \frac{5}{3}\int \frac{1}{1 + z^2}\,dz - \frac{1}{4}\int z^4\,dz$$

$$= \frac{5}{3}\arctan(z) - \frac{1}{20}z^5 + C$$

f) $F(x) = \int \frac{-2}{\sqrt{1-x^2}} - \frac{1}{\cos^2(x)}\,dx$

   $= \int \frac{-2}{\sqrt{1-x^2}}\,dx - \int \frac{1}{\cos^2(x)}\,dx$

   $= -2\int \frac{1}{\sqrt{1-x^2}}\,dx - \int \frac{1}{\cos^2(x)}\,dx$

   $= -2\arcsin(x) - \tan(x) + C$

g) $F(u) = \int 3\sin(u) - \frac{6}{u} + 7u^2\,du$

   $= \int 3\sin(u)\,du - \int \frac{6}{u}\,du + \int 7u^2\,du$

   $= 3\int \sin(u)\,du - 6\int \frac{1}{u}\,du + 7\int u^2\,du$

   $= -3\cos(u) - 6\ln|u| + \frac{7}{3}u^3 + C$

h) $F(x) = \int -3e^x - \cos(x)\,dx$

   $= \int -3e^x\,dx - \int \cos(x)\,dx$

   $= -3\int e^x\,dx - \int \cos(x)\,dx$

   $= -3e^x - \sin(x) + C$

Lösung zu Aufgabe 17

a) $\int_1^4 \frac{1-z^2}{z}\,dz = \int_1^4 \frac{1}{z} - z\,dz$

   $= \int_1^4 \frac{1}{z}\,dz - \int_1^4 z$

   $= \left[\ln|z| - \frac{1}{2}z^2\right]_1^4$

   $= (\ln(4) - 8) - \left(0 - \frac{1}{2}\right) \approx -6{,}113$

b) $\int_\pi^2 \cos(\varphi)\,d\varphi = (\sin(\varphi))_\pi^2$

   $= \sin(2) - \sin(\pi)$

   $= \sin(2) - 0$

   $= \sin(2) \approx 0{,}909$

c) $\int_0^{0,5} \frac{3}{\sqrt{1-x^2}} dx = 3 \int_0^{0,5} \frac{1}{\sqrt{1-x^2}} dx$

$$= 3(\arcsin(x))_0^{0,5}$$

$$= 3\left(\frac{\pi}{6} - 0\right) = \frac{\pi}{2} \approx 1,57$$

d) $\int_0^{\frac{\pi}{4}} \frac{1-\cos^2(x)}{2\cos^2(x)} dx = \int_0^{\frac{\pi}{4}} \frac{1}{2\cos^2(x)} - \frac{\cos^2(x)}{2\cos^2(x)} dx$

$$= \int_0^{\frac{\pi}{4}} \frac{1}{2\cos^2(x)} dx - \int_0^{\frac{\pi}{4}} \frac{\cos^2(x)}{2\cos^2(x)} dx$$

$$= \frac{1}{2} \int_0^{\frac{\pi}{4}} \frac{1}{\cos^2(x)} dx - \int_0^{\frac{\pi}{4}} \frac{1}{2} dx$$

$$= \frac{1}{2} (\tan(x))_0^{\frac{\pi}{4}} - \left(\frac{x}{2}\right)_0^{\frac{\pi}{4}}$$

$$= \frac{1}{2}(1-0) - \left(\frac{\pi}{8} - 0\right)$$

$$= \frac{1}{2} - \frac{\pi}{8} \approx 0,107$$

e) $\int_1^4 \frac{1-u^2}{\sqrt{u}} du = \int_1^4 \frac{1}{\sqrt{u}} du - \int_1^4 \frac{u^2}{\sqrt{u}} du$

$$= \int_1^4 u^{-0,5} du - \int_1^4 u^{1,5} du$$

$$= (2u^{0,5})_1^4 - \left(\frac{2}{5} u^{2,5}\right)_1^4$$

$$= \left(2\sqrt{4} - 2\sqrt{1}\right) - \left(\frac{2}{5}\sqrt{4^5} - \frac{2}{5}\sqrt{1^5}\right)$$

$$= (4-2) - \left(\frac{64}{5} - \frac{2}{5}\right)$$

$$= 2 - \frac{62}{5}$$

$$= -\frac{52}{5} = -10,4$$

Wenn Sie diese Umformungen nicht sofort verstehen, wird es Zeit, dass Sie sich die Wurzel- und Potenzgesetze aus Kapitel 0 noch mal ansehen!

Lösung zu Aufgabe 18

Um eine Vorstellung für die gesuchte Fläche zu entwickeln, müssen wir uns zuerst verdeutlichen, dass wir es mit einer nach unten geöffneten Parabel zu tun haben. Das gesuchte Flächenstück liegt also zwischen den beiden Nullstellen der Parabel. Daher müssen wir die Nullstellen der Funktion berechnen:

$-0{,}25x^2 + 4 = 0 \Leftrightarrow 0{,}25x^2 = 4 \Leftrightarrow x^2 = 16 \Leftrightarrow x = -4 \lor x = 4$

Die folgende Abbildung liefert einen Überblick über die Situation:

Abbildung 41   Das zu berechnende Flächenstück

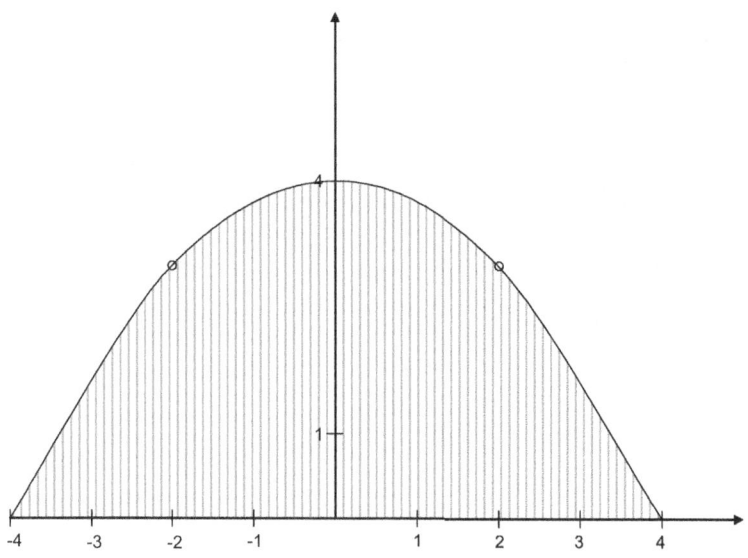

Wir müssen also die Funktion von x=-4 bis x=4 integrieren:

$$\int_{-4}^{4} -0{,}25x^2 + 4\,dx = \left(-\frac{0{,}25}{3}x^3 + 4x\right)_{-4}^{4} = -\frac{16}{3} + 16 - \left(\frac{16}{3} - 16\right) = 32 - \frac{32}{3} \approx 21{,}33$$

Das Flächenstück besitzt also einen Inhalt von ca. 21,33 Einheiten.

Lösung zu Aufgabe 19

a) $\int \frac{x^2}{\sqrt{1+x^3}}\,dx$ müssen wir uns erstmal genauer ansehen, bevor wir loslegen. Wieder suchen wir Teilterme, die erstens nerven und von denen 2. die Ableitung im Integral auftaucht. Das trifft auf den Term $u = 1 + x^3$ zu, jedenfalls fast, denn $u'(x) = \frac{du}{dx} = 3x^2$, und x^2 haben wir. Fehlt noch die 3, die können wir uns aber „dazu lügen", wenn wir vor das Integral eine $\frac{1}{3}$ schreiben und sie dadurch neutralisieren. Insgesamt ergeben sich also die folgenden Umformungen:

$\int \frac{x^2}{\sqrt{1+x^3}}\,dx = \frac{1}{3}\int \frac{3x^2}{\sqrt{1+x^3}}\,dx$

$$= \frac{1}{3} \int \frac{3x^2}{\sqrt{u}} \frac{du}{3x^2}$$

$$= \frac{1}{3} \int \frac{1}{\sqrt{u}} du$$

$$= \frac{1}{3} \int u^{-0,5} du$$

$$= \frac{1}{3} (2u^{0,5})$$

$$= \frac{2}{3} \sqrt{u}$$

$$= \frac{2}{3} \sqrt{1 + x^3} + C$$

b) $\int (5x + 12)^{0,5} dx$ riecht auch wieder nach Substitution, denn hier nervt $5x + 12$, die Ableitung dieses Terms ist lediglich eine Konstante, nämlich 5, und die können wir uns wieder „dazu lügen". Also substituieren wir $u = 5x + 12$. Damit gilt: $\frac{du}{dx} = 5 \Rightarrow$ $dx = \frac{du}{5}$. Also folgt:

$$\int (5x + 12)^{0,5} dx = \frac{1}{5} \int 5(5x + 12)^{0,5} dx$$

$$= \frac{1}{5} \int 5(u)^{0,5} \frac{du}{5}$$

$$= \frac{1}{5} \int u^{0,5} du$$

$$= \frac{1}{5} \left(\frac{2}{3} u^{1,5} \right)$$

$$= \frac{2}{15} (5x + 12)^{1,5} + C$$

c) $\int \cos^3(x) \cdot \sin(x)\, dx$ ist ebenfalls ein Fall für Substitution. Denn $\cos(x)$ nervt, und die Ableitung von $\cos(x)$ ist $-\sin(x)$. Das steht da, zumindest bis auf das Minuszeichen, und das lügen wir uns wieder dazu. So einfach ist das. Also setzen wir $u = \cos(x)$. Damit ist $\frac{du}{dx} = -\sin(x) \Rightarrow dx = -\frac{du}{\sin(x)}$. Also ergibt sich:

$$\int \cos^3(x) \cdot \sin(x)\, dx = - \int u^3 \cdot (-\sin(x)) \frac{du}{-\sin(x)}$$

$$= - \int u^3 du$$

$$= \left(-\frac{1}{4} u^4 \right)$$

$$= -\frac{1}{4} \cos^4(x) + C$$

d) $\int \frac{\arctan(z)}{1+z^2} dz$ sieht auch schon wieder nach Substitution aus, denn der Kenner erkennt, dass die Ableitung von $\arctan(z)$ gerade $\frac{1}{1+z^2}$ ist. Na, wenn das kein Zufall ist!

Also substituieren wir u = arctan (z), was direkt bedeutet, dass $\frac{du}{dz} = \frac{1}{1+z^2}$ ist bzw.dz = du · (1 + z²). Also gilt:

$$\int \frac{\arctan(z)}{1+z^2} dz = \int \frac{u}{1+z^2} \cdot (1 + z^2) du$$

$$= \int u\, du$$

$$= \frac{1}{2} u^2$$

$$= \frac{1}{2}(\arctan(z))^2 + C$$

e) $\int \frac{3x^2-2}{2x^3-4x+2} dx$ ist ein ganz raffiniertes Ding. Wahrscheinlich fürchten Sie schon Schlimmstes (also Partialbruchzerlegung), aber weit gefehlt! Ein näherer Blick offenbart, dass wir es mit einem Vater-Sohn-Integral zu tun haben: Im Zähler des Bruchs steht die Ableitung vom Nenner, oder exakt gesprochen, ein halb mal die Ableitung vom Nenner, also müssen wir wieder substituieren:u = 2x³ − 4x + 2. Damit gilt:$\frac{du}{dx} = 6x^2 - 4 \Rightarrow dx = \frac{du}{6x^2-4}$. Insgesamt folgt dann:

$$\int \frac{3x^2-2}{2x^3-4x+2} dx = \frac{1}{2} \int \frac{6x^2-4}{u} \cdot \frac{du}{6x^2-4}$$

$$= \frac{1}{2} \int \frac{1}{u} du$$

$$= \frac{1}{2} \ln|u|$$

$$= \frac{1}{2} \ln|2x^3 - 4x + 2| + C$$

f) $\int \sin^2(x)\, dx$ ist endlich mal nix zum Substituieren. Hier fehlt es einfach an der Ableitung. Dafür können wir hier schön die partielle Integration üben. Bei dieser Funktion stellt sich nicht die Frage, was u und was v′ sein soll, es handelt sich ja eh um die gleichen Funktionen. Also setzen wir u(x) = sin(x) ⇒ u′(x) = cos (x)und v′(x) = sin(x) ⇒ v(x) = −cos (x). Gemäß der partiellen Integration gilt dann:

$$\int \sin^2(x)\, dx = \underbrace{\sin(x) \cdot (-\cos(x))}_{u(x) \cdot v(x)} - \underbrace{\int \cos(x) \cdot (-\cos(x)) dx}_{\text{Restintegral} \int u'(x)v(x)dx}$$

$$= -\sin(x) \cdot \cos(x) + \int \cos^2(x)\, dx$$

$$= -\sin(x) \cdot \cos(x) + \int 1 - \sin^2(x) dx$$

$$= -\sin(x) \cdot \cos(x) + \int 1 dx - \int \sin^2(x) dx$$

$$= -\sin(x) \cdot \cos(x) + x - \int \sin^2(x)\, dx$$

An der Stelle brauchen Sie sicher erst mal eine Verschnaufpause. Schauen Sie sich in der Zeit mal in Ruhe an, was da jetzt steht:

$$\int \sin^2(x)\,dx = -\sin(x) \cdot \cos(x) + x - \int \sin^2(x)\,dx.$$

Das heißt, wir können unser gesuchtes Integral durch einen Term ausdrücken, in dem das gesuchte Integral wieder vorkommt. Na, das können wir doch umstellen, indem wir das Integral auf der rechten Seite nach links bringen:

$$\int \sin^2(x)\,dx = -\sin(x) \cdot \cos(x) + x - \int \sin^2(x)\,dx \qquad \left| + \int \sin^2(x)dx \right.$$

$$\Leftrightarrow 2 \int \sin^2(x)\,dx = -\sin(x) \cdot \cos(x) + x$$

Und wenn wir die Gleichung noch durch 2 dividieren, haben wir die Aufgabe gelöst:

$$\int \sin^2(x)\,dx = \frac{1}{2}(-\sin(x) \cdot \cos(x) + x) + C$$

g) $\int e^x \cdot \cos(x)\,dx$ ist auch wieder ein Fall für die partielle Integration: Auch hier ist es egal, wie Sie die Funktionen wählen, denn die e-Funktion verändert sich ja sowieso nicht, und die trigonometrischen Funktionen[140] schwanken eh nur hin und her. Wir wählen $u(x) = e^x \Rightarrow u'(x) = e^x$ und $v'(x) = \cos(x) \Rightarrow v(x) = \sin(x)$. Somit gilt:

$$\int e^x \cdot \cos(x)\,dx = \underbrace{e^x \cdot \sin(x)}_{u(x) \cdot v(x)} - \underbrace{\int e^x \cdot \sin(x)\,dx}_{\text{Restintegral } \int u'(x)v(x)dx} \ .$$

Hm, das neue Integral sieht nicht wirklich einfacher aus als das alte. Trotzdem haben wir es fast geschafft. Wir müssen einfach das ganze Spiel noch einmal wiederholen. Das passiert bei den trigonometrischen Funktionen schon einmal.

Wir wählen also $u(x) = e^x \Rightarrow u'(x) = e^x$ und $v'(x) = \sin(x) \Rightarrow v(x) = -\cos(x)$. Somit gilt:

$$\int e^x \cdot \cos(x)\,dx = \underbrace{e^x \cdot \sin(x)}_{u(x) \cdot v(x)} - \underbrace{\int e^x \cdot \sin(x)\,dx}_{\text{Restintegral } \int u'(x)v(x)dx}$$

$$= e^x \cdot \sin(x) - (-e^x \cdot \cos(x) - \int e^x \cdot (-\cos(x))dx)$$

$$= e^x \cdot \sin(x) + e^x \cdot \cos(x) - \int e^x \cdot \cos(x)\,dx$$

He, das Spiel kennen wir schon: Das Integral, das wir suchen ist blabla minus dem gesuchten Integral.

$$\int e^x \cdot \cos(x)\,dx = e^x \cdot \sin(x) + e^x \cdot \cos(x) - \int e^x \cdot \cos(x)\,dx$$

---

[140] Also Sinus und Cosinus.

Also wieder alle Integrale auf eine Seite bringen:

$\int e^x \cdot \cos(x)\, dx = e^x \cdot \sin(x) + e^x \cdot \cos(x) - \int e^x \cdot \cos(x)\, dx \,|+ \int e^x \cdot \cos(x)\, dx$

$2 \int e^x \cdot \cos(x)\, dx = e^x \cdot \sin(x) + e^x \cdot \cos(x) \,|: 2$

$\int e^x \cdot \cos(x)\, dx = \frac{1}{2}(e^x \cdot \sin(x) + e^x \cdot \cos(x)) + C$

h) $\int \frac{4x^3}{x^3 + 2x^2 - x - 2}\, dx$ ist jetzt der Moment der Wahrheit. Hier haben wir kein Vater-Sohn-Integral, sondern wir müssen tatsächlich in den sauren Apfel beißen und die Partial-bruchzerlegung anwenden. Wenigstens haben wir eine echt gebrochen-rationale Funktion, so dass wir schon mal keine Polynomdivision durchführen müssen. Beginnen wir also mit der Faktorisierung des Nenners: Oh, Mist, da brauchen wir dann trotzdem eine Polynomdivision, sonst kriegen wir den Nenner nicht faktorisiert. Da wir ja wissen, dass eine ganzzahlige Nullstelle des Ausdrucks ein Teiler der Konstante sein muss, bleiben nur die Kandidaten ±1 und ±2. Die müssen wir ausprobieren. Schon x = 1 funktioniert Gottseidank, also dividieren wir $x^3 - 2x^2 - x - 2$ durch $x - 1$. Das kann man mit Polynomdivision machen, aber die Division durch einen linearen Term geht mit Hornerschema einfach viel schneller. Also machen wir das hier mal:

	1	2	-1	-2
1+		1	3	2
	1	3	2	0

Daraus folgt also, dass $x^3 + 2x^2 - x - 2 = (x - 1)(x^2 + 3x + 2)$. Den zweiten Faktor können wir noch weiter faktorisieren, diesmal mit Hilfe der pq-Formel oder der quadratischen Ergänzung oder dem Satz von Vieta:

$x^2 + 3x + 2 = (x + 1)(x + 2)$.

Insgesamt gilt also:

$x^3 + 2x^2 x - 2 = (x - 1)(x + 1)(x + 2)$.

Also können wir $\frac{4x^3}{x^3 + 2x^2 - x - 2}$ schreiben als $\frac{A}{x-1} + \frac{B}{x+1} + \frac{C}{x+2}$.

Wenn wir $\frac{A}{x-1} + \frac{B}{x+1} + \frac{C}{x+2}$ auf einen Nenner bringen, erhalten wir:

$\frac{A}{x-1} + \frac{B}{x+1} + \frac{C}{x+2} = \frac{A(x+1)(x+2) + B(x-1)(x+2) + C(x-1)(x+1)}{(x-1)(x+1)(x+2)}$.

Auch dieser Monsterausdruck muss immer noch gleich $\frac{4x^3}{x^3 + 2x^2 - x - 2}$ sein. Da Sie sicher auch keinen Bock auf endlose Koeffizientenvergleiche haben, benutzen wir die Methode, in den Zähler die Nullstellen des Nenners einzusetzen und so die Konstanten auszurechnen. Wir beginnen mit x = 1. In der ursprünglichen Funktion kommt da als

Zähler$4 \cdot 1^3 = 4$ raus. In der Version mit den Konstanten erhalten wir

$$A(1+1)(1+2) + B(1-1)(1+2) + C(1-1)(1+1) = 6A.$$

Also gilt:

$$6A = 4 \Rightarrow A = \frac{2}{3}$$

Als nächstes betrachten wir x = -1. Dann gilt:

$$4 \cdot (-1)^3 = A(-1+1)(-1+2) + B(-1-1)(-1+2) + C(-1-1)(-1+1)$$
$$\Leftrightarrow -4 = -2B$$
$$\Leftrightarrow B = 2$$

Bleibt noch x=-2. Hierbei gilt:

$$4 \cdot (-2)^3 = A(-2+1)(-2+2) + B(-2-1)(-2+2) + C(-2-1)(-2+1)$$
$$\Leftrightarrow -32 = 3C$$
$$\Leftrightarrow B = -\frac{32}{3}$$

Jetzt haben wir's doch schon fast. Wir wissen jetzt $\frac{4x^3}{x^3+2x^2-x-2} = \frac{\frac{2}{3}}{x-1} + \frac{2}{x+1} - \frac{\frac{32}{3}}{x+2}$. Also gilt auch: $\int \frac{4x^3}{x^3+2x^2-x-2}\,dx = \int \frac{\frac{2}{3}}{x-1} + \frac{2}{x+1} - \frac{\frac{32}{3}}{x+2}\,dx.$

Das lässt sich aber relativ einfach berechnen:

$$\int \frac{4x^3}{x^3+2x^2-x-2}\,dx = \int \frac{\frac{2}{3}}{x-1} + \frac{2}{x+1} - \frac{\frac{32}{3}}{x+2}\,dx$$

$$= \frac{2}{3}\int \frac{1}{x-1}\,dx + 2\int \frac{1}{(x+1)}\,dx - \frac{32}{3}\int \frac{1}{x+2}\,dx$$

$$= \frac{2}{3}\ln|x-1| + 2\ln|x+1| - \frac{32}{3}\ln|x+2| + C$$

Fertig!

i)   Auch$\int \frac{2x+1}{x^3-6x^2+9x}\,dx$ verlangt nach einer Partialbruchzerlegung. Wiederum haben wir es mit einer echt gebrochen-rationalen Funktion zu tun, also können wir direkt mit der Faktorisierung des Nenners beginnen. Die gestaltet sich hier aber einfacher, da wir aus dem Nenner im ersten Schritt ein x ausklammern können:

$$x^3 - 6x^2 + 9x = x(x^2 - 6x + 9).$$

Und auch der zweite Schritt ist denkbar einfach, denn der Ausdruck $x^2 - 6x + 9$ ist eine binomische Formel, denn $x^2 - 6x + 9 = (x - 3)^2$. Also gilt insgesamt:

$x^3 - 6x^2 + 9x = x(x-3)^2$. Also haben wir eine einfache Nullstelle x=0 und eine doppelte Nullstelle bei x=3. Damit gilt: $\frac{2x+1}{x^3-6x^2+9x}$ lässt sich schreiben als:

$$\frac{A}{x} + \frac{B}{x-3} + \frac{C}{(x-3)^2}.$$

Macht man diesen Ausdruck gleichnamig, erhält man:

$$\frac{A}{x} + \frac{B}{x-3} + \frac{C}{(x-3)^2} = \frac{A(x-3)^2 + Bx(x-3) + Cx}{x(x-3)^2}$$

Dieser Ausdruck ist also noch immer dasselbe wie $\frac{2x+1}{x^3-6x^2+9x}$. Auch hier versuchen wir zunächst, die Konstanten über das Einsetzen der Nullstellen in den Nenner zu erreichen. x = 0 liefert:

$$2 \cdot 0 + 1 = A(0-3)^2 + B(0-3) + C \cdot 0$$
$$\Leftrightarrow 1 = 9A$$
$$\Leftrightarrow A = \frac{1}{9}$$

x = 3 liefert:

$$2 \cdot 3 + 1 = A(3-3)^2 + B \cdot 3(3-3) + C \cdot 3$$
$$\Leftrightarrow 7 = 3C$$
$$\Leftrightarrow C = \frac{7}{3}$$

Wie schon bereits angedroht können wir die dritte Konstante, also B, mit dieser Methode nicht berechnen. Das liegt daran, dass wir es mit einer doppelten Nullstelle bei x = 3 zu tun haben. Um B rauszukriegen, bleibt uns nichts anderes übrig, als den Koeffizientenvergleich durchzuführen. Der ist aber gar nicht mehr so schlimm, weil wir ja A und C bereits kennen:

$$\frac{1}{9}(x-3)^2 + Bx(x-3) + \frac{7}{3}x = 2x + 1$$
$$\Leftrightarrow \frac{1}{9}x^2 - \frac{6}{9}x + \frac{9}{9} + Bx^2 - 3Bx + \frac{7}{3}x = 2x + 1$$
$$\Leftrightarrow \left(\frac{1}{9} + B\right)x^2 + x\left(-\frac{2}{3} - 3B + \frac{7}{3}\right) + 1 = 2x + 1$$

Der Koeffizientenvergleich vor dem x² liefert

$\frac{1}{9} + B = 0 \Leftrightarrow B = -\frac{1}{9}$, denn auf der linken Seite der obigen Gleichung steht $\frac{1}{9} + B$ vor dem x², auf der rechten Seite gibt es kein x² bzw. dort steht 0x².

Der Koeffizientenvergleich vor dem x liefert die Bestätigung. Hier gilt:

$$-\frac{2}{3} - 3B + \frac{7}{3} = 2$$

$$\Leftrightarrow -3B = \frac{1}{3}$$

$$\Leftrightarrow B = -\frac{1}{9}$$

Damit haben wir auch die letzte Konstante errechnet. Insgesamt gilt also:

$$\frac{2x+1}{x^3-6x^2+9x} = \frac{\frac{1}{9}}{x} - \frac{\frac{1}{9}}{x-3} + \frac{\frac{7}{3}}{(x-3)^2}$$

und dementsprechend

$$\int \frac{2x+1}{x^3-6x^2+9x}\,dx = \int \frac{\frac{1}{9}}{x}\,dx - \int \frac{\frac{1}{9}}{x-3}\,dx + \int \frac{\frac{7}{3}}{(x-3)^2}\,dx$$

$$= \frac{1}{9}\int \frac{1}{x}\,dx - \frac{1}{9}\int \frac{1}{x-3}\,dx + \frac{7}{3}\int \frac{1}{(x-3)^2}\,dx$$

Gut, die ersten beiden Integrale sind ein alter Hut, die laufen wieder auf den ln hinaus. Das dritte ist schon interessanter. Hier müssen wir noch mal substituieren, denn x - 3 nervt und die Ableitung hiervon ist glatt 1, steht also immer dabei. Also setzen wir $u = x - 3 \Rightarrow \frac{du}{dx} = 1 \Leftrightarrow du = dx$.. Na, das ist ja einfach!

$$\int \frac{1}{(x-3)^2}\,dx = \int \frac{1}{u^2}\,du$$

$$= \int u^{-2}\,du$$

$$= -1 \cdot u^{-1}$$

$$= -\frac{1}{u}$$

$$= -\frac{1}{x-3} + C$$

Jetzt können wir das gesamte Integral zusammensetzen:

$$\int \frac{2x+1}{x^3-6x^2+9x}\,dx = \frac{1}{9}\int \frac{1}{x}\,dx - \frac{1}{9}\int \frac{1}{x-3}\,dx + \frac{7}{3}\int \frac{1}{(x-3)^2}\,dx$$

$$= \frac{1}{9}\ln|x| - \frac{1}{9}\ln|x-3| - \frac{1}{x-3} + C$$

Lösung zu Aufgabe 20

Diese Aufgabe klingt komplizierter, als sie ist. Wir machen uns erstmal eine Skizze, um zu sehen, was Sache ist. y = ln(x) ist die blaue Kurve, y = 0 ist bloß die x-Achse und x = 5 ist eine senkrechte Gerade bei x = 5, also in der Abbildung die rote Linie. Die gesuchte Fläche ist in der Abbildung hellblau schraffiert dargestellt:

Abbildung 42   Relevanter Bereich

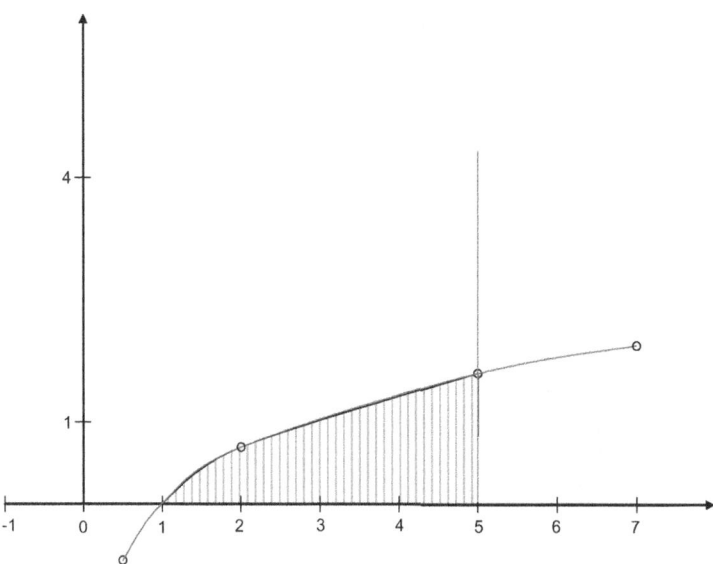

Um den gesuchten Flächeninhalt zu berechnen, müssen wir das folgende Integral lösen:

$\int_1^5 \ln(x)\,dx$. Dieses Integral steht leider nicht auf der Liste der Grundintegrale. Substitution und Partialbruchzerlegung scheiden als Methoden aus. Aber wie eine partielle Integration sieht das auch nicht aus, schließlich fehlt uns ja der Faktor Nummer 2?! Nun, den können wir uns aber dazu packen, indem wir das Integral schreiben als $\int_1^5 1 \cdot \ln(x)\,dx$. Jetzt passt die partielle Integration. Da wir $\ln(x)$ nicht integrieren können, müssen wir folgendermaßen die Funktionen festlegen: $u(x) = \ln(x) \Rightarrow u'(x) = \frac{1}{x}$ und $v'(x) = 1 \Rightarrow v(x) = x$. Hieraus ergibt sich:

$$\int_1^5 1 \cdot \ln(x)\,dx = (\ln(x) \cdot x)_1^5 - \int_1^5 \frac{1}{x} \cdot x\,dx$$

$$= 5\ln(5) - 1\ln(1) - \int_1^5 1\,dx$$

$$= 5\ln(5) - (x)_1^5$$

$$= 5\ln(5) - (5 - 1)$$

$$= 5\ln(5) - 4 \approx 4{,}05$$

Also beträgt der gesuchte Flächeninhalt ca. 4,05 Flächeneinheiten.

Lösung zu Aufgabe 21

a) $a_5 = \frac{1}{15}, a_6 = \frac{1}{18}, a_n = \frac{1}{3n}$

b) $a_5 = 20, a_6 = 24, a_n = 4n$

c) $a_7 = -128, a_8 = 256, a_n = (-1)^n \cdot 2^n$

d) $a_8 = 18, a_9 = 29, a_{n+1} = a_n + a_{n-1}$ bzw. $a_n = a_{n-1} + a_{n-2}$

e) $a_8 = 34, a_9 = 1, a_{2n} = 46 - 3n, a_{2n-1} = 3^{5-n}$

f) $a_9 = \frac{1}{5}, a_{10} = -4, a_{2n} = 16 - 4n, a_{2n-1} = 5^{4-n}$

Lösung zu Aufgabe 22

a) Monotonie:

   Zeige: $a_{n+1} - a_n \leq 0$

   $$a_{n+1} - a_n = \frac{1}{n+1+1} - \frac{1}{n+1} = \frac{n+1}{(n+2)(n+1)} - \frac{n+2}{(n+2)(n+1)} = \frac{\overbrace{-1}^{<0}}{\underbrace{(n+2)}_{>0}\underbrace{(n+1)}_{>0}} < 0$$

   Beschränktheit:

   Zeige: $a_n > 0 \; \forall \, n \in \mathbb{N}$

   I.A.:   n=1: $a_1 = \frac{1}{2} > 0$

   I.V.: $a_n > 0 \; gelte \; f\ddot{u}r \; ein \; n \in \mathbb{N}$

   I.S.: $n \to n + 1$

            Ziel: $a_{n+1} > 0$

            Dazu: $a_{n+1} = \frac{\overbrace{1}^{>0}}{\underbrace{n+2}_{>0}} > 0$

b) Monotonie:

   Zeige: $a_{n+1} - a_n \geq 0$

   $$a_{n+1} - a_n = 2^{n+1} - 2^n = 2 \cdot 2^n - 2^n = 2^{n(2-1)} = 2^n > 0$$

   Beschränktheit:

   Zeige: $a_n > 1 \; \forall \, n \in \mathbb{N}$

I.A.:   n=1: $a_1 = 2^1 = 2 > 1$

I.V.: $a_n > 1$ *gelte für ein* $n \in \mathbb{N}$

I.S.: $n \to n + 1$

Ziel: $a_{n+1} > 0$

Dazu: $a_{n+1} = 2^{n+1} = 2 \cdot \overbrace{2^n}^{>1\ I.V.} > 1$

c) Alternieren:

Zeige: $a_{n+1} > a_n \Rightarrow a_{n+2} < a_{n+1}$

$a_{n+1} > a_n \Rightarrow a_n = -1, a_{n+1} = 1 \Rightarrow a_{n+2} = -1$

$\Rightarrow a_{n+2} < a_{n+1}$

Zeige: $a_{n+2} < a_{n+1} \Rightarrow a_{n+1} > a_n$

$a_{n+2} < a_{n+1} \Rightarrow a_{n+2} = -1, a_{n+1} = 1 \Rightarrow a_n = -1$

$\Rightarrow a_{n+1} > a_n$

Beschränktheit

Zeige: $|a_n| < 2 \ \forall\, n \in \mathbb{N}$

I.A.:   n=1: $|a_1| = |(-1)^2| = 1 < 2$

I.V.: $|a_n| < 2$ *gelte für ein* $n \in \mathbb{N}$

I.S.: $n \to n + 1$

Ziel: $|a_{n+1}| < 2$

Dazu: $|a_{n+1}| = |(-1)^{n+2}| = 1 < 2$

d) Wir verzichten auf den formalen Beweis und überlegen stattdessen, wie die Folge aussieht. Klar sollte sein, dass die Folge abwechselnd positiv und negativ ist. Alleine dadurch ist aber schon festgelegt, dass die Folge alterniert, da der Übergang vom negativen in den positiven Bereich immer mit einem Anstieg und der Übergang vom positiven in den negativen Bereich immer mit einem Abstieg verbunden ist.

Beschränktheit:

Zeige: $|a_n| < 2 \; \forall \, n \in \mathbb{N}$

I.A.:   n=1: $|a_1| = \left|(-1)^1 \cdot \frac{1}{1+1}\right| = \frac{1}{2} < 2$

I.V.: $|a_n| < 2$ gelte für ein $n \in \mathbb{N}$

I.S.: $n \to n + 1$

Ziel: $|a_{n+1}| < 2$

Dazu: $|a_{n+1}| = \left|(-1)^{n+1} \cdot \frac{1}{n+2}\right| = \frac{1}{n+2} < \frac{1}{n+1} \overset{I.V.}{<} 2$

e) Monotonie

Zeige: $a_{n+1} - a_n \geq 0$

$$a_{n+1} - a_n = \frac{a_n^2+9}{6} - \frac{6a_n}{6} = \frac{a_n^2+9-6a_n}{6} = \frac{\overset{>0}{\overbrace{(a_n-3)^2}}}{\underset{\underset{>0}{\smile}}{6}} > 0$$

Also ist a_n monoton steigend.

Beschränktheit:

Zeige: $|a_n| < 3 \; \forall \, n \in \mathbb{N}$

I.A.:   n=1: $|a_1| = 0 < 3$

I.V.: $|a_n| < 3$ gelte für ein $n \in \mathbb{N}$

I.S.: $n \to n + 1$

Ziel: $|a_{n+1}| < 3$

Dazu: $|a_{n+1}| = \left|\frac{a_n^2+9}{6}\right| = \frac{\left(\overset{<3}{\overbrace{a_n}}\right)^2 + 9}{6} \overset{I.V.}{<} \frac{9+9}{6} = \frac{18}{6} = 3$

Lösung zu Aufgabe 23

Zur Erinnerung: Die Definition der Konvergenz lautet:

Für alle $\delta > 0$ gibt es ein $n_0(\delta)$, so dass für alle $n > n_0$ gilt:

$$|a_n - g| < \delta \Rightarrow \lim_{n \to \infty} a_n = g$$

Also müssen wir den Betrag $|a_n - g|$ untersuchen, ob es für alle möglichen ϵ ein n_0 gibt, ab dem $|a_n - g| < \epsilon$ ist.

a) $|a_n - g| = \left|1 - \dfrac{1}{n} - 1\right| = \left|\dfrac{1}{n}\right| = \dfrac{1}{n} < \epsilon$, falls $n > \underbrace{\dfrac{1}{\epsilon}}_{n_0}$.

Was das bedeutet, schauen wir uns mal für einige ϵ an:

$\epsilon = \dfrac{1}{10}$: Hier liegen also alle a_n ab $n_0 = \dfrac{1}{\frac{1}{10}} = 10$, also ab a_{11}, in einem Schlauch der Breite $2 \cdot \dfrac{1}{10}$ um 1. Je kleiner ϵ ist, desto größer wird natürlich das zugehörige n_0.

$\epsilon = \dfrac{1}{100}$: Hier liegen nur noch alle a_n ab $n_0 = \dfrac{1}{\frac{1}{100}} = 100$, also ab a_{101}, in einem Schlauch der Breite $2 \cdot \dfrac{1}{100}$ um 1.

b) $|a_n - g| = \left|(-1)^n \cdot \dfrac{1}{n^2} - 0\right| = \left|(-1)^n \cdot \dfrac{1}{n^2}\right| = \dfrac{1}{n^2} < \epsilon$, falls $1 < n^2 \cdot \epsilon$,

also falls $n^2 > \dfrac{1}{\epsilon}$, also falls $n > \underbrace{\sqrt{\dfrac{1}{\epsilon}}}_{n_0}$.

Auch hier betrachten wir ein konkretes ϵ:

$\epsilon = \dfrac{1}{10}$: Hier liegen also alle a_n ab $n_0 = \sqrt{\dfrac{1}{\frac{1}{10}}} = \sqrt{10} = 3{,}16$, also streng genommen erst ab a_4, in einem Schlauch der Breite $2 \cdot \dfrac{1}{10}$ um 0.

Lösung zu Aufgabe 24

a) Klarer Fall, hier muss man die höchste Potenz ausklammern: ZGR=2, NGR=2, ZGR - NGR=0. Daher gilt:

$$\lim_{n \to \infty} \frac{4n^2 - 8n + 7}{8n^2 - 2n + \sqrt{5}} = \frac{4}{8} = \frac{1}{2}$$

b) Auch hier muss wieder die höchste Potenz ausgeklammert werden: ZGR=3, NGR=4, ZGR - NGR=-1<0. Daher gilt:

$$\lim_{n \to \infty} \frac{4n^3 - 20n}{8n^2 + 2} = 0$$

c) Schon wieder muss man die höchste Potenz ausklammern: ZGR=4, NGR=3, ZGR - NGR=1>0. Also müssen die Koeffizienten vor den höchsten Potenzen betrachtet werden:

$\frac{-3}{2} = -1{,}5 < 0$

Daher gilt:

$\lim_{n \to \infty} \frac{-3n^4 + 8n}{2n^3 - 5} = -\infty$

d) Und weil es so schön war, klammern wir noch einmal die höchste Potenz aus: ZGR=4, NGR=3, ZGR - NGR=1 > 0. Also müssen wieder die Koeffizienten der höchsten Potenzen betrachtet werden:

$\frac{1}{1} = 1 > 0.$

Dann gilt:

$\lim_{n \to \infty} \frac{n^4}{n^3 + n} = \infty$

e) Da in dieser Folge ein $(-1)^n$ vorkommt, aber die Folge nicht die Form $a_n = (-1)^n \cdot \alpha_n$ hat, funktionieren weder die Methode „Höchste Potenz Ausklammern" noch die Vorgehensweise bei alternierenden Folgen mit Vorzeichenwechsel. In solchen Situationen, wo man gar nicht weiß, wie man anfangen soll, bietet es sich an, sich erstmal die ersten Folgenglieder anzusehen. Diese lauten hier:

$a_1 = \frac{3}{4} \cdot (1 - 1) = 0$

$a_2 = \frac{3}{4} \cdot (1 + 1) = \frac{6}{4} = \frac{3}{2}$

$a_3 = \frac{3}{4} \cdot (1 - 1) = 0$

$a_4 = \frac{3}{4} \cdot (1 + 1) = \frac{3}{2}$

etc.

Aha, diese Folge heißt also immer abwechselnd 0 und $\frac{3}{2}$ bzw. $a_{2n+1} = 0, a_{2n} = \frac{3}{2}$. Damit haben wir aber zwei Teilfolgen gefunden, die offensichtlich gegen unterschiedliche Grenzwerte konvergieren, nämlich $\lim_{n \to \infty} a_{2n+1} = 0$ und $\lim_{n \to \infty} a_{2n} = \frac{3}{2}$. Dann muss aber die gesamte Folge divergent sein!

f) Diese Folge sollte man zuerst einmal kürzen:

$a_n = \frac{(2n+4)(2n-4)}{(2n+4)^2} = \frac{2n-4}{2n+4}$

Dann kann man bequem die höchste Potenz ausklammern (kann man natürlich auch, wenn man nicht gekürzt hat, aber stellen Sie sich vor, da hätte was mit n^5 gestanden!).

ZGR=1, NGR=1, ZGR-NGR=0. Daher gilt:

$$\lim_{n \to \infty} \frac{2n-4}{2n+4} = \frac{2}{2} = 1$$

g) Auch diese Folge muss erstmal umgeschrieben werden, damit ihre Behandlung einfacher wird:

$$a_n = \frac{3n \cdot 2}{n} - \frac{3n \cdot 2}{n-1} = 6 - \frac{6n}{n-1}$$

Gemäß den Rechenregeln für Grenzwerte dürfen wir beide Grenzwerte einzeln berechnen und anschließend subtrahieren.

$$\lim_{n \to \infty} 6 = 6, \lim_{n \to \infty} \frac{6n}{n-1} = \frac{6}{1} = 6.$$

Also gilt:

$$\lim_{n \to \infty} 6 - \frac{6n}{n-1} = 6 - 6 = 0$$

Es gibt aber auch andere Wege, auf dieses Ergebnis zu kommen!

h) Auch diese Folge sieht auf den ersten Blick super kompliziert aus, daher schauen wir uns auch mal die ersten paar Folgenglieder an:

$$a_1 = (-1+2)(2+1) = 1 \cdot 3 = 3$$

$$a_2 = (1+2)(2-1) = 3 \cdot 1 = 3$$

$$a_3 = (-1+2)(2+1) = 1 \cdot 3 =$$

$$a_4 = (1+2)(2-1) = 3 \cdot 1 = 3$$

Also ist wohl $a_n = 3$, egal wie groß n ist. Selbstverständlich ist also auch

$$\lim_{n \to \infty} a_n = 3$$

Die schönere Lösung besteht natürlich darin, die dritte binomische Formel zu erkennen und zu vereinfachen, dann sieht man direkt, dass

$$a_n = 2^2 - [(-1)^n]^2 = 4 - \underbrace{(-1)^{2n}}_{=1,\,\text{da} -1 \text{ hoch irgendeine Zahl immer 1 ist}}$$

$$= 4 - 1$$
$$= 3$$

i) Hier muss die Rechenregel $\lim_{n\to\infty}(a_n \cdot b_n) = \lim_{n\to\infty} a_n \cdot \lim_{n\to\infty} b_n$ angewendet werden. Die einzelnen Grenzwerte berechnet man mit „höchste Potenz Ausklammern" bzw. erkennt, dass es sich um eine spezielle Folge handelt, deren Grenzwert man kennen muss.

$$\lim_{n\to\infty} \frac{3n^2-1}{3n^2} \sqrt[n]{4} \overset{\text{Rechenregeln}}{\hat{=}} \lim_{n\to\infty} \frac{3n^2-1}{3n^2} \cdot \lim_{n\to\infty} \sqrt[n]{4} \overset{\text{ZGR-NGR=0}}{\hat{=}} \frac{3}{3} \cdot 1 = 1$$

j) Auch wenn es auf den ersten Blick nicht so aussieht, handelt es sich bei der Folge um ein „verallgemeinertes Polynom durch Polynom". Also muss man die höchste Potenz ausklammern.

$$\lim_{n\to\infty} \frac{3-\sqrt{64n}}{\sqrt{4n}-2} = \lim_{n\to\infty} \frac{3-\sqrt{64}\cdot n^{\frac{1}{2}}}{\sqrt{4}\cdot n^{\frac{1}{2}}-2} \overset{\text{ZGR-NGR=}\frac{1}{2}-\frac{1}{2}=0}{\hat{=}} \frac{-\sqrt{64}}{\sqrt{4}} = -\sqrt{\frac{64}{4}} = -4$$

k) Da die Folge eine alternierende Folge mit VZW ist, muss man den Satz benutzen, dass eine Folge der Form $a_n = (-1)^n \cdot \alpha_n$ genau dann konvergent (gegen 0) ist, wenn α_n eine Nullfolge ist. $\alpha_n = \frac{3n}{2n^2-n+1}$ muss mit Hilfe der Methode Höchste Potenz Ausklammern untersucht werden.

$$\lim_{n\to\infty} \frac{3n}{2n^2-n+1} \overset{\text{ZGR-NGR=}-1<0}{\hat{=}} 0$$

Also ist a_n ebenfalls eine Nullfolge bzw.

$$\lim_{n\to\infty} a_n = 0$$

l) Wenn man die angegebene Folge in Gedanken ausmultipliziert, erkennt man, dass es sich um eine Folge der Form „Polynom durch Polynom" handelt. Man muss die Folge gar nicht komplett ausmultiplizieren, man interessiert sich ja sowieso nur für die Koeffizienten vor der höchsten Potenz in Zähler und Nenner. Das erfordert ein bisschen Übung, bis man das im Kopf beherrscht.

$$\lim_{n \to \infty} \frac{3n(2n-1)(3n+2)^2}{(2n+1)^3(5n-7)} = \frac{3 \cdot 2 \cdot 9}{8 \cdot 5} \overset{ZGR-NGR=4-4=0}{\hat=} \frac{54}{40} = \frac{27}{20}$$

m) Auch hier muss man Zähler und Nenner im Geiste ausmultiplizieren und dann die höchste Potenz ausklammern.

$$\lim_{n \to \infty} \frac{4n^2(2n-5+8n^2)}{5(n-1)^3(4n+3)} = \frac{4 \cdot 8}{5 \cdot 1 \cdot 4} = \frac{32}{20} = \frac{8}{5}$$

Lösung zu Aufgabe 25

a) Diese Folge muss man mit der Methode „e-Funktion" bearbeiten. Damit man es auf einen Blick erkennt, muss man aber zuerst die 3 unter dem Bruchstrich entfernen. Das ist kein Problem, wenn man sich mit Bruchrechnen auskennt, denn dann weiß man, dass $\frac{a}{b \cdot c} = \frac{\frac{a}{b}}{c}$. Man kann den Bruch also als Doppelbruch schreiben. Somit gilt:

$$a_n = \left(1 + \frac{7}{3n}\right)^{8n+7} = \left(1 + \frac{\frac{7}{3}}{n}\right)^{8n+7}$$

und das ist eine „e-Funktion" wie aus dem Bilderbuch.

$$a_n = \left(1 + \frac{\frac{7}{3}}{n}\right)^{8n+7} = \left(1 + \frac{\frac{7}{3}}{n}\right)^{8n} \cdot \left(1 + \frac{\frac{7}{3}}{n}\right)^{7} = \underbrace{\left[\underbrace{\left(1 + \frac{\frac{7}{3}}{n}\right)^{n}}_{\to e^{\frac{7}{3}}}\right]^8}_{\to e^{\frac{56}{3}}} \cdot \underbrace{\left(1 + \frac{\frac{7}{3}}{n}\right)^{7}}_{\to 1} \Rightarrow e^{\frac{56}{3}}$$

b) Ganz klarer Fall von Wurzeltrick!

$$a_n = \sqrt{n+5} - \sqrt{n} = \frac{(\sqrt{n+5} - \sqrt{n}) \cdot (\sqrt{n+5} + \sqrt{n})}{\sqrt{n+5} + \sqrt{n}}$$

$$\overset{3.\text{Bin.Formel}}{\hat=} \frac{n+5-n}{\sqrt{n+5} + \sqrt{n}}$$

$$= \frac{5}{\sqrt{n+5} + \sqrt{n}}$$

Diese Folge kann man nun mit „Höchste Potenz Ausklammern" behandeln: $ZGR - NGR = 0 - \frac{1}{2} < 0$. Daher konvergiert die Folge gegen 0, bzw.

$\lim_{n\to\infty} a_n = 0$

c) Klar sollte sein, dass wir es hier schon wieder mit einem Wurzeltrick zu tun haben:

$$a_n = \sqrt{n^{10} + 2n^5 + 3} - n^5$$
$$= \frac{\left(\sqrt{n^{10} + 2n^5 + 3} - n^5\right) \cdot \left(\sqrt{n^{10} + 2n^5 + 3} + n^5\right)}{\sqrt{n^{10} + 2n^5 + 3} + n^5}$$
$$\stackrel{\text{3.Bin.Formel}}{=} \frac{n^{10} + 2n^5 + 3 - n^{10}}{\sqrt{n^{10} + 2n^5 + 3} + n^5}$$
$$= \frac{(2n^5 + 3)}{\sqrt{n^{10} + 2n^5 + 3}n{^}5}$$

Auch diese Folge können wir mit der Methode „höchste Potenz Ausklammern" auf Konvergenz untersuchen: ZGR - NGR = 5 – 5 =0. Hierbei muss man beachten, dass $\sqrt{n^{10}} = n^5$ ist. Also kommt es auf die Koeffizienten vor dem n^5 an, und es gilt:

$$a_n = \frac{2n^5+3}{\sqrt{n^{10}+2n^5+3}+n^5} \to \frac{2}{\sqrt{1}+1} = 1$$

d) Irgendwie erinnert diese Folge an die „e-Funktion". Aber man muss sie noch etwas umformen, um zu erkennen, wo der Hase lang läuft.

$$a_n = \left(\frac{n+1}{2n}\right)^n = \left(\frac{1}{2}\cdot\frac{n+1}{n}\right)^n = \left(\frac{1}{2}\cdot\left(1+\frac{1}{n}\right)\right)^n \stackrel{\text{Pot.ges.}}{=} \underbrace{\left(\frac{1}{2}\right)^n}_{\to 0}\cdot\underbrace{\left(1+\frac{1}{n}\right)^n}_{\to e} \to 0$$

e) Auch diese Folge muss man mit dem Wurzeltrick behandeln:

$$a_n = \sqrt{4^n + 2^n} - 2^n$$
$$= \frac{\left(\sqrt{4^n + 2^n} - 2^n\right)\cdot\left(\sqrt{4^n + 2^n} + 2^n\right)}{\sqrt{4^n + 2^n} + 2^n}$$
$$= \frac{4^n + 2^n - \overbrace{(2^n)^2}^{=(2^2)^n=4^n}}{\sqrt{4^n + 2^n} + 2^n}$$
$$= \frac{2^n}{\sqrt{4^n + 2^n} + 2^n}$$

Auch diese Folge kann man nun mit „höchste Potenz Ausklammern" behandeln, allerdings wird es nun Zeit, mal kurz darüber nachzudenken, warum diese Methode eigentlich „höchste Potenz Ausklammern" heißt. Bislang haben wir zwar immer die höchsten Potenzen betrachtet, aber ausgeklammert haben wir explizit eigentlich nie etwas. (Implizit schon, aber das Schöne ist, man merkt es gar nicht!). Hier sollten wir aber wirklich mal etwas ausklammern und zwar auch wieder die höchste Potenz, die hier 2^n heißt. Hier müssen wir uns kurz klar machen, dass 4^n unter der Wurzel steht und dass $\sqrt{4^n} = \sqrt{(2^2)^n} = \sqrt{(2^n)^2} = 2^n$ ist. Wir müssen also unter der Wurzel 4^n ausklammern, damit wir insgesamt 2^n ausklammern. Was steht dann da, wenn wir 2^n aus Zähler und Nenner ausklammern? Wagen wir uns Schritt für Schritt vor

$$\frac{2^n}{\sqrt{4^n + 2^n} + 2^n} = \frac{2^n \cdot 1}{\sqrt{4^n \left(1 + \frac{1}{2^n}\right)} + 2^n \cdot 1}$$

$$= \frac{2^n + 1}{\sqrt{4^n}\sqrt{1 + \frac{1}{2^n}} + 2^n \cdot 1}$$

$$= \frac{2^n \cdot 1}{2^n \sqrt{1 + \frac{1}{2^n}} + 2^n \cdot 1}$$

$$= \frac{2^n \cdot 1}{2^n \left(\sqrt{1 + \frac{1}{2^n}} + 1\right)}$$

$$= \frac{1}{\sqrt{1 + \frac{1}{2^n}} + 1}$$

$$= \frac{1}{\sqrt{1 + \underbrace{\left(\frac{1}{2}\right)^n}_{\to 0}} + 1} \to \frac{1}{\sqrt{1} + 1} = \frac{1}{2}$$

f) Diese Folge lässt auch schnell den Verdacht aufkommen, dass man es mit einer verkappten „e-Funktion" zu tun hat. Aber wie kriegt man die 2 vorne weg und erhält eine 1??? Die Antwort lautet wieder einmal: Ausklammern!

$$a_n = \left(2 + \frac{1}{n}\right)^n = \left(2\left(1 + \frac{1}{2n}\right)\right)^n = 2^n \cdot \left(1 + \frac{1}{2n}\right)^n = \underbrace{2^n}_{\to \infty} \cdot \underbrace{\left(1 + \frac{\frac{1}{2}}{n}\right)^n}_{\to e^{\frac{1}{2}}} \to \infty$$

g) Auch diese Folge erinnert an die „e-Funktion", aber zuerst müssen wir vereinfachen, um zu erkennen, was Sache ist:

$$a_n = \left(1 - \left(\frac{3x}{2\sqrt{n}}\right)^2\right)^n = \left(1 - \frac{9x^2}{4n}\right)^n = \left(1 - \frac{\frac{9x^2}{4}}{n}\right)^n$$

Soweit, so gut, aber wir brauchen unbedingt ein „+" und kein „-". Wie bekommen wir das hin? Ganz einfach:

$$a_n = \left(1 + \frac{-\frac{9x^2}{4}}{n}\right)^n \to e^{-\frac{9x^2}{4}}$$

h) Wenn man sich die Folge ein wenig umschreibt, erkennt man, dass man hier die höchste Potenz ausklammern muss:

$$\lim_{n\to\infty} \frac{\sqrt{32}\cdot n^{\frac{1}{2}}+7}{13-\sqrt{2n}} = \lim_{n\to\infty} \frac{\sqrt{32}\cdot n^{\frac{1}{2}}+7}{13-\sqrt{2}\cdot n^{\frac{1}{2}}} \overset{ZGR-NGR=\frac{1}{2}-\frac{1}{2}=0}{\cong} \frac{\sqrt{32}}{-\sqrt{2}} = -\sqrt{16} = -4$$

i) Die Folge ist ganz klar ein Fall für den Wurzeltrick:

$$a_n = \sqrt{3n^3 + 2n - 1} - \sqrt{3n^3 + 3n - 1}$$
$$= \frac{\left(\sqrt{3n^3 + 2n - 1} - \sqrt{3n^3 + 3n - 1}\right)\cdot\left(\sqrt{3n^3 + 2n - 1} - \sqrt{3n^3 + 3n - 1}\right)}{\sqrt{3n^3 + 2n - 1} + \sqrt{3n^3 + 3n - 1}}$$
$$= \frac{3n^3 + 2n - 1 - (3n^3 + 3n - 1)}{\sqrt{3n^3 + 2n - 1} + \sqrt{3n^3 + 3n - 1}}$$
$$= -\frac{n}{\sqrt{3n^3 + 2n - 1} + \sqrt{3n^3 + 3n - 1}} \overset{ZGR-NGR=1-1,5=-0,5<0}{\longrightarrow} 0$$

Lösung zu Aufgabe 26

a) Vollständige Induktion:

I.A.:   n=1: $a_1 = 1 < 2$

I.V.: $a_n < 2$ gelte für ein $n \in \mathbb{N}$

I.S.: $n \to n + 1$

Zeige: $a_{n+1} < 2$

Dazu: $a_{n+1} = \frac{1}{2}\cdot \overset{<2}{\overset{<1}{a_n}} + 1 < 2$

b) Zeige: $a_{n+1} - a_n \geq 0$

Dazu: $a_{n+1} - a_n = \frac{1}{2} \cdot a_n + 1 - a_n = -\frac{1}{2} \cdot a_n + 1 = -\frac{1}{2} \cdot a_n + \frac{2}{2} = \dfrac{\overbrace{-a_n+2}^{\overbrace{>-2}^{>0}}}{\underbrace{2}_{>0}}$

a_n ist also tatsächlich monoton wachsend.

c)   Da die Folge nach oben beschränkt und monoton wachsend ist, ist sie konvergent.

Berechnung des Grenzwertes:

$g = \frac{1}{2} \cdot g + 1 \Leftrightarrow \frac{1}{2} \cdot g = 1 \Leftrightarrow g = 2$

Da 2 der einzige Grenzwertkandidat ist, ist 2 auch der gesuchte Grenzwert.

d) a_n lässt sich ganz einfach explizit schreiben: $a_n = n$. Damit handelt es sich um eine monoton steigende und unbeschränkte Folge(1, 2, 3, 4, ...), die dementsprechend gegen $+\infty$ konvergiert.

Lösung zu Aufgabe 27

a) $\sum_{n=0}^{\infty} 2 \cdot \frac{1}{3^n} = 2 \cdot \sum_{n=0}^{\infty} \frac{1}{3^n} = 2 \cdot \sum_{n=0}^{\infty} \left(\frac{1}{3}\right)^n = 2 \cdot \frac{1}{1-\frac{1}{3}} = 2 \cdot \frac{1}{\frac{2}{3}} = 2 \cdot \frac{3}{2} = 3$

b) $\sum_{n=0}^{\infty} \frac{5+8^n}{6^n} = 5 \cdot \sum_{n=0}^{\infty} \frac{5+8^n}{6^n} = 5 \cdot \left(\sum_{n=0}^{\infty} \frac{5}{6^n} + \sum_{n=0}^{\infty} \frac{8^n}{6^n}\right)$

$= 5 \cdot \left(5 \cdot \sum_{n=0}^{\infty} \frac{1}{6^n} + \sum_{n=0}^{\infty} \left(\frac{8}{6}\right)^n\right)$

$= 5 \cdot \left(5 \cdot \sum_{n=0}^{\infty} \left(\frac{1}{6}\right)^n + \sum_{n=0}^{\infty} \left(\frac{8}{6}\right)^n\right)$

$= 5 \cdot \left(5 \cdot \frac{1}{1-\frac{1}{6}} + \infty\right)$

$= \infty$

c) $\sum_{n=1}^{\infty} \frac{2^{2n}+n!}{2^n n!} = \sum_{n=1}^{\infty} \frac{2^{2n}}{2^n n!} + \sum_{n=1}^{\infty} \frac{n!}{2^n n}$

$= \sum_{n=1}^{\infty} \frac{2^n}{n!} + \sum_{n=1}^{\infty} \frac{1}{2^n}$

$= \sum_{n=0}^{\infty} \frac{2^n}{n!} - \frac{2^0}{0!} + \sum_{n=1}^{\infty} \left(\frac{1}{2}\right)^n$

$= e^2 - \frac{1}{1} + \sum_{n=0}^{\infty} \left(\frac{1}{2}\right)^n - \left(\frac{1}{2}\right)^0$

$$= e^2 - 1 + \frac{1}{1-\frac{1}{2}} - 1$$

$$= e^2 - 1 + \frac{1}{\frac{1}{2}} - 1$$

$$= e^2 - 1 + 2 - 1$$

$$= e^2$$

Lösung zu Aufgabe 28

a) $0,\overline{1} = 0,1 + 0,01 + 0,001 + \cdots = \frac{1}{10} + \frac{1}{100} + \frac{1}{1000} + \cdots = \left(\frac{1}{10}\right)^1 + \left(\frac{1}{10}\right)^2 + \left(\frac{1}{10}\right)^3 + \cdots$

$$= \sum_{i=1}^{\infty} \left(\frac{1}{10}\right)^i = \sum_{i=0}^{\infty} \left(\frac{1}{10}\right)^i - \left(\frac{1}{10}\right)^0 = \sum_{i=0}^{\infty} \left(\frac{1}{10}\right)^i - 1 = \frac{1}{1-\frac{1}{10}} - 1$$

$$= \frac{1}{\frac{9}{10}} - 1 = \frac{10}{9} - 1 = \frac{1}{9}$$

b) $0,\overline{23} = 0,23 + 0,0023 + 0,000023 + \cdots = \frac{23}{100} + \frac{23}{10000} + \frac{23}{1000000} + \cdots$

$$= 23 \cdot \left(\frac{1}{100} + \frac{1}{10000} + \frac{1}{1000000} + \cdots\right)$$

$$= 23 \cdot \left(\left(\frac{1}{100}\right)^1 + \left(\frac{1}{100}\right)^2 + \left(\frac{1}{100}\right)^3 + \cdots\right)$$

$$= 23 \cdot \sum_{i=1}^{\infty} \left(\frac{1}{100}\right)^i = 23 \cdot \left(\sum_{i=0}^{\infty} \left(\frac{1}{100}\right)^i - \left(\frac{1}{100}\right)^0\right) = 23 \cdot \left(\sum_{i=0}^{\infty} \left(\frac{1}{100}\right)^i - 1\right)$$

$$= 23 \cdot \left(\frac{1}{1-\frac{1}{100}} - 1\right) = 23 \cdot \left(\frac{1}{\frac{99}{100}} - 1\right) = 23 \cdot \left(\frac{100}{99} - 1\right) = 23 \cdot \frac{1}{99} = \frac{23}{99}$$

c) $1,23\overline{45} = 1,23 + 0,0045 + 0,000045 + 0,00000045 + \cdots$

$$= \frac{123}{100} + \frac{45}{10000} + \frac{45}{1000000} + \frac{45}{100000000} + \cdots$$

$$= \frac{123}{100} + 45 \cdot \left(\frac{1}{10000} + \frac{1}{1000000} + \frac{1}{100000000} + \cdots\right)$$

$$= \frac{123}{100} + 45 \cdot \left(\left(\frac{1}{100}\right)^2 + \left(\frac{1}{100}\right)^3 + \left(\frac{1}{100}\right)^4 + \cdots\right)$$

$$= \frac{123}{100} + 45 \cdot \sum_{k=2}^{\infty} \left(\frac{1}{100}\right)^k = \frac{123}{100} + 45 \cdot \left(\sum_{k=0}^{\infty} \left(\frac{1}{100}\right)^k - \left(\frac{1}{100}\right)^1 - \left(\frac{1}{100}\right)^0\right)$$

$$= \frac{123}{100} + 45 \cdot \left(\frac{1}{1-\frac{1}{100}} - \frac{1}{100} - 1\right) = \frac{123}{100} + 45 \cdot \left(\frac{100}{99} - \frac{101}{100}\right)$$

$$= \frac{12177}{9900} + 45 \cdot \left(\frac{10000}{9900} - \frac{9999}{9900}\right) = \frac{12177}{9900} + \frac{45}{9900} = \frac{12222}{9900} = \frac{679}{550}$$

Lösung zu Aufgabe 29

a) 30 Jahre. Die Summe der Reparaturkosten beträgt

$$R = 20.000 + 20.000 \cdot 1,05 + 20.000 \cdot 1,05^2 + \cdots + 20.000 \cdot 1,05^{29}$$
$$= 20.000 \cdot \sum_{k=0}^{29} 1,05^k$$

Das ist eine endliche geometrische Reihe! Daher gilt:

$$R = 20.000 \cdot \sum_{k=0}^{29} 1,05^k = 20.000 \cdot \frac{1,05^{30} - 1}{1,05 - 1}$$
$$= 20.000 \cdot \frac{3,321942375}{0,05} = 1.328.776,95$$

b) 100 Jahre. Die Summe der Reparaturkosten beträgt nun

$$R = 20.000 + 20.000 \cdot 1,05 + 20.000 \cdot 1,05^2 + \cdots + 20.000 \cdot 1,05^{99}$$
$$= 20.000 \sum_{k=0}^{99} 1,05^k = 20.000 \cdot \frac{1,05^{100} - 1}{1,05 - 1}$$
$$= 20.000 \cdot \frac{130,5012578}{0,05} = 52.200.503,14$$

Da kann man nur hoffen, dass die Rechneranlage zwischenzeitlich ersetzt wurde.

Lösung zu Aufgabe 30

a) Um die Konvergenz zu überprüfen, muss diese Reihe mit dem Leibniz-Kriterium untersucht werden. Daher untersuchen wir nur die Folge $a_n = \frac{3n+1}{9n^2-1}$, die sich übrigens kürzen lässt: $a_n = \frac{3n+1}{(3n+1)(3n-1)} = \frac{1}{3n-1}$.

i. Monotonie:

$$\alpha_{n+1} - \alpha_n = \frac{1}{3(n+1)-1} - \frac{1}{3n-1} = \frac{1}{3n+2} - \frac{1}{3n-1}$$

$$= \frac{3n-1}{(3n+2)(3n-1)} - \frac{3n+2}{(3n+2)(3n-1)}$$

$$= \frac{\overbrace{-3}^{<0}}{\underbrace{(3n+2)}_{>0}\underbrace{(3n-1)}_{>0}} < 0$$

Also ist α_n streng monoton fallend.

ii. Nullfolge:

$$\alpha_n = \frac{1}{3n-1} \xrightarrow{ZGR-NGR=0-1=-1<0} 0$$

Also ist α_n eine Nullfolge.

Insgesamt ist die Reihe somit konvergent!

Nun müssen wir die Reihe

$$\sum_{n=1}^{\infty} \left| \frac{(-1)^n (3n+1)}{9n^2-1} \right|$$

noch auf absolute Konvergenz untersuchen. Das Schöne am Betrag ist, dass er das $(-1)^n$ "zerstört". Denn $|(-1)^n|$ ist 1 und das braucht man nicht hin zu schreiben. Damit bleibt noch die Reihe $\sum_{n=1}^{\infty} \left| \frac{(3n+1)}{9n^2-1} \right|$ zu untersuchen, und die verlangt nach dem Majoranten-/Minorantenkriterium. Genauer gesagt (ZGR - NGR =1-2=-1) nach dem Minorantenkriterium.

$$\left| \frac{3n+1}{9n^2-1} \right| = \frac{3n+1}{9n^2-1} \geq \frac{3n}{9n^2} = \frac{1}{3n} = \frac{1}{3} \cdot \frac{1}{n}$$

Da die Minorante $\frac{1}{3}\sum_{n=1}^{\infty}\frac{1}{n}$ divergent ist und die gegebene Reihe größer gleich dieser Minoranten ist, ist die gegebene Reihe nicht absolut konvergent. Dass die Reihe konvergent ist, haben wir bereits gezeigt, wir müssen also Schritt 7 nicht durchführen.

b) Diese Reihe muss mit Hilfe des Quotientenkriteriums untersucht werden.

$$\left| \frac{27^{-(n+1)} \binom{3(n+1)}{2(n+1)}}{27^{-n} \binom{3n}{2n}} \right| = \frac{27^{-(n+1)} \binom{3(n+1)}{2(n+1)}}{27^{-n} \binom{3n}{2n}} = \frac{27^n \binom{3n+3}{2n+2}}{27^{n+1} \binom{3n}{2n}}$$

$$= \frac{27^n \cdot \dfrac{(3n+3)!}{(2n+2)!\,(3n+3-(2n+2))!}}{27^{n+1} \cdot \dfrac{(3n)!}{(2n)!\,(3n-2n)!}}$$

$$= \frac{27^n \cdot \dfrac{(3n+3)!}{(2n+2)!\,(n+1)!}}{27^{n+1} \cdot \dfrac{(3n)!}{(2n)!\,n!}}$$

$$= \frac{\dfrac{(3n+3)!}{(2n+2)!\,(n+1)!}}{27 \cdot \dfrac{(3n)!}{(2n)!\,n!}}$$

$$= \frac{\overbrace{(3n+3)!}^{=(3n)!\cdot(3n+1)\cdot(3n+2)\cdot(3n+3)}}{\underbrace{(2n+2)!}_{=(2n)!\cdot(2n+1)\cdot(2n+2)} \cdot \underbrace{(n+1)!}_{=n!(n+1)}} \cdot \frac{(2n)!\,n!}{27 \cdot (3n)!}$$

$$= \frac{(3n+1) \cdot (3n+2) \cdot (3n+3)}{27 \cdot (2n+1) \cdot (2n+2) \cdot (n+1)}$$

$$= \frac{(3n+1) \cdot (3n+2) \cdot 3(n+1)}{27 \cdot (2n+1) \cdot (2n+2) \cdot (n+1)}$$

$$= \frac{(3n+1) \cdot (3n+2) \cdot 3}{27 \cdot (2n+1) \cdot (2n+2)}$$

$$\lim_{n\to\infty} \frac{(3n+1)\cdot(3n+2)\cdot 3}{27\cdot(2n+1)\cdot(2n+2)} \overset{\mathrm{ZGR-NGR=2-2=0}}{=} \frac{3\cdot3\cdot3}{27\cdot2\cdot2} = \frac{27}{108} = \frac{1}{4} < 1$$

Also ist die Reihe $\sum_{n=1}^{\infty} 27^{-n} \binom{3n}{2n}$ absolut konvergent und konvergent.

c) Bei dieser Reihe scheint auf den ersten Blick keines der bekannten Kriterien zu funktionieren. Daher sollte man kurz überprüfen, ob die zu der Reihe gehörige Folge überhaupt eine Nullfolge ist:

d) $\dfrac{1}{\sqrt[n]{n}+\sqrt[n]{2}} \to \dfrac{1}{1+1} = \dfrac{1}{2} \neq 0$

Also ist die Reihe auf jeden Fall divergent!

e) $\sum_{n=1}^{\infty} \frac{n^2+n+1}{n^4+4n+2}$ muss mit dem Majoranten-/ Minorantenkriterium untersucht werden. Da ZGR – NGR = 2 – 4 = -2 ist, muss das Majorantenkriterium angewendet werden:

$$\left|\frac{n^2+n+1}{n^4+4n+2}\right| \overset{positiv}{=} \frac{n^2+n+1}{n^4+4n+2} \leq \frac{n^2+n^2+n^2}{n^4} = \frac{3n^2}{4n^4} = \frac{3}{4} \cdot \frac{1}{n^2}$$

Da die Majorante $\sum_{n=1}^{\infty} \frac{3}{4} \cdot \frac{1}{n^2}$ absolut konvergent ist, ist auch die gegebene Reihe absolut konvergent.

f) $\sum_{n=1}^{\infty} \left(n + \frac{1}{2}\right)^n \cdot n^{-n}$ riecht nach Wurzelkriterium, da das Ziehen der n-ten Wurzel eine Vereinfachung verspricht:

$$\sqrt[n]{\left|\left(n + \frac{1}{2}\right)^n \cdot n^{-n}\right|} \overset{positiv}{=} \sqrt[n]{\left(n + \frac{1}{2}\right)^n \cdot n^{-n}} = \left(n + \frac{1}{2}\right)^n \cdot n^{-n}$$

$$= \left(\frac{n + \frac{1}{2}}{n}\right)^n = \left(1 + \frac{\frac{1}{2}}{n}\right)^n \rightarrow e^{\frac{1}{2}} \approx 1{,}64872 > 1$$

Also ist die Reihe divergent.

g) $\sum_{n=1}^{\infty} \frac{(n!)^2}{(2n)!}$ sollte man mit Hilfe des Quotientenkriteriums untersuchen:

$$\left|\frac{\frac{((n + 1)!)^2}{(2(n + 1))!}}{\frac{(n!)^2}{(2n)!}}\right| = \left|\frac{((n + 1)!)^2 \cdot (2n)!}{(2(n + 1))! \cdot (n!)^2}\right|$$

$$= \left|\frac{((n + 1)!)^2 \cdot (2n)!}{(2n + 2)! \cdot (n!)^2}\right|$$

$$\overset{positiv}{=} \frac{((n + 1)!)^2 \cdot (2n)!}{(2n + 2)! \cdot (n!)^2}$$

$$= \frac{(n + 1)^2}{(2n + 2) \cdot (2n + 1)}$$

$$= \frac{(n + 1)}{2 \cdot (2n + 1)} \xrightarrow{\text{Höchste Potenz ausklammern}} \frac{1}{4} < 1$$

Also ist die angegebene Reihe absolut konvergent!

h) $\sum_{n=1}^{\infty} \left(\frac{n+1}{n\sqrt{2}}\right)^n$ ist ein Fall für das Wurzelkriterium. (In der Basis gibt es ein n, im Exponenten sogar ein n^2).

$$\sqrt[n]{\left|\left(\frac{n+1}{n\sqrt{2}}\right)^n\right|} = \sqrt[n]{\left(\frac{n+1}{n\sqrt{2}}\right)^n} = \left(\frac{n+1}{n\sqrt{2}}\right)^n$$

$$= \left(\frac{n+1}{n}\right)^n \cdot \left(\frac{1}{\sqrt{2}}\right)^n = \underbrace{\left(1+\frac{1}{n}\right)^n}_{\to e} \cdot \underbrace{\left(\frac{1}{\sqrt{2}}\right)^n}_{\to 0} = 0 < 1$$

$\Rightarrow \sum_{n=1}^{\infty} \left(\frac{n+1}{n\sqrt{2}}\right)^n$ ist absolut konvergent und konvergent.

i) $\sum_{n=1}^{\infty} \sqrt{n^3 + 4} - \sqrt{n^3 + 2}$ muss man erstmal umformulieren, bevor man eine Idee haben kann, welche Methode man anwendet. Dazu benutzen wir den Anfang vom Wurzeltrick, also das konjugierte Erweitern:

$$\sqrt{n^3 + 4} - \sqrt{n^3 + 2n} = \frac{(\sqrt{n^3 + 4} - \sqrt{n^3 + 2n})(\sqrt{n^3 + 4} + \sqrt{n^3 + 2n})}{\sqrt{n^3 + 4} + \sqrt{n^3 + 2n}}$$

$$= \frac{n^3 + 4 - (n^3 + 2)}{\sqrt{n^3 + 4} + \sqrt{n^3 + 2n}}$$

$$= \frac{2}{\sqrt{n^3 + 4} + \sqrt{n^3 + 2n}}$$

$\sum_{n=1}^{\infty} \frac{2}{\sqrt{n^3+4}+\sqrt{n^3+2n}}$ muss man jetzt mit dem Majoranten-/Minorantenkriterium untersuchen: ZGR - NGR = 0 - 1,5 = -1,5 < -1. Wir müssen also das Majoranten-kriterium anwenden.

$$\left|\frac{2}{\sqrt{n^3 + 4} + \sqrt{n^3 + 2n}}\right| \overset{\text{positiv}}{=} \frac{2}{\sqrt{n^3 + 4} + \sqrt{n^3 + 2n}} \leq \frac{2}{\sqrt{n^3} + \sqrt{n^3}}$$

$$= \frac{2}{2\sqrt{n^3}} = \frac{1}{\sqrt{n^3}} = \frac{1}{n^{1,5}}$$

Da die Majorante $\sum_{n=1}^{\infty} \frac{1}{n^{1,5}}$ konvergent und absolut konvergent ist und die gegebene Reihe immer kleiner oder gleich der Majoranten ist, ist auch die gegebene Reihe $\sum_{n=1}^{\infty} \frac{2}{\sqrt{n^3+4}+\sqrt{n^3+2n}}$ bzw. $\sum_{n=1}^{\infty} \sqrt{n^3+4} - \sqrt{n^3+2}$ konvergent und absolut konvergent.

j) $\sum_{n=1}^{\infty} \sqrt{n^2+n+11} - \sqrt{n^2+4}$ muss man wiederum erstmal umformulieren, bevor man eine Idee haben kann, welche Methode man anwendet. Dazu benutzen wir schon wieder den Anfang vom Wurzeltrick, also das konjugierte Erweitern:

$$\sqrt{n^2+n+11} - \sqrt{n^2+4} = \frac{\left(\sqrt{n^2+n+11} - \sqrt{n^2+4}\right)\left(\sqrt{n^2+n+11} + \sqrt{n^2+4}\right)}{\sqrt{n^2+n+11} + \sqrt{n^2+4}}$$

$$= \frac{n^2+n+11 - (n^2+4)}{\sqrt{n^2+n+11} + \sqrt{n^2+4}}$$

$$= \frac{n+7}{\sqrt{n^2+n+11} + \sqrt{n^2+4}}$$

Man sollte relativ schnell erkennen, dass $\sum_{n=1}^{\infty} \frac{n+7}{\sqrt{n^2+n+11}+\sqrt{n^2+4}}$ divergent sein muss, weil die Reihe das Nullfolgenkriterium nicht erfüllt:

$$\lim_{n \to \infty} \frac{n+7}{\sqrt{n^2+n+11}+\sqrt{n^2+4}} \overset{ZGR-NGR=1-1=0}{\hat{=}} \frac{1}{1+1} = \frac{1}{2} \neq 0$$

Man kann $\sum_{n=1}^{\infty} \frac{n+7}{\sqrt{n^2+n+11}+\sqrt{n^2+4}}$ auch mit dem Majoranten-/ Minorantenkriterium, genauer gesagt mit dem Minorantenkriterium (ZGR - NGR = 1 – 1 = 0 > -1), untersuchen, es ist aber etwas aufwändiger:

$$\left| \frac{n+7}{\sqrt{n^2+n+11} + \sqrt{n^2+4}} \right|$$

$$\overset{positiv}{\hat{=}} \frac{n+7}{\sqrt{n^2+n+11} + \sqrt{n^2+4}} \geq \frac{n}{\sqrt{n^2+n^2+11n^2} + \sqrt{n^2+4n^2}}$$

$$= \frac{n}{\sqrt{13n^2} + \sqrt{5n^2}} = \left| \frac{n}{(\sqrt{13} + \sqrt{5}) \cdot n} \right|$$

$$= \left| \frac{1}{(\sqrt{13} + \sqrt{5})} \right|$$

Da die Minorante $\sum_{n=1}^{\infty} \frac{1}{(\sqrt{13}+\sqrt{5})}$ divergent ist und die gegebene Reihe größer oder gleich dieser Minoranten ist, ist die gegebene Reihe nicht absolut konvergent. Da zusätzlich $\frac{n+7}{\sqrt{n^2+n+11}+\sqrt{n^2+4}} > 0$, ist die gegebene Reihe sogar divergent.

k) Bei $\sum_{n=1}^{\infty} \frac{(-1)^n}{(n^2+3n+1)} = \sum_{n=1}^{\infty} (-1)^n \underbrace{\frac{1}{n^2+3n+1}}_{a_n}$ kann man sich das Leben durch Nachdenken etwas einfacher machen: Prinzipiell sollte man erst das Leibniz-Kriterium und dann das Majoranten-/ Minorantenkriterium anwenden. Da es im vorliegenden Fall aber auf das Majorantenkriterium hinausläuft (ZGR – NGR = 0 – 2 = -2), wird die Reihe auf jeden Fall absolut konvergent und somit auch konvergent sein. Das Leibniz-Kriterium ist also streng genommen in diesem Fall überflüssig. Wer das nicht sieht, kann es aber zur Sicherheit ruhig noch mal machen. Die Lösung findet sich hier auch:

Leibniz-Kriterium:

1. Ist α_n eine Nullfolge?

$\lim_{n\to\infty} \frac{1}{n^2+3n+1} = 0$ (sollte unmittelbar einleuchten)

2. Ist α_n ↘?

$$\begin{aligned}
\alpha_{n+1} - \alpha_n &= \frac{1}{(n+1)^2 + 3(n+1) + 1} - \frac{1}{n^2 + 3n + 1} \\
&= \frac{1}{n^2 + 5n + 5} - \frac{1}{n^2 + 3n + 1} \\
&= \frac{n^2 + 3n + 1}{(n^2 + 5n + 5)(n^2 + 3n + 1)} - \frac{n^2 + 5n + 5}{(n^2 + 5n + 5)(n^2 + 3n + 1)} \\
&= \frac{n^2 + 3n + 1 - (n^2 + 5n + 5)}{(n^2 + 5n + 5)(n^2 + 3n + 1)} \\
&= \frac{\overbrace{-2n - 4}^{<0}}{\underbrace{(n^2 + 5n + 5)}_{>0} \underbrace{(n^2 + 3n + 1)}_{>0}} < 0
\end{aligned}$$

$\Rightarrow \alpha_n$ ↘

Also ist $\sum_{n=1}^{\infty} \frac{(-1)^n}{(n^2+3n+1)}$ konvergent. Ob die Reihe auch absolut konvergent ist, untersuchen wir wie gesagt mit dem Majorantenkriterium:

$$\left|\frac{1}{n^2+3n+1}\right| \overset{\text{positiv}}{=} \frac{1}{n^2+3n+1} \leq \frac{1}{n^2}$$

Da die Majorante $\sum_{n=1}^{\infty} \frac{1}{n^2}$ absolut konvergent und konvergent ist und die gegebene Reihe immer kleiner oder gleich der Majoranten ist, ist auch die gegebene Reihe $\sum_{n=1}^{\infty} \frac{(-1)^n}{(n^2+3n+1)}$ $\sum_{n=1}^{\infty} \frac{(-1)^n}{n^2 + 3n + 1}$ absolut konvergent und konvergent.

l)   Die Reihe $\sum_{n=1}^{\infty} \frac{(n+1)(n+2)}{n^4+2n+3}$ muss selbstverständlich mit dem Majoranten-/ Minoranten-kriterium, genauer gesagt mit dem Majorantenkriterium (ZGR – NGR = 2 – 4 = -2 < -1) untersucht werden.

$$\left| \frac{(n+1)(n+2)}{n^4 + 2n + 3} \right| = \left| \frac{n^2 + 3n + 2}{n^4 + 2n + 3} \right|$$
$$= \frac{n^2 + 3n + 2}{n^4 + 2n + 3} \le \frac{n^2 + 3n^2 + 2n^2}{n^4} = \frac{6n^2}{n^4} = 6 \cdot \frac{1}{n^2}$$

Da die Majorante $6 \cdot \sum_{n=1}^{\infty} \frac{1}{n^2}$ konvergent und absolut konvergent ist und die gegebene Reihe immer kleiner oder gleich der Majoranten ist, ist auch die gegebene Reihe $\sum_{n=1}^{\infty} \frac{(n+1)(n+2)}{n^4+2n+3}$ absolut konvergent und absolut konvergent.

m) Die Reihe $\sum_{n=1}^{\infty} \left(\frac{1000}{n} \right)^n$ kann man am einfachsten mit dem Wurzelkriterium untersu-chen (Sowohl in der Basis als auch im Exponenten gibt es ein n):

$$\sqrt[n]{\left| \left(\frac{1000}{n} \right)^n \right|} = \sqrt[n]{\left(\frac{1000}{n} \right)^n} = \frac{1000}{n}$$

$$\lim_{n \to \infty} \frac{1000}{n} = 0 < 1$$

$$\Rightarrow \sum_{n=1}^{\infty} \left(\frac{1000}{n} \right)^n \text{ ist konvergent und absolut konvergent.}$$

n)   Bei der Reihe $\sum_{n=1}^{\infty} \left(\frac{n-1}{n} \right)^n$ müssen die mathematischen Alarmglocken läuten. Wenn man das Wurzelkriterium ausprobiert, stellt man fest, dass der Grenzwert 1 ist, es al-so keine Aussage liefert. Alle anderen Kriterien helfen auch nicht weiter, also sollte man doch mal kurz checken, ob das Nullfolgenkriterium eigentlich erfüllt ist:

$$\lim_{n \to \infty} \left(\frac{n-1}{n} \right)^n = \lim_{n \to \infty} \left(1 + \frac{-1}{n} \right)^n = e^{-1} = 0{,}3678 \ne 0$$

Also kann man direkt schlussfolgern, dass die Reihe $\sum_{n=1}^{\infty} \left(\frac{n-1}{n} \right)^n$ divergent ist.

o) Zum Abschluss gibt es noch eine Horror-Reihe:

$\sum_{n=1}^{\infty} \binom{3n}{n} \cdot 7^{-n}$ muss natürlich mit dem Quotientenkriterium untersucht werden, also müssen Sie noch einmal Ihr gesamtes Wissen über Binomialkoeffizienten und Fakultäten aktivieren.

$$\left|\frac{a_{n+1}}{a_n}\right| = \left|\frac{\binom{3(n+1)}{n+1} \cdot 7^{-(n+1)}}{\binom{3n}{n} \cdot 7^{-n}}\right| \overset{\text{positiv}}{=} \frac{\dfrac{(3(n+1))!}{(n+1)!\,(3(n+1)-(n+1))!} \cdot 7^{-(n+1)}}{\dfrac{(3n)!}{n!\,(3n-n)!} \cdot 7^{-n}}$$

$$= \frac{\dfrac{(3n+3)!}{(n+1)!\,(2n+2)!} \cdot 7^{-n}}{\dfrac{(3n)!}{n!\,(2n)!} \cdot 7^{n+1}}$$

$$= \frac{\overbrace{(3n+3)!}^{(3n)!(3n+1)(3n+2)(3n+3)}}{\underbrace{(n+1)!}_{n!(n+1)} \quad \underbrace{(2n+2)!}_{(2n)!(2n+1)(2n+2)}} \cdot \frac{n!\,(2n)!}{(3n)!\cdot 7}$$

$$= \frac{(3n+1)(3n+2)(3n+3)}{(n+1)(2n+1)(2n+2)\cdot 7}$$

$$= \frac{(3n+1)(3n+2)\cdot 3}{(n+1)(2n+1)\cdot 2 \cdot 7}$$

$$\lim_{n\to\infty} \frac{(3n+1)(3n+2)\cdot 3}{(n+1)(2n+1)\cdot 2\cdot 7} = \frac{3\cdot 3\cdot 3}{1\cdot 2\cdot 2\cdot 7} = \frac{27}{28} < 1$$

$$\Rightarrow \sum_{n=1}^{\infty} \binom{3n}{n} \cdot 7^{-n} \text{ ist absolut konvergent und konvergent.}$$

Lösung zu Aufgabe 31

a) Man erhält drei Mal die Zinsen in Höhe von $0,05 \cdot 50.000 = 2.500€$. Also erhält man insgesamt 7.500€.

b) Man muss dieses Mal die Zinseszinsen mit berücksichtigen:

$$K_4 = 50.000 \cdot 1,05^3 = 57.881,25$$

c) In diesem Fall erfolgt eine monatliche Verzinsung, es müssen also immer Monate betrachtet werden. Drei Jahre entsprechen 36 Monaten, daher ergibt sich:

$$K_{36} = 50.000 \cdot \left(1 + \frac{\frac{5}{12}}{100}\right)^{36} = 58.073,61$$

d) Gemäß der Umrechnungsformel gilt:

$$(1 + i_Q)^4 = 1 + i_j$$

Also muss gelten

$1 + i_j = 1,02^4$
$\Rightarrow i_j = 1,0125^4 - 1 = 0,050945336$

Der Jahreszinssatz beträgt also 5,0945336%.

Lösung zu Aufgabe 32

a) Es muss Folgendes gelten:

$K_5 = 2 \cdot K_0 = K\_0 \cdot (1 + i)^5 \Rightarrow 2 = (1 + i)^5$
$\sqrt[5]{2} = 1 + i$
$\Rightarrow i = \sqrt[5]{2} - 1 = 0,148698355$

Der benötigte Zinssatz beträgt also ca. 14,8698355%.

b) Es muss gelten:

$$K_m = 8.000 = 2.000 \cdot \left(1 + \frac{\frac{3}{12}}{100}\right)^m$$

$$\Rightarrow 4 = \left(1 + \frac{3}{1200}\right)^m$$

$$\Rightarrow \frac{\ln(4)}{\ln\left(\frac{1203}{1200}\right)} = 555,21$$

Da es sich um einen monatlichen Zinssatz handelt, stellt das Ergebnis ebenfalls Monate dar. 555,21 Monate entsprechen ca. 46,27 Jahren, also muss man mindestens 47 volle Jahre warten, bis das benötigte Kapital vorhanden ist. (Keine Bank würde einem das Geld bereits nach 46 Jahren geben!)

c) Gemäß der Umrechnungsformel gilt:

$$(1 + i_m)^{12} = 1 + i_j$$

Also muss gelten

$$1 + i_j = \left(1 + \frac{3}{1200}\right)^{12} \Rightarrow i_j = \left(1 + \frac{3}{1200}\right)^{12} - 1 = 0,030415956$$

Der Jahreszinssatz beträgt also 3,0415956%.

Lösung zu Aufgabe 33

a) $K_{10} = 10.000 \cdot 1{,}05^2 \cdot 1{,}06^3 \cdot 1{,}04^5 = 15.975{,}81$

Das Kapital steigt also auf 15.975,81€ an.

b) Gemäß der Berechnungsformel gilt:

$\overline{\imath} = \sqrt[10]{(1{,}05^2 \cdot 1{,}06^3 \cdot 1{,}04^5)} - 1 = 0{,}047963819$

Der durchschnittliche Zinssatz beträgt also 4,7963819%.

Lösung zu Aufgabe 34

a) Zur Veranschaulichung des Sachverhalts zeichnen wir zuerst den Zeitstrahl der Zahlungsreihe und bilden Gruppen (siehe **Abbildung 43**).

Abbildung 43   Sparplan, Variante A

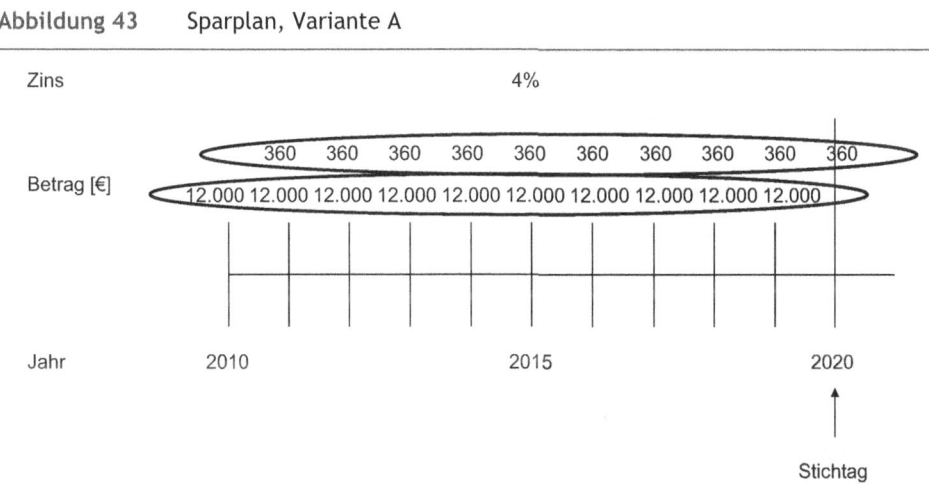

$K_{10} = 12.000 \cdot \frac{1{,}04^{10}-1}{0{,}04} \cdot 1{,}04 + 360 \cdot \frac{1{,}04^{10}-1}{0{,}04}$
$= 149.836{,}2169 + 4.322{,}198564$
$= 154.158{,}4155$

b) Zur Veranschaulichung auch hier zuerst der Zeitstrahl der Zahlungsreihe (siehe **Abbildung 44**):

Abbildung 44   Sparplan, Variante B

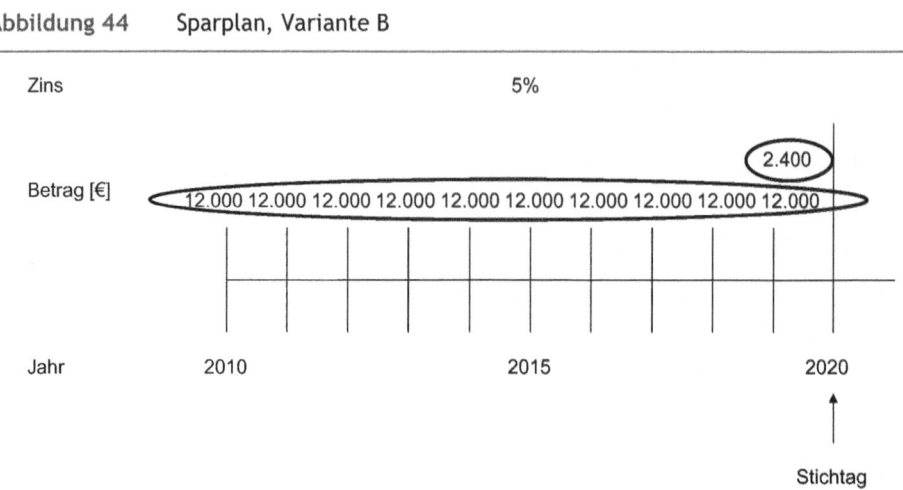

$$K_{10} = 12.000 \cdot \frac{1{,}05^{10} - 1}{0{,}05} + 2.400 \cdot 1{,}05$$
$$= 158.481{,}4459 + 2520$$
$$= 161.001{,}4459$$

c) Und weil es so schön war, noch einmal ein Bild (**Abbildung 45**).

Abbildung 45   Sparplan, Variante C

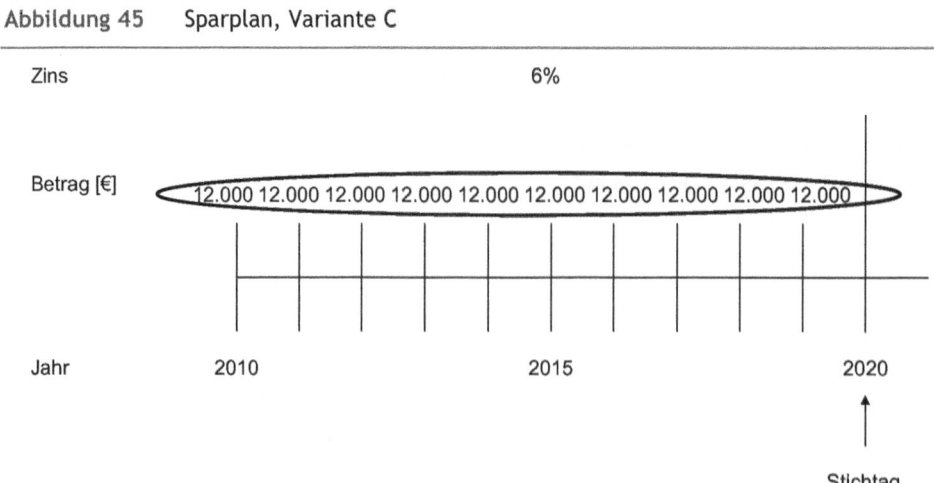

$K_{10} = 12.000 \cdot (1{,}06^{10} - 1)/0{,}06 \cdot 1{,}06 = 167.659{,}7117$

Also ist die Anlagemöglichkeit 3 für den Sparer am lukrativsten.

Lösung zu Aufgabe 35

a) Herr Hai kalkuliert also mit einem zweimonatlichen Zinssatz von $i_{2m} = 3\%$. Diesem Zinssatz entspricht ein jährlicher Zinssatz von

$$i_j = 1{,}03^6 - 1 = 0{,}194052296 = 19{,}4052296\%$$

b) Es müsste für den konformen Zwei-Monats-Zinssatz gelten:

$1{,}18 = (1 + i_{2m})^6$

$\Rightarrow i_{2m} = \sqrt[6]{1{,}18} - 1 = 0{,}027969749 = 2{,}7969749\%$

Der zugehörige nominale Jahreszins beträgt dann

$$i_j = 6 \cdot 0{,}027969749 = 0{,}167818495 = 16{,}7818495\%$$

Lösung zu Aufgabe 36

i) Der äquivalente stetige Zinssatz hat die Eigenschaft, dass nach Ablauf der angegebenen Zeitfrist bei Anwendung beider Verfahren dasselbe Endkapital „rauskommt".

Das bedeutet: Egal ob wir den jährlichen Zinssatz von 5% oder den stetigen Zinssatz i_s anwenden, nach einem Jahr muss man das gleiche Geld haben.

Bei einer jährlichen Verzinsung mit 5% besitzt man nach einem Jahr: $K_1 = K_0 \cdot 1{,}05$, bei stetiger Verzinsung besitzt man $K_1 = K_0 \cdot e^{i_s \cdot 1}$. Also muss gelten:

$K_0 \cdot 1{,}05 = K_0 \cdot e^{i_s \cdot 1}$ $\qquad |: K_0$

$\quad 1{,}05 = e^{i_s}$ $\qquad\qquad\quad |$"logarithmieren"

$\quad i_s = \ln(1{,}05) = 0{,}048790164$

Der stetige Jahreszinssatz beträgt also $i_s = 0{,}048790164 = 4{,}8790164\%$

ii) Auch hier gilt: Egal ob wir den monatlichen Zinssatz von 1% oder den stetigen Zinssatz i_s anwenden, nach einem Jahr muss man das gleiche Geld haben.

Bei einer monatlichen Verzinsung mit 1% besitzt man nach einem Jahr: $K_{12} = K_0 \cdot 1{,}01^{12} = K_0 \cdot 1{,}12682503$, bei stetiger Verzinsung besitzt man $K_1 = K_0 \cdot e^{i_s \cdot 1}$. Also muss gelten:

$$K_0 \cdot 1{,}12682503 = K_0 \cdot e^{i_s \cdot 1} \quad |: K_0$$
$$1{,}12682503 = e^{i_s} \qquad \qquad |"\text{logarithmieren}"$$
$$i_s = \ln(1{,}12682503) = 0{,}11940397$$

Der stetige Jahreszinssatz beträgt also $i_s = 0{,}11940397 = 11{,}940397\%$.

iii) Auch hier gilt: Egal ob wir den diskreten Jahreszinssatz oder den stetigen Zinssatz von 6% anwenden, nach einem Jahr muss man das gleiche Geld haben.

Bei einer jährlichen Verzinsung mit i besitzt man nach einem Jahr: $K_1 = K_0 \cdot (1 + i)$, bei stetiger Verzinsung besitzt man $K_1 = K_0 \cdot e^{0{,}06 \cdot 1}$. Also muss gelten:

$$K_0 \cdot (1 + i) = K_0 \cdot e^{0{,}06 \cdot 1} \quad |: K_0$$
$$1 + i = e^{0{,}06} = 1{,}061836547 \qquad | - 1$$
$$i = 0{,}061836547$$

Der diskrete Jahreszinssatz beträgt also $i = 0{,}061836547 = 6{,}1836547\%$

Lösung zu Aufgabe 37

a) Das verdeutlichen wir mit der **Abbildung 46**.

$$R_{20} = 50.000 \cdot \frac{1{,}05^{20} - 1}{0{,}05} \cdot 1{,}05 = 1.735.962{,}59$$

Abbildung 46   Aufgezinste Unterhaltszahlung

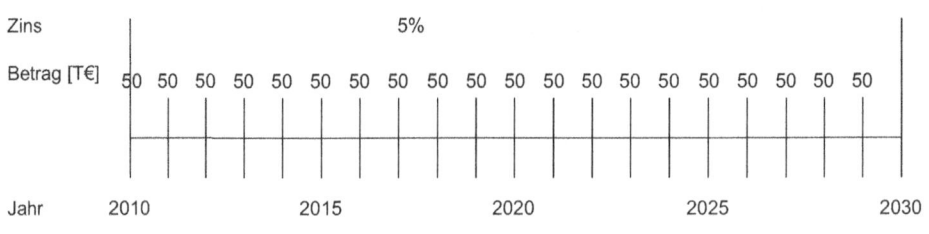

b) Den Zeitstrahl dieser Zahlungsreihe finden Sie in der **Abbildung 47**.

$$R_0 = 50.000 \cdot \frac{1,05^{20}-1}{0,05} \cdot \frac{1}{1,05^{19}} = 654.266,043$$

Abbildung 47   Abgezinste Einmalzahlung

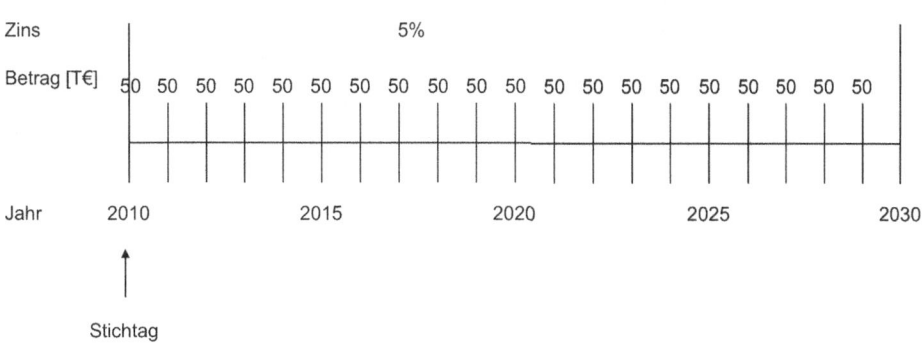

c) Auch hier hilft es, sich den Sachverhalt aufzuzeichnen (siehe **Abbildung 48**).

$$654.266,043 = R/1,05^2 + R/1,05^{10} + R/1,05^{16} \quad | \cdot 1,05^{16}$$
$$\Rightarrow 1.428.180,719 = R \cdot 1,08^{14} + R \cdot 1,08^6 + R$$
$$\Rightarrow 1.428.180,719 = R \cdot (1,08^{14} + 1,08^6 + 1)$$
$$\Rightarrow 1.428.180,719 = R \cdot 4,32002724$$
$$\Rightarrow R = 330.595,3041$$

Abbildung 48   Unterhaltszahlungsvariante

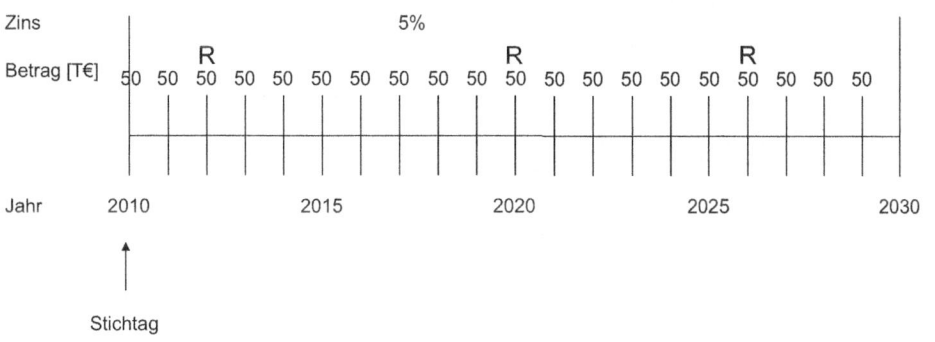

Lösung zu Aufgabe 38

Zur Veranschaulichung des Sachverhalts zeichnen wir zuerst den Zeitstrahl der Zahlungsreihe und bilden Gruppen (siehe **Abbildung 49**).

Abbildung 49   Variabler Sparplan

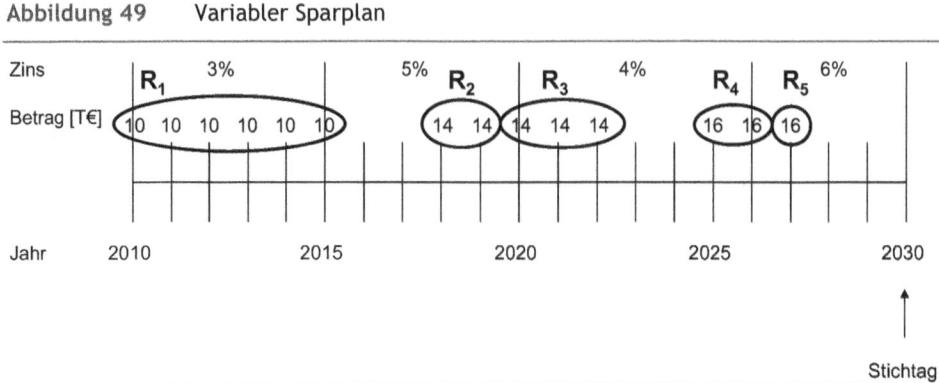

a) Wir berechnen wieder den Wert jeder einzelnen Gruppe und verschieben die Zahlungsgruppen auf den Zeitpunkt 01. 01. 2030:

$$R_{2030} = \underbrace{10.000 \cdot \frac{1{,}03^6 - 1}{0{,}03} \cdot 1{,}05^5 \cdot 1{,}04^6 \cdot 1{,}06^4}_{R_1}$$

$$+ \underbrace{14.000 \cdot \frac{1{,}05^2 - 1}{0{,}05} \cdot 1{,}05 \cdot 1{,}04^6 \cdot 1{,}06^4}_{R_2}$$

$$+ \underbrace{14.000 \cdot \frac{1{,}04^3 - 1}{0{,}04} \cdot 1{,}04^4 \cdot 1{,}06^4}_{R_3}$$

$$+ \underbrace{16.000 \cdot \frac{1{,}04^2 - 1}{0{,}04} \cdot 1{,}06^4}_{R_4}$$

$$+ \underbrace{16.000 \cdot 1{,}06^3}_{R_5}$$

$$= 131.876{,}5339 + 48.138{,}73711 + 64.544{,}92582 + 41.207{,}24797 + 19.056{,}256$$

$$= 304.823{,}7008$$

b) Nun müssen wir das Ergebnis aus Aufgabenteil a) auf das Jahr 2010 abzinsen. Hierbei müssen wir berücksichtigen, dass sich der Zinssatz ändert:

$$R_{2010} = 304.823{,}7008 \cdot \frac{1}{1{,}06^4} \cdot \frac{1}{1{,}04^6} \cdot \frac{1}{1{,}05^5} \cdot \frac{1}{1{,}03^5} = 128.971{,}1629$$

Lösung zu Aufgabe 39

a) Die ISMA-Methode erfordert den konformen Monatszinssatz:

$$i_m = \sqrt[12]{1{,}04} - 1 = 0{,}00327373978 = 0{,}327373978\%$$

Mit diesem Zinssatz können wir nun die Rentenformel anwenden und den Wert auf den Anfangszeitpunkt abzinsen (entweder „zu Fuß" oder indem wir die Formel für den vorschüssigen Barwert anwenden, kommt eh das Gleiche raus!):

$$R_0 = 1.400 \cdot \frac{1{,}00327373978^{36} - 1}{0{,}00327373978} \cdot \frac{1}{1{,}00327373978^{35}} = 47.625{,}60988$$

Achtung! Denken Sie daran, dass wir momentan in Monaten rechnen, d. h. Sie müssen als Planungszeit auch 36 Monate statt 3 Jahre verwenden. Außerdem denken Sie bitte daran, dass Abzinsen immer mit Zeiträumen gemacht wird:

Bei 36 Zeitpunkten gibt es nur 35 Zeiträume!

b) Die US-Methode arbeitet mit dem relativen unterjährigen Zinssatz:

$$i_m = \frac{0{,}04}{12} = 0{,}0033 = 0{,}33\%$$

Die Formel ist natürlich dieselbe wie in Aufgabenteil a), allerdings müssen wir jetzt 0,33% einsetzen:

$$R_0 = 1.400 \cdot \frac{(1{,}0033^{36} - 1)}{0{,}0033} \cdot \frac{1}{1{,}0033^{35}} = 47.577{,}13652$$

Lösung zu Aufgabe 40

a) Da sich der Barwert einer ewigen Rente immer auf das Jahr vor der ersten Auszahlung bezieht, müssen wir den Betrag ermitteln, der am 01. 01. 2014 zur Verfügung steht. Hierzu müssen wir die 3,5 Mio. Euro noch vier Jahre aufzinsen:

$$R_0^\infty = 3.500.000 \cdot 1{,}05^4 = 4.254.271{,}875$$

Mit diesem Betrag kann man gemäß der Formel $R_0^\infty = \frac{R}{i}$ eine ewige Rente in Höhe von

$$R = R_0^\infty \cdot i = 5.254.271{,}875 \cdot 0{,}05 = 212.713{,}5938€$$

p.a. ausschütten.

b) Der Barwert einer ewigen Rente ist der Wert eine Periode vor Zahlung der ersten Rate, in unserem Fall also am 01.01.2021. Dieser Barwert beträgt

$$R_0^\infty = \frac{R}{i} = \frac{200.000}{0{,}04} = 5.000.000$$

Da in der Aufgabenstellung aber der Wert am 01. 01. 2010 gefragt ist, muss dieser Betrag noch 11 Jahre abgezinst werden:

Dieser Wert beträgt

$$R_{2005} = 5.000.000 \cdot \frac{1}{1,04^{11}} = 3.247.904,658€$$

Lösung zu Aufgabe 41

Der Tilgungsplan sieht wie folgt aus:

t	K_{t-1}	Z_t	T_t	A_t
1	400.000	24.000	50.000	74.000
2	350.000	21.000	0	21.000
3	350.000	21.000	80.000	101.000
4	270.000	16.200	-266.200	-250.000
5	536.200	32.172	-32.172	0
6	568.372	34.102,32	230.000	264.102,32
7	338.372	20.302,32	0	20.302,32
8	338.372	20.302,32	338.372	358.674,32
9	0			

Lösung zu Aufgabe 42

a) Gemäß der Formel für die Berechnung der Annuität ergibt sich:

$$A = 200.000 \cdot \frac{1,06^{10} \cdot 0,06}{1,06^{10} - 1} = 27.173,59164$$

b) Die Tilgung des letzten Jahres (10. Jahr) entspricht immer der Restschuld zu Beginn des letzten Jahres (10. Jahr), also der Restschuld zum Ende des vorletzten Jahres (9. Jahr). Gemäß der Formel zur Berechnung der Restschuld nach einer gegebenen Anzahl von Jahren bei einem Annuitätenkredit ergibt sich demnach:

$$T_{10} = K_9 = 200.000 \cdot 1,06^9 - 27.173,59164 \cdot \frac{1,06^9 - 1}{0,06}$$

$$= 337.895,7918 - 312.260,328$$

$$= 25.635,46382$$

c) Gemäß der Formel zur Berechnung der Restschuld nach einer gegebenen Anzahl von Jahren ergibt sich Folgendes:

$$K_6 = 200.000 \cdot 1,06^6 - 27.173,59164 \cdot \frac{1,06^6 - 1}{0,06}$$

$$= 283.703,8225 - 189.544,4575$$
$$= 94.159,36498$$

d) Um die Tilgungszahlung im siebten Jahr zu erhalten, muss man zuerst die Restschuld zu Beginn des siebten Jahres (also am Ende des sechsten Jahres) kennen.

Diese beträgt (mal wieder gemäß der Formel zu Berechnung einer Restschuld nach Ablauf von einer gegebenen Anzahl von Jahren):

$$K_6 = 200.000 \cdot 1,06^6 - 27.173,59164 \cdot \frac{1,06^6 - 1}{0,06}$$

$$= 283.703,8225 - 189.544,4575$$
$$= 94.159,36498$$

Dementsprechend kann man nun die Zinszahlung im siebten Jahr berechnen. Diese beträgt:

$$Z_7 = 94.159,36498 \cdot 0,06 = 5.649,561899$$

Also muss der Rest der Annuitätenzahlung (in jedem Jahr 27.173,59164€) zur Tilgung verwendet werden:

$$T_7 = A_7 - Z_7 = 27.173,59164 - 5.649,561899 = 21.524,02975$$

e) Gemäß der Formel zur Berechnung der Laufzeit ergibt sich:

$$n = \frac{\log(15.000) - \log(15.000 - 200.000 \cdot 0,06)}{\log(1,06)}$$

$$= \frac{\log\left(\frac{15.000}{3.000}\right)}{\log(1,06)} = \frac{\log(5)}{\log(1,06)}$$

$$= 27,62086959$$

f) Gemäß der Formel zur Berechnung der Laufzeit ergibt sich:

$$n = \frac{\log(10.000) - \log(10.000 - 200.000 \cdot 0,06)}{\log(1,06)}$$

$$= \frac{\log\left(-\frac{10.000}{2.000}\right)}{\log(1,06)}$$

Das lässt sich nicht berechnen, da der Logarithmus für negative Zahlen nicht definiert ist. Inhaltlich kann man nun schließen, dass eine Annuität von 10.000€ nicht ausreicht, um die Schuld von 200.000€ jemals zu tilgen.

Lösung zu Aufgabe 43

Da $\frac{416,14}{8.322,72} = 0,05 = 5\%$, wurde bei dem Kredit ein Zinssatz von 5% angesetzt. Gemäß der Formel zur Berechnung der Restschuld nach Ablauf von 19 Jahren muss gelten:

$$8.322,72 = K_0 \cdot 1,05^{19} - 20.000 \cdot \frac{1,05^{19} - 1}{0,05}$$

$$\Rightarrow K_0 = \frac{18.322,72 + 20.000 \cdot \dfrac{1,05^{19} - 1}{0,05}}{1,05^{19}} = 245.000€$$

Lösung zu Aufgabe 44

a) Die Annuität beträgt 7% von 250.000€, also A = 17.500.

b) Gemäß der Formel zur Berechnung der Laufzeit ergibt sich:

$$n = \frac{\log(17.500) - \log(17.500 - 250.000 \cdot 0,06)}{\log(1,06)}$$

$$= \frac{\log\left(\dfrac{17.500}{2.500}\right)}{\log(1,06)} = \frac{\log(7)}{\log(1,06)} = 33,39534259$$

c) Die ersten beiden Zeilen des Tilgungsplans lauten wie folgt:

t	K_{t-1}	Z_t	T_t	A_t
1	250.000	15.000	2.500	17.500
2	247.500	14.850	2.650	17.500

Um die letzten beiden Zeilen auszufüllen, muss man zunächst die Restschuld zu Beginn des 33. Jahres (also zum Ende des 32. Jahres) kennen:

$$K_{32} = 250.000 \cdot 1,06^{32} - 17.500 \cdot \frac{1,06^{32} - 1}{0,06} = 22.775,55493$$

Somit lautet das Ende des Tilgungsplans:

t	K_{t-1}	Z_t	T_t	A_t
33	22.755,55493	1.366,533296	16.133,4667	17.500
34	6.642,08823	398,5252938	6.642,08823	7.040,613524

d) Eine Bearbeitungsgebühr hat keinerlei Auswirkungen auf die Höhe der Annuität und die Laufzeit. Lediglich die erste Zeile des Tilgungsplans ändert sich. Diese muss wie folgt lauten:

t	K_{t-1}	Z_t	T_t	A_t
1	262.500	15.000	15.000	30.000
2	247.500	...	...	...

Lösung zu Aufgabe 45

a) Der Tilgungsplan lautet wie folgt:

t	K_{t-1}	Z_t	T_t	A_t
1	100.000	6.000	20.000	26.000
2	80.000	4.800	20.000	24.800
3	60.000	3.600	20.000	23.600
4	40.000	2.400	20.000	22.400
5	20.000	1.200	20.000	21.200
6	0			

b) Hier besteht die Problematik, dass die Annuitäten nicht gleich hoch sind, dass also die Rentenformel nicht anwendbar ist. Der Ausweg besteht darin, dass man „zu Fuß" die Abzinsungen vornimmt, d. h. man überlegt sich einen Stichtag (wir nehmen hier das letzte Jahr und berücksichtigen, dass für den Effektivzinsgelten muss, dass Leistungen und Gegenleistungen äquivalent sind. Daher muss gelten:

$$\underbrace{96.000 \cdot q^5}_{\text{Leistungen}} = \underbrace{26.000 \cdot q^4 + 24.800 \cdot q^3 + 23.600 \cdot q^2 + 22.400 \cdot q + 21.200}_{\text{Gegenleistungen}}$$

Wenn man diese Gleichung nach q auflöst (was ohne MS Excel nicht ohne viel Arbeit möglich ist ☺), erhält man:

$$q = 1,07574562910494$$

also beträgt

$i_{eff} = 7,574562910494$.

c) In dieser Situation sieht der Tilgungsplan folgendermaßen aus:

t	K_{t-1}	Z_t	T_t	A_t
1	100.000	6.000	-6.000	0
2	106.000	6.360	26.500	32.860
3	79.500	4.770	26.500	31.270
4	53.000	3.180	26.500	29.680
5	26.500	1.590	26.500	28.090
6	0			

Daher muss die Äquivalenzgleichung lauten:

$$\underbrace{96.000 \cdot q^5}_{\text{Leistungen}} = \underbrace{32.860 \cdot q^3 + 31.270 \cdot q^2 + 29.680 \cdot q + 28.090}_{\text{Gegenleistungen}}$$

Wenn man diese Gleichung numerisch, etwa mit dem Solver von MS Excel löst, erhält man

$$q = 1{,}07297658761321$$

daher beträgt der Effektivzins

$$i_{eff} = 7{,}297658761321\%.$$

Lösung zu Aufgabe 46

a) $\begin{pmatrix} 1 & 4 & 3 & | & 1 \\ 2 & 5 & 4 & | & 4 \\ 1 & -3 & -2 & | & 5 \end{pmatrix} \begin{matrix} \\ +(-2) \cdot \text{Zeile 1} \\ \cdot (-2) + \text{Zeile 2} \end{matrix}$

$\rightarrow \begin{pmatrix} 1 & 4 & 3 & | & 1 \\ 0 & -3 & -2 & | & 2 \\ 0 & 11 & 8 & | & -6 \end{pmatrix} \cdot 3 + 11 \cdot \text{Zeile 2}$

$\rightarrow \begin{pmatrix} 1 & 4 & 3 & | & 1 \\ 0 & -3 & -2 & | & 2 \\ 0 & 0 & 2 & | & 4 \end{pmatrix}$

Rückwärts Einsetzen:

$2x_3 = 4 \Rightarrow x_3 = 2$

$-3x_2 - 2 \cdot 2 = 2 \Rightarrow x_2 = -2$

$x_1 + 4(-2) + 3 \cdot 2 = 1 \Rightarrow x_1 = 3$

b) $\begin{pmatrix} 1 & 2 & -3 & | & 6 \\ 2 & 1 & 1 & | & 1 \\ 3 & -2 & -2 & | & 12 \end{pmatrix} \begin{matrix} \\ +(-2) \cdot \text{Zeile 1} \\ +(-3) \cdot \text{Zeile 1} \end{matrix}$

$\rightarrow \begin{pmatrix} 1 & 2 & -3 & | & 6 \\ 0 & -3 & 7 & | & -11 \\ 0 & -8 & 7 & | & -6 \end{pmatrix} \cdot (-3) + 8 \cdot \text{Zeile 2}$

$\rightarrow \begin{pmatrix} 1 & 2 & -3 & | & 6 \\ 0 & -3 & 7 & | & -11 \\ 0 & 0 & 35 & | & 70 \end{pmatrix}$

Rückwärts Einsetzen:

$35x_3 = -70 \Rightarrow x_3 = -2$

$-3x_2 + 7 \cdot (-2) = -11 \Rightarrow x_2 = -1$

$x_1 + 2 \cdot (-1) - 3(-2) = 6 \Rightarrow x_1 = 2$

c) $\begin{pmatrix} 1 & 0 & 1 & 1 & | & 1 \\ 1 & 1 & 0 & 1 & | & 2 \\ 1 & 1 & 1 & 0 & | & 3 \\ 0 & 1 & 1 & 1 & | & 4 \end{pmatrix} \begin{matrix} \\ +(-1) \cdot \text{Zeile 1} \\ +(-1) \cdot \text{Zeile 1} \\ \\ \end{matrix}$

$\rightarrow \begin{pmatrix} 1 & 0 & 1 & 1 & | & 1 \\ 0 & 1 & -1 & 0 & | & 1 \\ 0 & 1 & 0 & -1 & | & 2 \\ 0 & 1 & 1 & 1 & | & 4 \end{pmatrix} \begin{matrix} \\ \\ +(-1) \cdot \text{Zeile 2} \\ +(-1) \cdot \text{Zeile 2} \end{matrix}$

$\rightarrow \begin{pmatrix} 1 & 0 & 1 & 1 & | & 1 \\ 0 & 1 & -1 & 0 & | & 1 \\ 0 & 0 & 1 & -1 & | & 1 \\ 0 & 0 & 2 & 1 & | & 3 \end{pmatrix} \begin{matrix} \\ \\ \\ +(-2) \cdot \text{Zeile 3} \end{matrix}$

$\rightarrow \begin{pmatrix} 1 & 0 & 1 & 1 & | & 1 \\ 0 & 1 & -1 & 0 & | & 1 \\ 0 & 0 & 1 & -1 & | & 1 \\ 0 & 0 & 0 & 3 & | & 1 \end{pmatrix}$

Rückwärts Einsetzen:

$3x_4 = 1 \Rightarrow x_4 = \frac{1}{3}$

$x_3 - \frac{1}{3} = 1 \Rightarrow x_3 = \frac{4}{3}$

$x_2 - \frac{4}{3} = 1 \Rightarrow x_2 = \frac{7}{3}$

$x_1 + \frac{4}{3} + \frac{1}{3} = 1 \Rightarrow x_1 = -\frac{2}{3}$

Lösung zu Aufgabe 47

a) $\begin{pmatrix} 2 & -4 & 3 & -1 & -1 & 0 & | & 1 \\ 6 & -3 & -1 & 2 & 0 & -1 & | & -1 \end{pmatrix} + (-3) \cdot \text{Zeile 1}$

$\rightarrow \begin{pmatrix} 2 & -4 & 3 & -1 & -1 & 0 & | & 1 \\ 0 & 9 & -10 & 5 & 3 & -1 & | & -4 \end{pmatrix}$

rg($A|b$) = 2 = rg(A), Variablen = 6, also müssen 4 Variablen gewählt werden! Rückwärts Einsetzen liefert:

$x_6 = t, x_5 = s, x_4 = r, x_3 = q$

$9x_2 - 1oq + 5r + 3s - t = -4 \Rightarrow x_2 = \dfrac{-4 + 10q - 5r - 3s + t}{9}$

$2x_1 - 4 \cdot \dfrac{-4 + 10q - 5r - 3s + t}{9} + 3q - r - s = 1$

$\Rightarrow 2x_1 = \dfrac{9 + 4(-4 + 10q - 5r - 3s + t) - 27q + 9r + 9s}{9}$

$= \dfrac{-7 + 13q - 11r - 3s + 4t}{9}$

$\mathcal{L} = \left\{ \left(\dfrac{-7 + 13q - 11r - 3s + 4t}{18}, \dfrac{-4 + 10q - 5r - 3s + t}{9}, q, r, s, t \right) \middle| q, r, s, t \in \mathbb{R} \right\}$

b) $\begin{pmatrix} 1 & -4 & 3 & | & 16 \\ -2 & 1 & -5 & | & -12 \\ 4 & 5 & 9 & | & 4 \\ 0 & 7 & -1 & | & -20 \end{pmatrix} \begin{matrix} \\ +2 \cdot \text{Zeile 1} \\ +2 \cdot \text{Zeile 2} \\ \\ \end{matrix}$

$\rightarrow \begin{pmatrix} 1 & -4 & 3 & | & 16 \\ 0 & -7 & 1 & | & 20 \\ 0 & 7 & -1 & | & -20 \\ 0 & 7 & -1 & | & -20 \end{pmatrix} \begin{matrix} \\ \\ +\text{Zeile 2} \\ +\text{Zeile 2} \end{matrix}$

$\rightarrow \begin{pmatrix} 1 & -4 & 3 & | & 16 \\ 0 & -7 & 1 & | & 20 \\ 0 & 0 & 0 & | & 0 \\ 0 & 0 & 0 & | & 0 \end{pmatrix}$

rg(A)=2=rg(A), Variablen=3, also muss eine Variable gewählt werden. Rückwärts Einsetzen liefert folgendes:

$x_3 = t$

$-7x_2 + t = 20 \Rightarrow x_2 = \dfrac{-20 + t}{7}$

$x_1 - 4 \cdot \dfrac{-20 + t}{7} + 3t = 16 \Rightarrow x_1 + \dfrac{21t + 80 - 4t}{7}$

$\Rightarrow x_1 = \dfrac{32 - 17t}{7}$

$$\mathcal{L} = \left\{ \left(\frac{32 - 17t}{7}, \frac{-20 + t}{7}, t \right) \middle| t \in \mathbb{R} \right\}$$

a) $\begin{pmatrix} -1 & -2 & 1 & | & 8 \\ 2 & 3 & -1 & | & -10 \\ -1 & -4 & 3 & | & 10 \end{pmatrix}$ $\begin{matrix} \\ +2 \cdot \text{Zeile 1} \\ +(-1) \cdot \text{Zeile 1} \end{matrix}$

$\rightarrow \begin{pmatrix} -1 & -2 & 1 & | & 8 \\ 0 & -1 & 1 & | & 6 \\ 0 & -2 & 2 & | & 2 \end{pmatrix}$ $+(-2) \cdot \text{Zeile 2}$

$\rightarrow \begin{pmatrix} -1 & -2 & 1 & | & 8 \\ 0 & -1 & 1 & | & 6 \\ 0 & 0 & 0 & | & -10 \end{pmatrix}$

$\text{rg}(A \,|\, b) = 3$, $\text{rg}(A) = 2 \Rightarrow$ Das Gleichungssystem ist nicht lösbar.

Lösung zu Aufgabe 48

a) $\begin{pmatrix} 1 & 0 & 2 & | & 0 \\ 1 & 1 & 0 & | & 0 \\ 0 & 0 & 2 & | & 0 \end{pmatrix}$ $+(-1) \cdot \text{Zeile 1} \rightarrow \begin{pmatrix} 1 & 0 & 2 & | & 0 \\ 0 & 1 & -2 & | & 0 \\ 0 & 0 & 2 & | & 0 \end{pmatrix}$

Rückwärts Einsetzen liefert als eindeutige Lösung: $a_3 = 0, a_2 = 0$ und $a_1 = 0$. Daher sind die Vektoren linear unabhängig.

b) $\begin{pmatrix} 1 & 0 & 1 & | & 0 \\ 3 & 2 & 2 & | & 0 \\ 4 & 6 & 2 & | & 0 \end{pmatrix}$ $\begin{matrix} \\ +(-3) \cdot \text{Zeile 1} \\ +(-4) \cdot \text{Zeile 1} \end{matrix}$

$\rightarrow \begin{pmatrix} 1 & 0 & 1 & | & 0 \\ 0 & 2 & -1 & | & 0 \\ 0 & 6 & -2 & | & 0 \end{pmatrix}$ $+(-3) \cdot \text{Zeile 2}$

$\rightarrow \begin{pmatrix} 1 & 0 & 1 & | & 0 \\ 0 & 2 & -1 & | & 0 \\ 0 & 0 & 1 & | & 0 \end{pmatrix}$

Rückwärts Einsetzen liefert als eindeutige Lösung: $a_3 = 0, a_2 = 0$ und $a_1 = 0$. Die Vektoren sind also linear unabhängig!

c) $\begin{pmatrix} 3 & 1 & 3 & | & 0 \\ 5 & 3 & 1 & | & 0 \\ 7 & 2 & 8 & | & 0 \end{pmatrix}$ $\begin{matrix} \\ \cdot 3 + (-5) \cdot \text{Zeile 1} \\ \cdot 3 + (-7) \cdot \text{Zeile 1} \end{matrix}$

$\rightarrow \begin{pmatrix} 3 & 1 & 3 & | & 0 \\ 0 & 4 & -12 & | & 0 \\ 0 & -1 & 3 & | & 0 \end{pmatrix}$ $\cdot 4 + \text{Zeile 2}$

$$\rightarrow \begin{pmatrix} 3 & 1 & 3 & | & 0 \\ 0 & 4 & -12 & | & 0 \\ 0 & 0 & 0 & | & 0 \end{pmatrix}$$

Rückwärts Einsetzen liefert als Lösung: $a_3 = t, a_2 = 3t$ und $a_1 = -2t$. Da diese Lösung nicht eindeutig ist, sind die Vektoren linear abhängig.

Lösung zu Aufgabe 49

a) $A + B = \begin{pmatrix} 2 & -1 & 4 \\ 1 & 2 & -1 \\ 3 & 1 & -2 \end{pmatrix} + \begin{pmatrix} 3 & -2 & 7 \\ 1 & 16 & -6 \\ 5 & 5 & -5 \end{pmatrix} = \begin{pmatrix} 5 & -3 & 11 \\ 2 & 18 & -7 \\ 8 & 6 & -7 \end{pmatrix}$

b) $A^T + (B^T)^T = \begin{pmatrix} 2 & 1 & 3 \\ -1 & 2 & +1 \\ 4 & -1 & -2 \end{pmatrix} + \begin{pmatrix} 3 & -2 & 7 \\ 1 & 16 & -6 \\ 5 & 5 & -5 \end{pmatrix} = \begin{pmatrix} 5 & -1 & 10 \\ 0 & 18 & -5 \\ 9 & 4 & -7 \end{pmatrix}$

c) $AB = \begin{pmatrix} 2 & -1 & 4 \\ 1 & 2 & -1 \\ 3 & 1 & -2 \end{pmatrix} \cdot \begin{pmatrix} 3 & -2 & 7 \\ 1 & 16 & -6 \\ 5 & 5 & -5 \end{pmatrix} = \begin{pmatrix} 25 & 0 & 0 \\ 0 & 25 & 0 \\ 0 & 0 & 25 \end{pmatrix}$

d) CD lässt sich nicht berechnen, da C ein 3x1-Vektor ist, D eine 3x2-Matrix. Die beiden sind also nicht verkettet.

e) $C^T D = (1,2,3) \cdot \begin{pmatrix} -1 & 1 \\ 2 & 0 \\ 1 & 2 \end{pmatrix} = (6,7)$

f) D+C geht nicht, da C und D unterschiedliche Zeilen- bzw. Spaltenzahlen haben.

Lösung zu Aufgabe 50

a) $\quad (A|I_3) = \begin{pmatrix} 5 & 4 & 7 & | & 1 & 0 & 0 \\ 3 & 6 & 5 & | & 0 & 1 & 0 \\ 1 & 4 & 3 & | & 0 & 0 & 1 \end{pmatrix} \begin{matrix} +(-3) \cdot \text{Zeile 3} \\ \\ \cdot (-5) + \text{Zeile 1} \end{matrix}$

$$\rightarrow \begin{pmatrix} 5 & 4 & 7 & | & 1 & 0 & 0 \\ 0 & -6 & -4 & | & 0 & 1 & -3 \\ 0 & -16 & -8 & | & 1 & 0 & -5 \end{pmatrix} \begin{matrix} \\ \cdot (-1) \\ \cdot (-3) + 8 \cdot \text{Zeile 2} \end{matrix}$$

$$\rightarrow \begin{pmatrix} 5 & 4 & 7 & | & 1 & 0 & 0 \\ 0 & 6 & 4 & | & 0 & -1 & 3 \\ 0 & 0 & -8 & | & -3 & 8 & -9 \end{pmatrix} \begin{matrix} \cdot 8 + 7 \cdot \text{Zeile 3} \\ \cdot 2 + \text{Zeile 3} \end{matrix}$$

$$\rightarrow \begin{pmatrix} 40 & 32 & 0 & | & -13 & 56 & -63 \\ 0 & 12 & 0 & | & -3 & 6 & -3 \\ 0 & 0 & 8 & | & -3 & -8 & 9 \end{pmatrix} : (-3)$$

$$\rightarrow \begin{pmatrix} 40 & 32 & 0 & | & -13 & 56 & -63 \\ 0 & -4 & 0 & | & 1 & -2 & 1 \\ 0 & 0 & 8 & | & 3 & -8 & 9 \end{pmatrix} \begin{matrix} +8 \cdot \text{Zeile 2} \\ \\ \end{matrix}$$

$$\rightarrow \begin{pmatrix} 40 & 0 & 0 & | & -5 & 40 & -55 \\ 0 & -4 & 0 & | & 1 & -2 & 1 \\ 0 & 0 & 8 & | & 3 & -8 & 9 \end{pmatrix} \begin{matrix} : 40 \\ : (-4) \\ : 8 \end{matrix}$$

$$\rightarrow \begin{pmatrix} 1 & 0 & 0 & | & -\dfrac{1}{8} & 1 & -\dfrac{11}{8} \\ 0 & 1 & 0 & | & -\dfrac{1}{4} & \dfrac{1}{2} & -\dfrac{1}{4} \\ 0 & 0 & 1 & | & \dfrac{3}{8} & -1 & \dfrac{9}{8} \end{pmatrix} = (I_3 | A^{-1})$$

$$A^{-1} = \begin{pmatrix} -\dfrac{1}{8} & 1 & -\dfrac{11}{8} \\ -\dfrac{1}{4} & \dfrac{1}{2} & -\dfrac{1}{4} \\ \dfrac{3}{8} & -1 & \dfrac{9}{8} \end{pmatrix}$$

b) $$(B | I_3) = \begin{pmatrix} 3 & 2 & 5 & | & 1 & 0 & 0 \\ 4 & 6 & 2 & | & 0 & 1 & 0 \\ 5 & 5 & 6 & | & 0 & 0 & 1 \end{pmatrix} \begin{matrix} \\ \cdot (-3) + 4 \cdot \text{Zeile 1} \\ \cdot (-3) + 5 \cdot \text{Zeile 1} \end{matrix}$$

$$\rightarrow \begin{pmatrix} 3 & 2 & 5 & | & 1 & 0 & 0 \\ 0 & -10 & 14 & | & 4 & -3 & 0 \\ 0 & -5 & 7 & | & 5 & 0 & -3 \end{pmatrix} \cdot (-2) + \text{Zeile 2}$$

$$\rightarrow \begin{pmatrix} 3 & 2 & 5 & | & 1 & 0 & 0 \\ 0 & -10 & 14 & | & 4 & -3 & 0 \\ 0 & 0 & 0 & | & -6 & -3 & 6 \end{pmatrix}$$

Hier bricht das Verfahren ab. Sie werden niemals in der Lage sein, links eine Einheitsmatrix zu erzeugen. Also ist die angegebene Matrix nicht invertierbar. Auch so etwas gibt es!

Lösung zu Aufgabe 51

Das SMP lautet:

max $z = 30x_1 + 20x_2$
s.d. $1x_1 \leq 10$
        $x_2 \leq 6$
$2x_1 + 4x_2 \leq 32$

        $x_1, x_2 \geq 0$

Das KMP sieht daher wie folgt aus:

max $z = 30x_1 + 20x_2$

s.d. $1x_1 + y_1 = 10$
$x_2 + y_2 = 6$
$2x_1 + 4x_2 + y_3 = 32$

$$x_1, x_2, y_1, y_2, y_3 \geq 0$$

Für die Restriktionen müssen jeweils zwei Punkte gesucht werden:

Restriktion 1 ist eine senkrechte Gerade bei x_1=10.

Restriktion 2 ist eine waagerechte Gerade bei x_2=6.

Restriktion 3: (16;0), (0;8).

Die Restriktionen können aus der Abbildung entnommen werden. Die schwarzen Pfeile geben an, welche Halbebene durch die Restriktion beschrieben wird.

Der entstehende Lösungsraum ist schraffiert eingezeichnet.

Für die Zielfunktion müssen ebenfalls Punkte gesucht werden. Damit die Geraden im ersten Quadranten erscheinen, wurde hier die Zielfunktion nicht gleich 0 gesetzt, sondern z=300. Prinzipiell ist es egal, mit welchem Wert man beginnt. Schließlich handelt es sich ja um Iso-Geraden. Ein anderer „Gleichsetzungswert" bedeutet lediglich, dass wir mit einem anderen Startwert anfangen. Uns interessiert ja sowieso nur der optimale Wert, den wir durch Verschieben erreichen. Daher ergibt sich folgende Gleichung für die Zielfunktion: $30x_1+20x_2$=300. Zwei Punkte auf dieser Geraden sind (0;15) und (10;0). Der rote Pfeil in der Abbildung zeigt, in welche Richtung man die Iso-Gerade verschieben muss, um das Maximum zu finden. (Das Maximum liegt immer im nordöstlichsten Berührungspunkt mit dem Lösungsraum, das Minimum im südwestlichsten).

Man erkennt, dass das Maximum bei x_1=10, x_2=3 liegt. Der optimale Zielfunktionswert/Deckungsbeitrag beträgt dann $z = 30 \cdot 10 + 20 \cdot 2 = 360$.

Abbildung 50   Nebenbedingungen und Zielfunktion

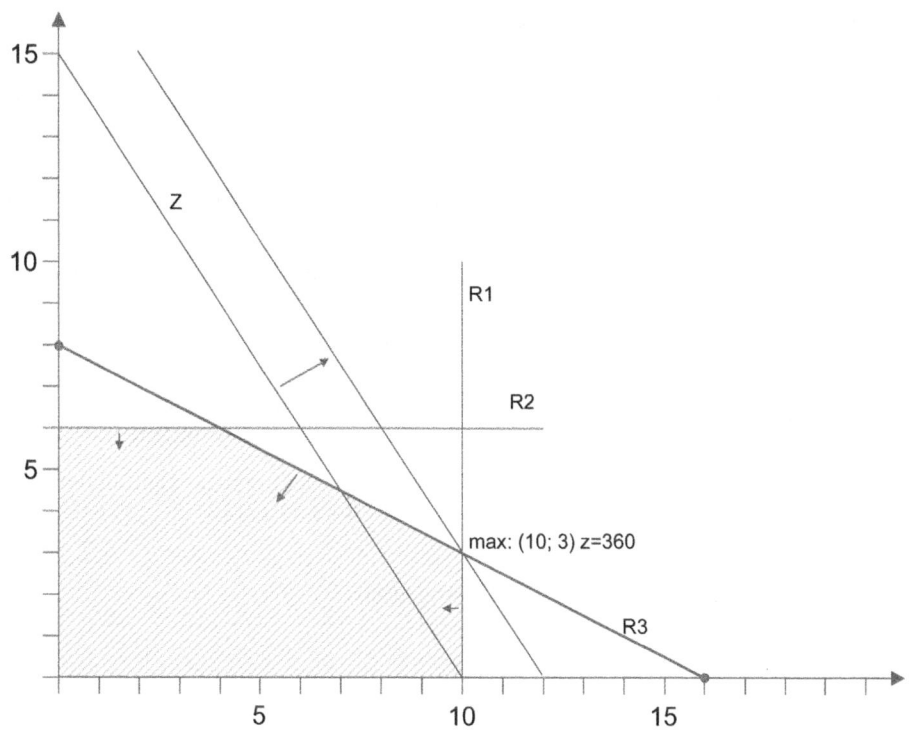

Lösung zu Aufgabe 52

Im Folgenden steht x_1 für die Menge an Nassfutter und x_2 für die Menge an Trockenfutter. Dann lautet das Optimierungsproblem:

min $z = 1x_1 + 2x_2$

s.d. $3x_1 + 1x_2 \geq 15$
    $x_1 + x_2 \geq 11$
$2x_1 + 8x_2 \geq 40$

$x_1, x_2 \geq 0$

Für die Restriktionen müssen jeweils zwei Punkte gesucht werden:

Restriktion 1: (5;0) und (0;15).

Restriktion 2: (11;0) und (0;11).

Restriktion 3: (20;0) und (0;5).

Die Restriktionen können aus der Abbildung entnommen werden. Die schwarzen Pfeile geben an, welche Halbebene durch die Restriktion beschrieben wird.

Der entstehende Lösungsraum ist schraffiert eingezeichnet.

Für die Zielfunktion müssen ebenfalls Punkte gesucht werden. Damit die Geraden im ersten Quadranten erscheinen, wurde hier die Zielfunktion nicht gleich 0 gesetzt, sondern z = 20. Prinzipiell ist es egal, mit welchem Wert man beginnt. Schließlich handelt es sich ja um Iso-Geraden. Ein anderer „Gleichsetzungswert" bedeutet lediglich, dass wir mit einem anderen Startwert anfangen. Uns interessiert ja sowieso nur der optimale Wert, den wir durch Verschieben erreichen.

Daher ergibt sich folgende Gleichung für die Zielfunktion:

$x_1 + 2x_2 = 20$. Zwei Punkte auf dieser Geraden sind (0;10) und (20;0).

Der rote Pfeil in der Abbildung zeigt, in welche Richtung man die Iso-Gerade verschieben muss, um das Maximum zu finden. (Das Maximum liegt immer im nordöstlichsten Berührungspunkt mit dem Lösungsraum, das Minimum im südwestlichsten).

Man erkennt, dass das Minimum bei $x_1 = 8$, $x_2 = 3$ liegt. Der optimale Zielfunktionswert/ die minimalen Kosten beträgt/betragen dann $z = 1 \cdot 8 + 2 \cdot 3 = 14$

Abbildung 51   Nebenbedingungen und Zielfunktion

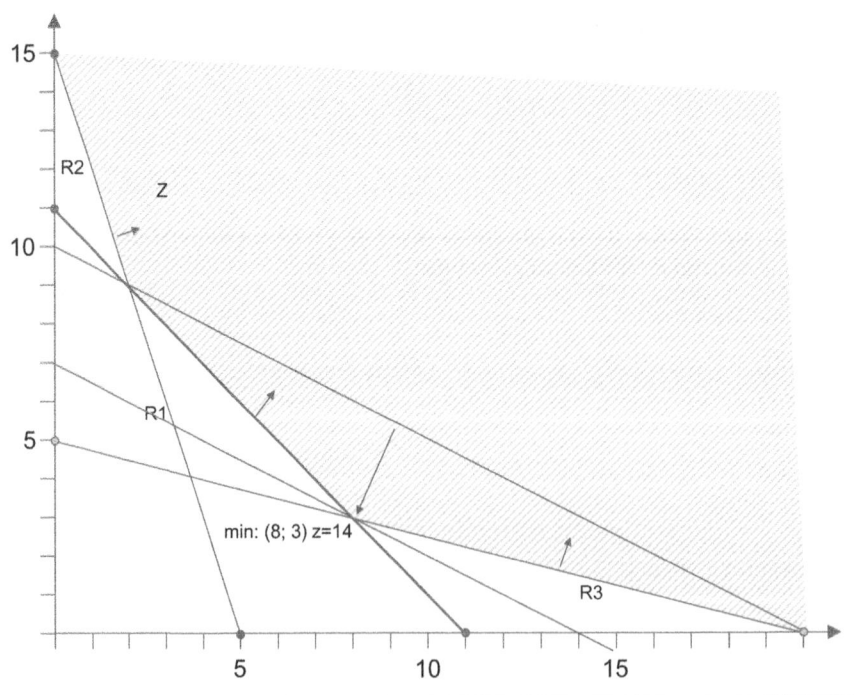

Lösung zu Aufgabe 53

a) Für die Restriktionen müssen jeweils zwei Punkte gesucht werden:

- Restriktion 1: (0;6), (-24;0), (20;11) Hier werden drei Punkteangegeben, weil (-24;0) nicht mehr im ersten Quadranten liegt.

- Restriktion 2: (0;15), (30;0)

- Restriktion 3: (0;-30), (15;0), (20;10) Auch hier werden drei Punkte angegeben, damit die Zeichnung innerhalb des ersten Quadranten erfolgen kann.

- Restriktion 4: (0;6), (12;0)

- Restriktion 5: Hier handelt es sich um eine senkrechte Linie bei $x_1=4$.

- Restriktion 6: Hier handelt es sich um eine waagerechte Linie bei $x_2=2$.

Die Restriktionen können der folgenden Abbildung entnommen werden. Die schwarzen Pfeile geben an, welche Halbebene durch die Restriktion beschrieben wird.

Abbildung 52   Nebenbedingungen und Zielfunktion

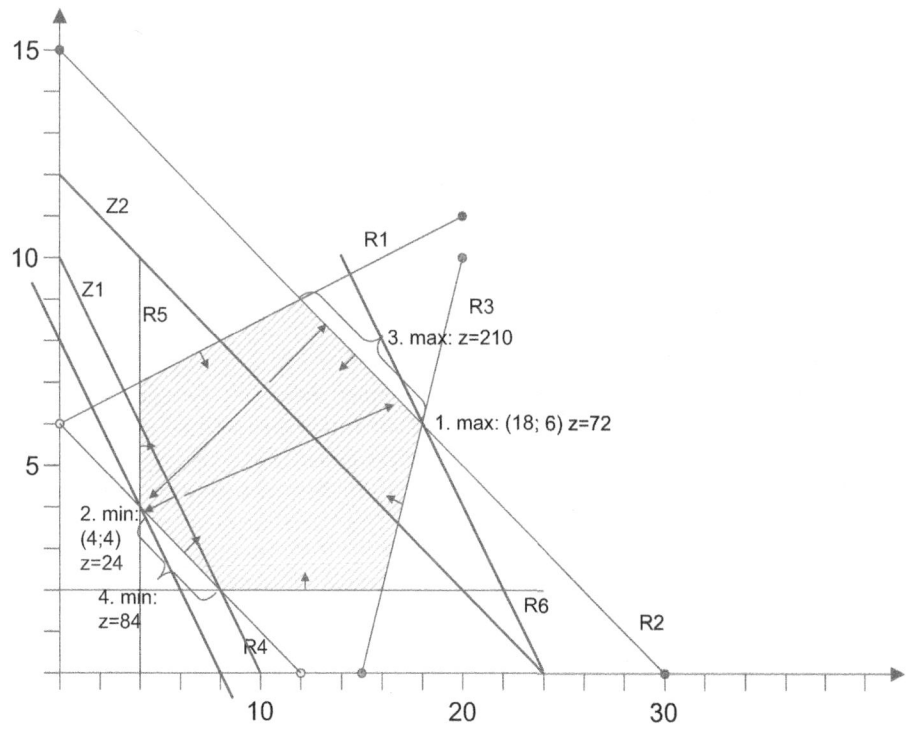

Der entstehende Lösungsraum ist schraffiert eingezeichnet. Für die beiden Zielfunktionen müssen ebenfalls Punkte gesucht werden. Damit die Geraden im ersten Quadranten erscheinen, wurden hier die Zielfunktionen nicht gleich 0 gesetzt, sondern $Z_1 = 30$ und $Z_2 = \frac{12}{7}$.

Prinzipiell ist es egal, mit welchem Wert man beginnt. Schließlich handelt es sich ja um Iso-Geraden. Ein anderer „Gleichsetzungswert" bedeutet lediglich, dass wir mit einem anderen Startwertanfangen. Uns interessiert ja sowieso nur der optimale Wert, den wir durch Verschieben erreichen. Die roten Pfeile in der Abbildung zeigen, in welche Richtung man die Iso-Geraden verschieben muss, um das jeweilige Maximum bzw. Minimum zu finden. (Das Maximum liegt immer im nordöstlichsten Berührungspunkt mit dem Lösungsraum, das Minimum im südwestlichsten).

Bei Z_1 ergeben sich keine Schwierigkeiten. Man erkennt, dass das Maximum bei (18;6) mit einem maximalen Zielfunktionswert von z = 72 liegt. Das Minimum findet sich bei (4;4) mit einem minimalen Zielfunktionswert von z = 24. Bei Z_2 erkennt man (hoffentlich), dass die Zielfunktion parallel zu zwei Nebenbedingungen (R2 und R4) verläuft. Das sind genau die Restriktionen, wo sich die optimale Ecke befindet. Man sagt auch, diese Restriktionen sind im Optimum bindend.

Wenn eine Zielfunktion zu einer bindenden Restriktion parallel verläuft, gibt es kein eindeutiges Optimum. Daher liegt das Maximum von Z_2 sowohl bei (18;6), (12;9) als auch bei allen Punkten auf der Restriktion zwischen den beiden Punkten. Alle liefern den maximalen Zielfunktionswert von z = 210.

Genauso liegt das Minimum von Z_2 sowohl bei (8;2), (4;4) als auch bei allen Punkten auf der Restriktion zwischen den beiden Punkten. Alle diese Punkte liefern den minimalen Zielfunktionswert von z = 84.

b) Nun wird eine zusätzliche Restriktion eingefügt, die aber keine Ungleichung, sondern eine echte Gleichung ist. Auch hier werden wieder zwei Punkte der Geraden berechnet, um sie einzuzeichnen: (0;14) und (4; 11). ((0;18,66) geht genauso, ist bloß ungenau).

Damit schrumpft der Lösungsraum auf das Stück der neuen Geraden im alten Lösungsraum zusammen, und man muss die Zielfunktionen jetzt soweit verschieben, bis sie das Geradenstück berühren. Und zwar genau wie sonst auch, soweit nach rechts oben wie es geht, um das Maximum zu finden, und soweit nach links unten wie möglich, um das Minimum zu erhalten. Das kann man der beigefügten Grafik entnehmen.

Hier ergibt sich eine erstaunliche Lösung: Das Maximum der 1. Zielfunktion (16;2) mit z = 54 ist gleichzeitig das Minimum der 2. Zielfunktion mit z = 140.

Abbildung 53   Nebenbedingungen, Zielfunktion und zusätzliche Restriktion

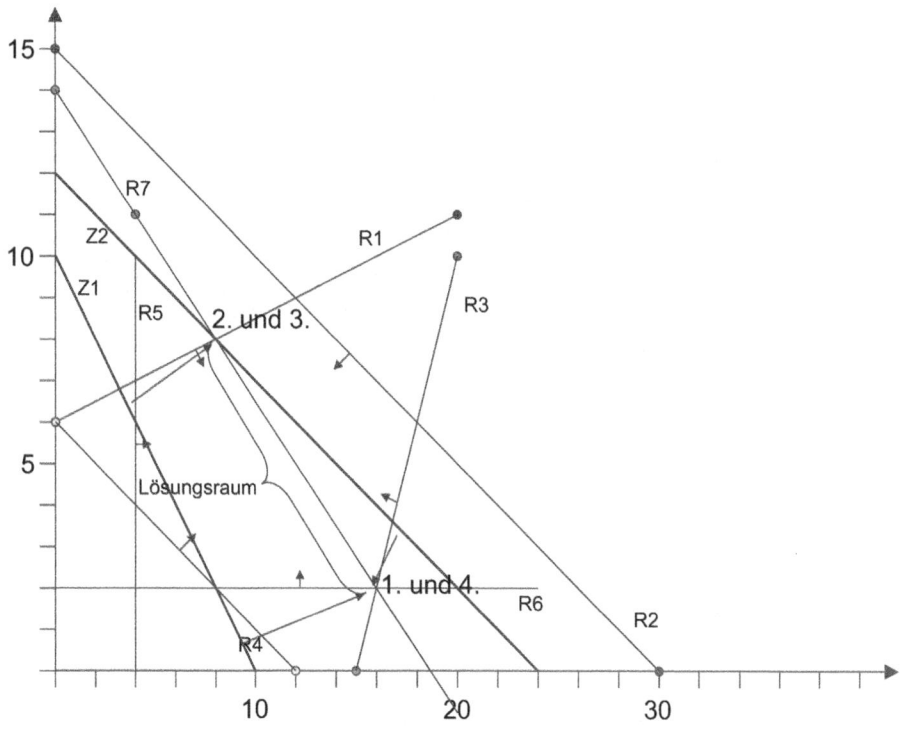

Das Minimum der 1. Zielfunktion (8;8) mit z = 48 fällt unterdessen mit dem Maximum der 2. Zielfunktion (z = 168) zusammen.

Lösung zu Aufgabe 54

Im Folgenden steht x_1 für die Menge des Blechs I und x_2 für die Menge des Blechs II.

Dann lautet das SMP:

max $z = 30x_1 + 20x_2$

s.d $x_1 \leq 10$

              $x_2 \leq 6$

              $2x_1 + 4x_2 \leq 32$

              $x_1, x_2 \geq 0$

und das KMP:

max $z = 30x_1 + 20x_2$

s.d $x_1 + y_1 = 10$

$x_2 + y_2 \leq 6$

$2x_1 + 4x_2 + y_3 \leq 32$

$x_1, x_2, y_1, y_2, y_3 \geq 0$

Das führt zu folgendem Ausgangstableau

	y_1	y_2	y_3	z		
$-x_1$	1	0	2	-30	c.Q. 10;-;16	δ=300
$-x_2$	0	1	4	-20	c.Q. -;6;8	δ=120
1	10	6	32	0		

Pivotelement ist also die 1 in der ersten Zeile.

Das neue Tableau lautet dann:

	x_1	y_2	y_3	z	
$-y_1$	1	0	-2	30	
$-x_2$	0	1	4	-20	c.Q. -;6;3
1	10	6	12	300	

Pivotelement ist also die 4.

Das dritte Tableau lautet dann:

	x_1	y_2	x_2	z
$-y_1$	1	0,5	-0,5	20
$-y_3$	0	-0,25	0,25	5
1	10	3	3	360

Dieses Tableau ist optimal. Die optimale Lösung lautet: $x_1 = 10, x_2 = 3$ und $z = 360$

Lösung zu Aufgabe 55

Im Folgenden steht y_1 für die Menge an Nassfutter und y_2 für die Menge an Trockenfutter.

Dann lautet das SMinP:

min	$z = y_1 + 2y_2$
s.d	$3y_1 + y_2 \geq 15$
	$y_1 + y_2 \geq 11$
	$2y_1 + 8y_2 \geq 40$
	$y_1, y_2 \geq 0$

Das zugehörige duale SMP lautet dann:

min	$z = 15x_1 + 11x_2 + 40x_3$
s.d	$3x_1 + x_2 + 2x_3 \leq 1$
	$x_1 + x_2 + 8x_3 \leq 2$
	$x_1, x_2, x_3 \geq 0$

Das führt zu folgendem Ausgangstableau

	y_1	y_2	z		
$-x_1$	3	1	-15	c.Q. $\frac{1}{3}$;2	$\delta = 5$
$-x_2$	1	1	-11	c.Q. 1;2	$\delta = 11$
$-x_3$	2	8	-40	c.Q. $\frac{1}{2}$;$\frac{1}{4}$	$\delta = 10$
1	1	2	0		

Pivotelement ist also die erste 1 in der zweiten Zeile.

Das neue Tableau lautet dann:

	x_2	y_2	z	
$-x_1$	3	-2	18	
$-y_1$	1	-1	11	
$-x_3$	2	6	-18	c.Q. $\frac{1}{2}$;$\frac{1}{6}$
1	1	1	11	

Pivotelement ist also die 6.

Das dritte Tableau lautet dann:

	x_2	x_3	z
$-x_1$	$\dfrac{11}{3}$	$-\dfrac{1}{3}$	12
$-y_1$	$\dfrac{4}{3}$	$-\dfrac{1}{6}$	8
$-y_2$	$-\dfrac{1}{3}$	$\dfrac{1}{6}$	3
1	$\dfrac{2}{3}$	$\dfrac{1}{6}$	14

Dieses Tableau ist optimal. Die optimale Lösung des Minimierungsproblems muss in der letzten Spalte abgelesen werden und lautet: $y_1 = 8, y_2 = 3$ und $z = 14$

Lösung zu Aufgabe 56

Im Folgenden steht x_1 für die Anzahl der Wochen auf der Baustelle und x_2 für die Anzahl der Wochen am Fließband.

Dann lautet das SMP:

max $\qquad\qquad z = 130x_1 + 80x_2$

s.d. $\qquad\qquad 16x_1 + 6x_2 \leq 80$

$\qquad\qquad\qquad x_1 + x_2 \quad\; \leq 8$

$\qquad\qquad\qquad x_1 \qquad\;\; \leq 4$

$\qquad\qquad\qquad x_1, x_2 \geq 0$

und das KMP:

max $\qquad\qquad z = 130x_1 + 80x_2$

s.d. $\qquad\qquad 16x_1 + 6x_2 + y_1 = 80$

$\qquad\qquad\qquad x_1 + x_2 + y_2 \quad = 8$

$\qquad\qquad\qquad x_1 + y_3 \qquad\;\; \leq 4$

$\qquad\qquad\qquad x_1, x_2, y_1, y_2, y_3 \geq 0$

Das führt zu folgendem Ausgangstableau:

	y_1	y_2	y_3	z		
$-x_1$	16	1	1	-130	c.Q. 5;8;4	δ=520
$-x_2$	6	1	0	-80	c.Q. 13,3;8;-	δ=640
1	80	8	4	0		

Pivotelement ist also die 1 in der zweiten Zeile.

Das neue Tableau lautet dann:

	y_1	x_2	y_3	z	
$-x_1$	10	1	1	-50	c.Q. 3,2;8;4
$-y_2$	-6	1	0	80	
1	32	8	4	640	

Pivotelement ist also die 10.

Das dritte Tableau lautet dann:

	x_1	x_2	y_3	z
$-y_1$	0,1	-0,1	-0,1	5
$-y_2$	-0,6	1,6	0,6	50
1	3,2	4,8	0,8	800

Dieses Tableau ist optimal. Die optimale Lösung lautet $x_1 = 3,2$, $x_2 = 4,8$ und z=800.

Lösung zu Aufgabe 57

Das angegebene SMP führt zu folgendem Ausgangstableau

	y_1	y_2	y_3	z		
$-x_1$	1	5	1	-1	c.Q. 5;0,4;10	$\delta=0,4$
$-x_2$	2	-4	4	-1	c.Q. 2,5;-;2,5	$\delta=2,5$
$-x_3$	-1	1	2	-2	c.Q. -;2;5	$\delta=4$
1	5	2	10	0		

Pivotelement ist also die 1 in der dritten Zeile.

Das neue Tableau lautet dann:

	y_1	x_3	y_3	z	
$-x_1$	6	5	-9	9	
$-x_2$	-2	-4	12	-9	c.Q. -;-;0,5
$-y_2$	1	1	-2	2	
1	7	2	6	4	

Pivotelement ist also die 12.

Das dritte Tableau lautet dann:

	y_1	x_3	x_2	z
$-x_1$	4,5	2	$-\dfrac{3}{4}$	2,25
$-y_3$	$\dfrac{1}{6}$	$\dfrac{1}{3}$	$\dfrac{1}{12}$	0,75
$-y_2$	$\dfrac{2}{3}$	$\dfrac{1}{3}$	$-\dfrac{1}{6}$	0,5
1	8	4	0,5	8,5

Dieses Tableau ist optimal. Die optimale Lösung lautet: $x_1 = 0, x_2 = 0,5, x_3 = 4$ und $z=8,5$. Die Werte der Schlupfvariablen sind: $y_1 = 8, y_2 = 0$ und $y_3 = 0$.

Lösung zu Aufgabe 58

Das gegebene SMP führt zu folgendem Ausgangstableau:

	y_1	y_2	y_3	z		
$-x_1$	1	1	1	-3	c.Q. 6;4;3	$\delta=9$
$-x_2$	2	1	0	-6	c.Q. 3;4;-	$\delta=18$
1	6	4	3	0		

Pivotelement ist also die 2 in der zweiten Zeile.

Das neue Tableau lautet dann:

	x_2	y_2	y_3	z
$-x_1$	0,5	0,5	1	0
$-y_1$	0,5	-0,5	0	3
1	3	1	3	18

Dieses Tableau ist bereits optimal. Die erste Lösung lautet also:

$x_1 = 0$, $x_2 = 3$ und z=18.

An der 0 in der z-Spalte erkennt man, dass es noch weitere Lösungen gibt (duale Entartung). Daher muss noch ein Simplexschritt durchgeführt werden. Es muss hierbei auf jeden Fall x_1 getauscht werden, daher müssen die c.Q. der ersten Zeile berechnet werden. Diese lauten 9; 2; 3. Also muss x_1 gegen y_2 getauscht werden:

Das dritte Tableau lautet dann:

	x_2	x_1	y_3	z
$-y_2$	-1	2	-2	0
$-y_1$	1	-1	1	3
1	2	2	1	18

Dieses Tableau ist ebenfalls optimal. Die zweite Lösung lautet: $x_1 = 2$, $x_2 = 2$ und z=18. Somit verläuft die Zielfunktion parallel zu einer Nebenbedingung. Alle Lösungen zwischen den beiden Ecken, die bereits als optimal erkannt wurden, stellen ebenfalls optimale Lösungen mit ZFW 18 dar.

Lösung zu Aufgabe 59

Das zugehörige duale SMP lautet:

max $\qquad\qquad z = 3x_1 + 4x_2$

s.d. $\qquad\qquad x_1 + 2x_2 \ \leq 6$

$\qquad\qquad\qquad x_1 + x_2 \quad \leq 4$

$\qquad\qquad\qquad x_1 \qquad\quad \leq 3$

$\qquad\qquad\qquad x_1, x_2 \geq 0$

Das führt zu folgendem Ausgangstableau:

	y_1	y_2	y_3	z		
$-x_1$	1	1	1	-3	c.Q. 6;4;3	δ=9
$-x_2$	2	1	0	-4	c.Q. 3;4;-	δ=12
1	6	4	3	0		

Pivotelement ist also die 2 in der zweiten Zeile.

Das neue Tableau lautet dann:

	x_2	y_2	y_3	z	
$-x_1$	0,5	0,5	1	-1	c.Q. 6;2;3
$-y_1$	0,5	− 0,5	0	2	
1	3	1	3	12	

Pivotelement ist also die zweite 0,5 in der ersten Zeile.

Das dritte Tableau lautet dann:

	x_2	x_1	y_3	z
$-y_2$	-1	2	-2	2
$-y_1$	1	-1	1	1
1	2	2	1	14

Dieses Tableau ist optimal. Die optimale Lösung des Minimierungsproblems muss in der letzten Spalte abgelesen werden und lautet: $y_1 = 1$, $y_2 = 2$, $y_3 = 0$ und z=14.

Die Lösung des Maximierungsproblems kann man wie gewohnt in der letzten Zeile ablesen: $x_1 = 2$, $x_2 = 2$ und z=14.

Lösung zu Aufgabe 60

In der gewohnten Form lautet das Transportproblem:

c_{ij}	B_1	B_2	B_3	a_l
A_1	10	12	15	37
A_2	11	14	20	23
b_j	15	20	25	

Nun müssen die Variablen umbenannt werden:

$$\begin{pmatrix} x_{11} & x_{12} & x_{13} \\ x_{21} & x_{22} & x_{23} \end{pmatrix} \rightarrow \begin{pmatrix} x_1 & x_2 & y_1 \\ y_2 & y_3 & y_4 \end{pmatrix}$$

Die neuen Variablen setzt man in die Lager- und Bedarfsgleichungen ein (letzte Zeile weglassen!):

$x_1 + x_2 + y_1 = 37$

$x_1 + y_2 \quad\quad = 15$

$x_2 + y_3 \quad\quad = 20$

$y_1 + y_4 \quad\quad = 25$

Dann formt man nach den y_1 um:

$y_1 = 37 - x_1 - x_2$

$y_2 = 15 - x_1$

$y_3 = 20 - x_2$

$y_4 = 25 - y_1$

Die letzte Gleichung müssen wir nochmal umformen, da ja nur ein y_i stehen bleiben darf. Das ist aber gar kein Problem, wir haben ja bereits eine Gleichung für das y_1 (die erste). Daher lautet das Restriktionssystem insgesamt:

$y_1 = 37 - x_1 - x_2$

$y_2 = 15 - x_1$

$y_3 = 20 - x_2$

$y_4 = 25 - 37 + x_1 + x_2 = x_{1+}x_2 - 12$

Als nächstes wird die Kostenfunktion umformuliert, hier werden alle y_i ersetzt:

$K = 10x_1 + 12x_2$

$+15 \underbrace{(37 - x_1 - x_2)}_{y_1} + 11 \underbrace{(15 - x_1)}_{y_2} + 14 \underbrace{(20 - x_2)}_{y_3} + 20 \underbrace{(x_1 + x_2 - 12)}_{y_4}$

$= 4x_1 + 3x_2 + 760$

Da wir die Kostenfunktion minimieren wollen, aber nur maximieren können, multiplizieren wir sie mit (-1):

$-K = -4x_1 - 3x_2 - 760$

Insgesamt lautet das KMP dann wie folgt:

max $\qquad\qquad -K = 4x_1 - 3x_2 - 760$

s.d. $\qquad\qquad x_1 + x_2 + y_1 = 37$

$\qquad\qquad\qquad x_1 + y_2 \quad = 15$

$\qquad\qquad\qquad x_2 + y_3 \quad = 20$

$\qquad\qquad\qquad -x_1 - x_2 + y_4 = -12$

$\qquad\qquad\qquad x_1, x_2, y_1, y_2, y_3 \geq 0$

Jetzt können wir das Ausgangstableau für den Simplex-Algorithmus aufstellen:

	y_1	y_2	y_3	y_4	z
$-x_1$	1	1	0	-1	4
$-x_2$	1	0	1	-1	3
1	37	15	20	-12	-760

Dieses Tableau ist zwar optimal, aber leider nicht zulässig. Zwar gibt es mathematische Möglichkeiten, auch solche Ausgangstableaus zu bearbeiten[141]. Hier in der Aufgabe ist allerdings angegeben, welcher Simplexschritt auszuführen ist, Pivotelement ist also die -1 in der zweiten Zeile.

---

[141] Beispielsweise ein dualer Simplexschritt

	y_1	y_2	y_3	y_4	z
$-x_1$	1	1	0	-1	4
$-x_2$	1	0	1	-1	3
1	37	15	20	-12	-760

Es ergibt sich das folgende Tableau:

	y_1	y_2	y_3	x_2	z
$-x_1$	0	1	-1	1	1
$-y_4$	1	0	1	-1	3
1	25	15	8	12	-796

Auch dieses Tableau ist optimal, und es ist zulässig. Daher lautet der optimale Transportplan:

	A_1	A_2	A_3
B_1	0	12	25
B_2	15	8	0

Mit diesem Transportplan sind Kosten in Höhe von 796 verbunden.

Lösung zu Aufgabe 61

Das Problem ist nicht ausgewogen, da insgesamt nur ein Vorrat von 60, aber ein Gesamtbedarf von 80 besteht. Daher muss ein Dummy-Lager A_3 hinzugefügt werden, das einen Lagerbestand in Höhe von 20 hat und dessen Transport nichts kostet. Daher ergibt sich folgendes Transportproblem:

c_{ij}	B_1	B_2	B_3	a_i
A_1	1	4	4	30
A_2	3	1	2	30
A_3	0	0	0	20
b_j	30	20	30	

Nun müssen die Variablen umbenannt werden:

$$\begin{pmatrix} x_{11} & x_{12} & x_{13} \\ x_{21} & x_{22} & x_{23} \\ x_{31} & x_{32} & x_{33} \end{pmatrix} \rightarrow \begin{pmatrix} x_1 & x_2 & y_1 \\ x_3 & x_4 & y_2 \\ y_3 & y_4 & y_5 \end{pmatrix}$$

Die neuen Variablen setzt man in die Lager- und Bedarfsgleichungen ein (letzte Zeile weglassen!):

$x_1 + x_2 + y_1 = 30$

$x_3 + x_4 + y_2 = 30$

$x_1 + x_3 + y_3 = 30$

$x_2 + x_4 + y_4 = 30$

$y_1 + y_2 + y_5 = 30$

Dann formt man nach den y_i um:

$y_1 = -x_1 - x_2 + 30$

$y_2 = -x_3 - x_4 + 30$

$y_3 = -x_1 - x_3 + 30$

$y_4 = -x_2 - x_4 + 20$

$y_5 = -y_1 - y_2 + 30$

Die letzte Gleichung müssen wir nochmal umformen, da ja nur ein y_i stehen bleiben darf. Das ist aber gar kein Problem, wir haben ja bereits eine Gleichung für y_1 (die erste) und eine für y_2 (die zweite). Daher lautet das Restriktionensystem insgesamt:

$y_1 = -x_1 - x_2 + 30$

$y_2 = -x_3 - x_4 + 30$

$y_3 = -x_1 - x_3 + 30$

$y_4 = -x_2 - x_4 + 20$

$y_5 = -(-x_1 - x_2 + 30) - (-x_3 - x_4 + 30) + 30 = x_1 + x_2 + x_3 + x_4 - 30$

Als nächstes wird die Kostenfunktion umformuliert, hier werden alle y_i ersetzt:

$$K = x_1 + 4x_2 + 4\underbrace{(-x_1 - x_2 + 30)}_{y_1} + 3x_3 + x_4 + 2\underbrace{(-x_3 - x_4 + 30)}_{y_2}$$

$$= -3x_1 + x_3 - x_4 + 180$$

Da wir die Kostenfunktion minimieren wollen, aber nur maximieren können, multiplizieren wir sie mit (-1):

$$-K = 3x_1 - x_3 + x_4 - 180$$

Insgesamt lautet das KMP dann wie folgt:

max $\qquad\qquad -K = 3x_1 - x_3 + x_4 - 180$

s.d. $\qquad\qquad x_1 + x_2 + y_1 = 30$

$\qquad\qquad\qquad x_3 + x_4 + y_2 = 30$

$\qquad\qquad\qquad x_1 + x_3 + y_3 = 30$

$\qquad\qquad\qquad x_2 + x_4 + y_4 = 20$

$\qquad\qquad\qquad -x_1 - x_2 - x_3 - x_4 + y_5 = -30$

$\qquad\qquad\qquad x_1, x_2, x_3, y_1, y_2, y_3, y_4, y_5 \geq 0$

Jetzt können wir das Ausgangstableau für den Simplex-Algorithmus aufstellen:

	y_1	y_2	y_3	y_4	y_5	z
$-x_1$	1	0	1	0	-1	-3
$-x_2$	1	0	0	1	-1	0
$-x_3$	0	1	1	0	-1	1
$-x_4$	0	1	0	1	-1	-1
1	30	30	30	20	-30	-180

Dieses Tableau ist weder optimal noch zulässig. Auch in dieser Aufgabe ist daher angegeben, welcher Simplexschritt auszuführen ist, Pivotelement ist also die -1 in der ersten Zeile.

	y_1	y_2	y_3	y_4	y_5	z
$-x_1$	1	0	1	0	-1	-3
$-x_2$	1	0	0	1	-1	0
$-x_3$	0	1	1	0	-1	1
$-x_4$	0	1	0	1	-1	-1
1	30	30	30	20	-30	-180

Das neue Tableau lautet dann:

	y_1	y_2	y_3	y_4	x_1	z
$-y_5$	1	0	1	0	-1	-3
$-x_2$	0	0	-1	1	1	3
$-x_3$	-1	1	0	0	1	4
$-x_4$	-1	1	-1	1	1	2
1	0	30	0	20	30	-90

Dieses Tableau ist zulässig, aber nicht optimal. Daher müssen die charakteristischen Quotienten berechnet werden. Diese lauten: 0; -; 0; -; -. Daher wird die erste 1 der ersten Zeile als Pivotelement gewählt.[142]

Das neue Tableau lautet also:

	y_5	y_2	y_3	y_4	x_1	z
$-y_1$	1	0	-1	0	1	3
$-x_2$	0	0	-1	1	1	3
$-x_3$	-1	1	1	0	0	1
$-x_4$	-1	1	0	1	0	-1
1	0	30	0	20	30	-90

Die charakteristischen Quotienten der letzten Zeile lauten -; 30; -; 20; -. Daher ist die letzte 1 der vierten Zeile das neue Pivotelement.

Das nächste Tableau lautet dann:

	y_5	y_2	y_3	x_4	x_1	z
$-y_1$	1	0	-1	0	1	3
$-x_2$	1	-1	-1	1	1	4
$-x_3$	-1	1	1	0	0	1
$-y_4$	1	-1	0	1	0	1
1	20	10	0	20	30	-70

---

[142] Auch die zweite 1 wäre möglich gewesen, da der c.Q. identisch ist.

Dieses Tableau ist optimal. Der optimale Transportplan lautet somit:

	A_1	A_2	A_3
B_1	30	0	0
B_2	0	20	10
(B_3)	(0)	(0)	(20)

Mit diesem Transportplan sind Kosten in Höhe von 70 verbunden. Der Bedarf des dritten Kunden wird hierbei nicht vollständig gedeckt.

Abbildungsverzeichnis

The manufacturer's authorised representative in the EU is Springer
Nature Customer Service Centre GmbH, Europaplatz 3, 69115 Heidelberg,
Germany. If you have any concerns regarding our products, please
contact ProductSafety@springernature.com

Printed and bound by CPI Group (UK) Ltd, Croydon, CR0 4YY

28/04/2026

02098485-0009